CLOUDMONEY

DINHEIRO VIRTUAL

CLOUDMONEY

DINHEIRO VIRTUAL

A GUERRA POR NOSSAS CARTEIRAS NA NUVEM

BRETT SCOTT

Tradução
André Fontenelle

HarperCollins
Rio de Janeiro, 2022

Título original: *Cloudmoney*

Diretora editorial: *Raquel Cozer*
Gerente editorial: *Alice Mello*
Editora: *Lara Berruezo*
Editoras assistentes: *Anna Clara Gonçalves e Camila Carneiro*
Assistência editorial: *Yasmin Montebello*
Produção editorial: *Laura Folgueira*
Copidesque: *Bárbara Novais*
Revisão: *Eliana Moura*
Design gráfico de capa: *Aila Silva*
Diagramação: *Abreu's System*

Dados Internacionais de Catalogação na Publicação (CIP)
(Câmara Brasileira do Livro, SP, Brasil)

Scott, Brett
Cloudmoney : dinheiro virtual : a guerra por nossas carteiras na nuvem / Brett Scott ; tradução André Fontenelle. -- Rio de Janeiro : HarperCollins Brasil, 2022.

Título original: Cloudmoney
ISBN 978-65-5511-413-3

1. Comércio eletrônico - Aspectos sociais 2. Transferência eletrônica de fundos 3. Vigilância eletrônica I. Título.

22-124887 CDD-303.483

Índices para catálogo sistemático:

1. Comunicação digital : Fundo de transferênciaeletrônica : Sociologia 303.483
Cibele Maria Dias - Bibliotecária - CRB-8/9427

Os pontos de vista desta obra são de responsabilidade de seu autor, não refletindo necessariamente a posição da HarperCollins Brasil, da HarperCollins Publishers ou de sua equipe editorial.

HarperCollins Brasil é uma marca licenciada à Casa dos Livros Editora LTDA.

Rua da Quitanda, 86, sala 218 – Centro
Rio de Janeiro, RJ – CEP 20091-005
Tel.: (21) 3175-1030
www.harpercollins.com.br

Para mamãe, papai, Craig e Ant,
com muito amor

Sumário

Introdução

Este livro trata de uma fusão e de uma aquisição. Da fusão entre as forças da Big Finance e as forças da Big Tech. E de uma aquisição de poder: feita essa fusão, ambos exercerão um poder sobre nós em uma escala jamais vista na história da humanidade.

A argumentação que vou apresentar navega contra a corrente. Todos os dias, a mídia vibra com reportagens empolgadas sobre como esta ou aquela startup aumenta o conforto das pessoas, graças a este ou aquele app de tecnologia financeira novo e empolgante. Por exemplo, quando a Amazon anuncia uma nova parceria com uma plataforma de pagamentos ou o Citigroup anuncia uma colaboração com o Google Play, isso é apresentado — e relatado pela imprensa — como uma inovação bem-vinda e de ponta. Os arautos do futuro lutam para se fazerem ouvir, apregoando o mais recente termo da moda em finanças digitais, como bardos se digladiando para tecer loas ao rei.

Quero mostrar a você por que não confiar nas narrativas sobre o suposto progresso inelutável do dinheiro e do mundo financeiro digitais. Isso exigirá baixar o volume da conversa cotidiana dos setores de finanças e tecnologias e ignorar as historinhas contadas pelos CEOs das empresas e seus capangas. Os empreendedores, assim como os surfistas, adoram contar histórias empolgantes das ondas que pegam (dando, ao mesmo tempo, dicas de como permanecer de pé), mas não mostram tanto interesse em refletir sobre a convergência de forças ocultas, como os ventos que vêm do mar e os recifes de coral que produzem essas grandes ondas. As ondas podem ser resultado de um terremoto distante, que, por sua vez, resulta de placas tectônicas invisíveis. Quero ir além dos relatos de ondas surfadas e ir direto à descoberta das placas tectônicas da economia global.

Estamos testemunhando a automação das finanças globais, processo que exige, primeiro, que o dinheiro em espécie em nosso bolso seja substituído pelo dinheiro digital controlado pelo setor bancário — cenário eufemisticamente batizado, em inglês, de *cashless society*, sociedade sem dinheiro. Há ao menos duas décadas o setor financeiro — e alguns governos — vem fazendo um esforço conjunto para demonizar o dinheiro físico. A pandemia da covid-19 turbinou essa retórica, e as empresas de tecnologia e finanças aproveitaram a oportunidade para acelerar sua guerra ao dinheiro vivo, usando os temores de higiene para avançar ainda mais essa pauta. O dinheiro em espécie protege a privacidade e resiste melhor tanto diante de desastres naturais quanto de falências bancárias, mas é cada vez mais apresentado como uma barreira obsoleta ao progresso, algo que deve inevitavelmente dar lugar ao mundo novo do dinheiro digital, ou aquilo que eu chamo de *cloudmoney*, o "dinheiro na nuvem".

A digitalização dos pagamentos permite a digitalização das finanças de forma mais ampla — tarefa atualmente terceirizada ao setor de tecnologia financeira, ou fintech — o que, por sua vez, viabiliza a automação integral do capitalismo corporativo. Já podemos ver esse processo em funcionamento na operação de empresas como Amazon, Uber e Google (ou, na China, Tencent e Alibaba). Quase toda grande empresa de tecnologia está fechando parcerias com instituições financeiras. Essas empresas não podem deter impérios digitais globais sem fundir-se com sistema de pagamentos digitais globais.

Grandes oligopólios (conglomerados de megaempresas) estão surgindo a partir desse processo, mas continuam ocultos por trás de uma proliferação de apps que dão a aparência superficial de diversidade. Por trás das telas de nossos smartphones, há uma crescente infraestrutura de controle financeiro automatizado. Bilhões de pessoas estão se atrelando a sistemas interconectados que possibilitam doravante níveis inimagináveis de vigilância e extração de dados, trazendo consigo um grave e inédito potencial de exclusão, manipulação e empulhação. A luta para acorrentar as pessoas à dependência desses sistemas está se tornando uma batalha geopolítica entre as grandes potências, com o apoio de seus aliados corporativos.

À primeira vista, empresas e governos dão a impressão de estar competindo pela hegemonia, mas uma análise mais detalhada revela que estão se acotovelando para posicionar-se em um "supersistema" cada vez maior, de escala mundial. É difícil discernir esse supersistema por inteiro, em parte porque ele é grande demais. Mas nossas interações diárias com uma infinidade de celulares, computadores e sensores (que, todos, direcionam informações para um *data center* distante) deixam uma marca sobre nós, traduzindo-se em uma sensação incômoda de um mundo destinado a caminhar rumo a níveis cada vez maiores de interconexão concentrada.

Alguns, inclusive eu, sentem claustrofobia ao perceber essa teia que se fecha. Tremo diante de anúncios que apregoam a conveniência de produtos que um dia tentarão estudar e influenciar meu comportamento. Olho para o celular e me pergunto se, em vez de um companheiro útil, ele é um agente de uma força sinistra, monitorando aspectos da minha vida que antes resistiam a um controle formal.

Não estou aqui, porém, para afirmar que o mundo digital é mau nem que deveria ser comparado a um mundo não digital que é bom. Os debates públicos são formatados como batalhas de uma coisa com outra, mas vejo o mundo mais como contradições. Reconheço que todos nós estamos presos em teias complexas — econômicas, culturais e políticas — que podem ao mesmo tempo nos libertar e nos aprisionar. Este livro foi elaborado para *reequilibrar* a narrativa distorcida das finanças digitais, que só fala em libertação. Pense nisso como um *yin* mais sombrio, comparado a um *yang* mais claro.

As contradições entre dinheiro e tecnologia

Quando eu e meu irmão éramos mais jovens, meu pai nos ensinou a ler mapas topográficos e nos enviou à Cordilheira do Drakensberg, na África do Sul, para nos orientarmos apenas com uma bússola. Ficamos achando que isso nos tornava caras durões de verdade, mas nessas mesmas montanhas, 500 anos atrás, o povo indígena San fazia a mesma coisa sem tecnologia alguma — orientando-se apenas com a experiência, as estrelas e a intuição.

Há aí uma contradição. À primeira vista, uma ferramenta é um instrumento para impormos sobre o mundo a nossa vontade, assim como a preciosa bússola que eu e meu irmão segurávamos firme enquanto avançávamos. E, como era de esperar, chegamos à caverna que procurávamos nas montanhas antes do anoitecer, orgulhosos de nossa façanha. O que nos custa mais perceber, porém, é que uma ferramenta só funciona se nos tornarmos dependentes dela. Ao usá-la, delegamos, esquecemos e podemos até perder parte de nossa bússola interna, ou até mesmo impedir que ela venha a existir.

A tecnologia tem dois lados. Sentimos que ela é empoderadora; porém, ela aumenta nossa dependência. As bugigangas externas que nos ajudam acabam por moldar nossas atitudes e pensamentos, à medida que inovações inicialmente recebidas como novas alternativas acabam se tornando necessidades incontornáveis. Caso você viva em uma cidade grande, tem a possibilidade de escolher a marca do seu smartphone, mas não tem, de fato, a "escolha" de usar ou não um celular. É melhor ter um, sob pena de ser excluído da rede socioeconômica que o cerca e da qual você depende.

E essa contradição se intensifica quando não podemos sequer *tocar* as poderosas tecnologias das quais somos dependentes. O Google Maps, por exemplo, não existe no meu celular. Mora em um *data center* digital afastado — parte do que é popularmente apelidado de "nuvem" — que eu acesso pelo meu smartphone. É um sentido de direção terceirizado, confiado a uma entidade imensa e distante.

Nossa dependência do Google Maps é recente — questão de décadas. Mas hoje em dia o coração de um londrino dispara quando a bateria do celular cai para 1% e assoma a perspectiva de perder acesso àquele oráculo digital controlado à distância. Organizamos nossas vidas em torno dessas tecnologias de tal forma que elas parecem fundir-se conosco. Perder o acesso ao meu celular por um dia me dá a mesma sensação de um fumante inveterado em um voo de longa distância, obcecado pela hora de poder desembarcar, correr para fora do avião, acender um cigarro e sentir-se de novo inteiro.

Esse padrão de contradição também existe com o *dinheiro,* mas em um nível ainda mais profundo. Hoje em dia vivenciamos o dinheiro como algo vital e — caso você esteja na extremidade certa da pirâmide social — empoderador, e há muito tempo esquecemos como era o mundo antes das trocas monetárias, a ponto de não sermos sequer capazes de imaginá-lo. Cinco mil anos atrás, os sistemas monetários eram diminutos e isolados, mas acabaram por engolir nossa civilização. Quase todo objeto à nossa volta — de nossos computadores a nossos sapatos, de nosso macarrão importado a este livro — é obtido por meio de um sistema global de trocas monetárias. Nossa relação com o dinheiro é ainda mais profunda que nosso vínculo com a tecnologia, com o pânico se instalando quando nosso saldo se aproxima de zero e nos vemos diante da perspectiva de perder acesso ao mercado. Perdê-lo é pior que ser um fumante inveterado em um avião: sinto-me como um peixe sufocando lentamente em terra firme, debatendo-se em direção à água. Como o dinheiro facilita o acesso a todas as outras coisas das quais somos dependentes, torna-se o objeto de dependência por excelência.

Isso assume uma dimensão completamente nova, porém, quando perdemos a capacidade de deter diretamente nosso dinheiro. O dinheiro digital em nossas contas bancárias existe em *data centers* distantes controlados pelo setor bancário, com os quais nos comunicamos via celular, telefone ou cartão de pagamento. A "sociedade sem dinheiro" é um mundo onde nossa capacidade de fazer transações é delegada a essas entidades financeiras, que hoje fazem acordos de sinergia com corporações como o Google, que abrigam nossa capacidade de navegar. São essas sinergias que são apresentadas como incrivelmente convenientes, mas essa conveniência vem de mãos dadas com um nível extremamente elevado de dependência de um poder corporativo concentrado. Essa é uma contradição central da nossa época, e é por ela que pretendo guiá-lo neste livro.

Minha caminhada

Durante os últimos catorze anos estive na linha de frente do setor financeiro global. Tudo começou quando entrei para uma startup financeira do mal em Londres, onde tentei operar com apostas obscuras conhecidas como "derivativos exóticos" em meio à crise financeira de 2008. Por dois anos, passei meus dias telefonando para diretores financeiros de empresas, gestores de megafundos e *traders* de bancos de investimentos. A empresa acabou indo à falência, cedendo ao desgaste dos mercados globais em convulsão. Mas sobreviveu tempo suficiente para me proporcionar uma introdução às artes sombrias da alta finança.

O setor financeiro é um poder ancestral que antecede a internet em pelo menos mil anos. Ele governa o sistema monetário global, sobre o qual se assentam centenas de milhões de interações econômicas e contratos financeiros. É o mundo dos bancos centrais, dos bancos comerciais, de Wall Street, da City londrina e da rede global de centros financeiros *onshore* e offshore. Os *pubs* lotados dos bairros financeiros de Londres são frequentados pelos empregados moderninhos do setor: *traders* falastrões, banqueiros de investimento impecáveis, consultores de fortunas refinados, gerentes de *hedge funds* ríspidos. Detrás de portas discretas no badalado Mayfair, oligarcas russos arrecadam dinheiro para empreitadas em mineração, enquanto xeiques do petróleo do Oriente Médio recebem conselhos de investimentos para seus fundos soberanos.

Em 2013, eu publiquei um livro sobre esse mundo, chamado *The Heretic's Guide to Global Finance: Hacking the Future of Money* [O guia de finanças globais do herege: hackeando o futuro do dinheiro]. Tenho formação em antropologia, e usei a abordagem dessa disciplina para mergulhar nos gigantes do mercado financeiro. O livro também recorreu à filosofia hacker — que explora como infiltrar-se em sistemas complexos — como forma de desafiar o poder do setor financeiro. Sua publicação preparou o terreno para que eu cruzasse o planeta, em colaboração com inúmeras comunidades que alegam ter descoberto a chave da revolução ou reforma financeira.

Essas comunidades, de anarquistas de extrema esquerda e ativistas do meio ambiente a espiritualistas da New Age, libertários de mercado, conservadores radicais e tecnocratas governamentais, têm muitos pontos de vista divergentes. Ajudei hippies a criar moedas locais; ajudei defensores do clima a pressionar fundos de pensão; dei assistência a contadores reimaginando o futuro da auditoria; e desafiei responsáveis pelas políticas monetárias. Fui artista-residente financeiro em uma galeria de arte de Viena e colaborador do Media Lab do MIT (Massachusetts Institute of Technology). Do mundo que habito, fazem parte membros do Banco Central da Malásia e autoridades americanas do FMI (Fundo Monetário Internacional), defensores da privacidade alemães e dissidentes políticos sérvios. Tive até oportunidade de sentar-me às mesas de ativistas de extrema-direita, entre os quais alguns flertam com o fascismo. Tive a sorte de testemunhar pontos de vista contrários sobre os problemas de nosso sistema econômico, diferentes abordagens para transformá-lo e diferentes propósitos finais das pessoas que clamam por essas transformações.

Em 2015, comecei a mudar meu foco para os senhores da automação digital — as empresas de tecnologia do Vale do Silício. Ao contrário dos escritórios organizadinhos das finanças corporativas, esse é um mundo de espaços de trabalho abertos, com pufes, post-its colados em quadros brancos e códigos coloridos digitados em telas pretas. É o mundo em que se vendem startups em propostas feitas no idioma da inovação, em que CEOs sobem ao palco com um fone de ouvido para apresentar o mais recente app e receber aplausos dos fiéis. As maiores empresas — Google (Alphabet), Facebook, Apple, Amazon e Microsoft (e, na China, Alibaba, Tencent e Baidu) — estão se embutindo no tecido conectivo digital através do qual todos nós interagimos com o mercado. Esse posicionamento permite a elas coletar enormes quantidades de dados, que podem então usar para treinar suas IAs — inteligências artificiais.

Os escalões superiores tanto do setor financeiro quanto do de tecnologia digital estão preenchidos por gente que acredita que lidera o mundo com seus atos, mas que provêm de culturas díspares. Embora a imagem do mercado financeiro seja de um egoísmo impiedoso, tal como exemplificado pelo personagem do aventureiro corporativo Gordon Gekko no filme *Wall Street* (1987), a imagem da tecnologia sempre foi de programadores nerds e idealistas. O antológico comercial de TV da Apple no SuperBowl de 1984 representou esse espírito — mostrando um atleta de uniforme colorido esmagando com um martelo um status quo opressor e cinzento, uma promessa de libertação das estruturas de poder tradicionais.

Isso foi, porém, nos anos 1980. Hoje, essas duas culturas estão em processo de fusão. Ilustra isso a migração de pessoal entre a Big Finance e a Big Tech — um amigo meu, por exemplo, trabalhava antes no J. P. Morgan como analista quantitativo, calculando os preços de contratos financeiros. Agora ele trabalha na DeepMind, a unidade de pesquisa de IA do Google, tentando descobrir como criar uma IA que possa ser aplicada a qualquer situação.

Essa mistura de finanças e tecnologia também é visível na hibridização dos dois setores no reino da fintech. Esse setor exemplifica a relação ambígua, porém íntima, entre esses dois mundos. Os bancos ficaram com uma imagem radiativa na esteira da crise financeira de 2008, e surgiu a ideia tecnoutópica de que as startups digitais revolucionariam as finanças e produziram a democratização financeira. As tecnologias digitais foram apresentadas como o cavaleiro branco que colocaria no devido lugar as velhas finanças malvadas. Fintech virou o termo da moda, atraindo tanto empregados dos bancos tradicionais, que não faziam ideia de como digitalizar seus serviços, quanto empreendedores da tecnologia que queriam ser os forasteiros que tomariam conta do mundo financeiro.

Desde o princípio, a fintech sempre pareceu mais sem graça que o restante do setor de tecnologia, pelo fato de estar atrelada ao poder das velhas gigantes do mercado financeiro; porém, também parecia mais animada que as finanças tradicionais, devido à associação com todo o alarde em torno do Vale do Silício. Até hoje a área vende a ideia de que a tecnologia está renovando o mundo das finanças, e que os bancos estão, a contragosto, sendo arrastados para esse novo mundo digital. Na língua *tech*, o futuro tem que ser trazido para o presente, e tudo que é velho tem que desaparecer no passado. O antigo sistema financeiro precisa ser atualizado e o jeito antigo — incluindo as agências bancárias, o dinheiro físico e os processos não digitais — tem que morrer. Essas ideias são apresentadas como uma revolução fundamental das finanças, mas, quando eu me distancio um pouco e analiso o setor fintech, não vejo uma tentativa de redesenhar o mercado financeiro, e sim uma tentativa de *automatizá-lo*. Essa distinção raramente é feita, porém. Por que isso acontece?

O "inevitável progresso" da automação

As pessoas fazem previsões intuitivas sobre como o futuro *poderia* ser, mas, quando sentimos incerteza sobre o que vemos nesse futuro, podemos passar a discutir como ele *deveria* ser. Esse é o terreno da política, onde fazemos apelos apaixonados pelo futuro que desejamos, em vez de nos contentarmos com o futuro que consideramos provável. Porém, enquanto são feitas demandas políticas locais por coisas como financiamento de escolas e construção de infraestruturas sustentáveis, demandas transnacionais são bem mais complicadas. Quando se trata da trajetória geral da digitalização e da automação na economia global, as pessoas ficam estranhamente caladas. Existe uma impressão de que isso ocorrerá independentemente da nossa vontade.

Por quê? Bem, não somos nada diante de nosso sistema econômico transnacional, e a maioria das pessoas o encara como algo ao qual aprenderam a reagir, em vez de algo que pode ser moldado de forma efetiva. Ninguém tem a impressão de "dirigir" a economia global, mas todos sentem que ela se move, como um imenso piloto automático ou uma procissão. É algo da vida, assim como as empresas ficarem cada vez maiores, as armas cada vez mais poderosas, os recursos cada vez mais escassos, e a conectividade digital cada vez mais densa. É algo assustadoramente parecido com os cenários imaginados pelos autores de ficção científica *cyberpunk* dos anos 1970. Seus personagens vivem em mundos high-tech cujas florestas foram dizimadas por megalópoles tentaculares, e cujos governos se fundiram com grandes corporações. Estas últimas propõem aos estonteados seres humanos a chance de se conectarem a sonhos escapistas de realidade virtual, para fugir da linha de montagem de suas vidas, enquanto pequenos grupos de rebeldes tentam resistir.

Se a sensação, às vezes, é que essa ficção científica distópica inspirou as empresas de tecnologia, é porque já vimos esses roteiros se manifestando em inovações da vida real trazidas até nós pela Big Tech: da onipresente tecnologia de reconhecimento facial de *Minority Report* e da biotecnologia de *Blade Runner* até os "gárgulas" de *Snow Crash* — indivíduos implantados com aparelhos que alimentam uma versão de realidade virtual da internet chamada "metaverso" com dados audiovisuais. Mas ninguém precisa da "inspiração" da ficção científica para que esses roteiros ocorram: o *cyberpunk* estava apenas extrapolando tendências que já eram inerentes aos sistemas capitalistas de grande escala, motivo pelo qual esses resultados continuam a se verificar no nosso presente, como se a inércia o governasse.

Por ter desestabilizado temporariamente esse sentimento de inércia, a pandemia de covid-19 foi um profundo choque mental para muitos de nós. Nossos sistemas deram brevemente a impressão de *pausar* — gerando ansiedade em alguns e euforia em outros — antes de voltar aos poucos aos mesmos velhos padrões, como uma esteira que recomeça a girar (e a uma velocidade até maior). Os tecno-otimistas trabalham com afinco para dar uma interpretação positiva a esse sentimento de inércia. Alegam que a escala e a velocidade cada vez maiores dos processos econômicos são um "progresso" conduzido por todos nós, animado pelo espírito criativo do ser humano.

São histórias que se infiltram nas finanças digitais: por exemplo, os comentaristas afirmam que uma sociedade sem dinheiro é inevitável, porque "nós" — os membros do público — enxergamos o valor da velocidade, automação, conectividade e conveniência cada vez maiores, e desejamos cada vez mais finanças digitais. Como todos "nós" queremos isso, nenhum discordante individual pode se opor, e, caso tente, *ficará para trás*. Essa mensagem é reforçada por toda uma indústria do marketing que se especializa em nos dizer para *nos prepararmos* para uma mudança que aparentemente estamos dirigindo se não quisermos ser ultrapassados por "um mundo em rápida transformação". Essa mensagem acompanha todos os produtos promovidos pelas empresas de finanças e tecnologia, apresentando interesses comerciais como forças naturais, irresistíveis e benevolentes para todos nós.

Isso é o que eu vejo na plataforma do metrô de Londres, sob a forma de um anúncio de pagamentos digitais proclamando que *The Future is Here* ["O futuro chegou"]. Vejo isso na lateral de um arranha-céu de Singapura, onde um cartaz dos smartphones Samsung anuncia que *Next is Now* [algo como "O amanhã é agora"]. Leio isso na mesma hora em que observo um empreendedor no palco de uma conferência em Nur-Sultan, no Cazaquistão, profetizando a vindoura transformação de... tudo. A mesma mensagem é proferida pela boca de um político local na TV da África do Sul — meu país de origem —, ao nos dizer para nos prepararmos para a "Quarta Revolução Industrial". Meu pai é ex-soldado do interior do Zimbábue e usa um computador comprado doze anos atrás, mas o ruído de fundo emitido pela TV lhe recomenda preparar-se para um imenso complexo de drones, robôs, cidades inteligentes, biotecnologia e IA: todas elas coisas que ele nunca pediu.

Mas de onde meu político local obtém sua mensagem? A história oficial propaga-se a partir de centros high-tech em poderosas regiões, onde estão em jogo enormes lucros. Um desses centros fica a 16 mil quilômetros da África do Sul, no Vale do Silício, onde há pessoas arrecadando fundos junto a investidores e planejando campanhas de marketing para nos viciar em suas plataformas. Seus sussurros se infiltram: das salas de diretoria e dos bares da Baía de São Francisco para os jornalistas especializados em inovação, que influenciam os organizadores dos painéis do Fórum Econômico Mundial em Davos, transmitido pela BBC e assistido por um influenciador local de Joanesburgo, encarregado de manter meu político atualizado sobre as tendências internacionais. É assim, com mil outros canais, que os mantras tecnológicos do nosso tempo se disseminam até chegar ao sofá do meu pai. Tendo sido instruído a preparar-se, ele irá, como a maioria das pessoas, apenas vivenciar a propagação das tecnologias através de outras redes semelhantes, até o ponto em que ele não terá muita alternativa a não ser aderir.

Para muitos, não dá para sentir quase nenhuma autonomia coletiva ou individual para decidir como isso evolui. Alguns, porém, acham psicologicamente mais fácil tornar-se entusiasta das maravilhas vindouras do progresso tecnológico, ignorando, com indiferença fatalista, qualquer menção a uma possível distopia. Sempre ajuda se você for pago para fazer isso, e muitos futuristas badalados recebem *muito* dinheiro para se apresentar como profetas do inevitável. Em 2016, por exemplo, Kevin Kelly, editor e fundador da revista *Wired*, publicou *Inevitável: as doze forças tecnológicas que mudarão nosso futuro*. A obra apresenta o futuro como a meteorologia — como algo que só vai acontecer com você. O 12º vaticínio em sua "previsão do tempo" é que seremos engolidos por um "sistema planetário conectando todos os seres humanos e máquinas em uma matriz global".

Permitam-me fazer uma sugestão de como criar essa matriz global. Pegue um setor oligopolizado de gigantes da tecnologia, cujas plataformas se fundem com a vida de bilhões de pessoas, e cole-o, via infraestrutura fintech, a um setor oligopolizado de gigantes das finanças, cujo dinheiro digital funde-se com a vida de bilhões de pessoas. Em seguida, cole ambos com tudo o mais (cidades, máquinas ou corpos) e apresente essa situação — em que tudo à nossa volta é possuído pelas motivações de lucro de oligopólios distantes — como uma inevitável e bem-vinda revolução impulsionada por todos nós. Por fim, pinte qualquer pessoa que se rebelar como um ludita irrelevante e desconectado preso ao passado, que é preciso doutrinar ou resgatar.

A cartada do cripto

Talvez existam, porém, outras maneiras de criar uma matriz global. Uma dessas propostas surgiu em 2008, sob a forma de um obscuro PDF de nove páginas postado em um fórum da internet. Esse documento era intitulado "Bitcoin: um sistema de dinheiro eletrônico *peer-to-peer*", de autoria de um desconhecido sob o pseudônimo de Satoshi Nakamoto. Esse artigo descrevia como uma rede de pessoas podia emitir tokens digitais e transferi-los entre si sem o envolvimento dos bancos, que governam o sistema monetário digital convencional usado por nós quando pegamos nossos cartões de pagamento por aproximação. Nakamoto e diversos colaboradores se dispuseram a montar o sistema proposto, e em 2009 haviam lançado a primeira versão do protocolo *open-source* que — quando seu uso se generalizou — deu origem ao Bitcoin, a primeira "criptomoeda" do mundo.

Comecei a fazer experiências com o Bitcoin em 2011, e na época escrevi dois posts iniciais sobre ele em meu blog, que logo apareceram na primeira página dos resultados de buscas do Google sobre o fenômeno. Quando produtores da BBC e outros veículos da mídia começaram desesperadamente a procurar informações sobre o Bitcoin em 2013, passei a receber e-mails me pedindo para falar a respeito na TV e no rádio. Também comecei a ganhar tokens de Bitcoin — em geral, em troca de exemplares do meu primeiro livro — e usava-os para coisas como pedir pizza em um pub em Londres, chá de hortelã na Bulgária e até produtos de um site adulto chamado Crypto Sex Toys. Quando fiquei sem dinheiro normal, convenci a pessoa com quem dividia a casa a aceitar minha parte do aluguel em Bitcoin e paguei prestadores de serviço com ele. A partir do Bitcoin, começou a surgir um setor cripto, com novas criptomoedas aparecendo. Era divertido e era experimental, um estado de espírito exemplificado pela chegada do bem-humorado Dogecoin em 2013, uma criptomoeda baseada num meme do cãozinho Shiba Inu.

Essa atmosfera não tardou a mudar. Especuladores, interessados na novidade tecnológica representada por esses "criptotokens", começaram a investir e a negociar com eles. Ao mesmo tempo, a tecnologia blockchain por trás desses tokens ganhou proeminência, e em 2015 "blockchain" tornou-se, ele próprio, o termo do momento, promovido pelos empolgados colunistas de inovação. A tecnologia blockchain é usada para criar sistemas digitais que podem coordenar ações entre gente que não se conhece, sem necessidade de intermediário. Isso pode incluir transferência de tokens (que é o que o sistema Bitcoin viabiliza), mas também muito mais que isso. A extensa gama de possibilidades a explorar fez dela um potente catalisador de novas visões tecnológicas, tudo com base no conceito de "descentralização": qualquer sistema existente que fosse "centralizado" — isto é, um sistema com um pequeno número de grandes atores centrais — passou a ser considerado sob ameaça de transformação. Isso podia incluir o sistema financeiro, mas também os sistemas jurídico, de copyright ou de comércio global.

Ainda que empolgante, a imprecisão das soluções propostas, reforçada por uma incompreensão dos sistemas existentes, levou a algumas declarações absurdas sobre como o blockchain ia revolucionar o dinheiro, as finanças e as economias. Todos o promoviam, de advogados especialistas em propriedade intelectual a libertários anarcocapitalistas, de neofascistas a *yogis* da New Age, que enxergavam nele uma filosofia orgânica de harmonia global.

A simples dimensão dessa onda chamou a atenção de instituições tradicionais, desdobramento que se manifestou na minha caixa de mensagens com e-mails pedindo ajuda, participações na mídia e convites para palestras. Redigi um dos primeiros relatórios das Nações Unidas sobre criptomoedas, apresentando-o posteriormente à Comissão e ao Parlamento da União Europeia, enquanto autoridades do FMI me escreveram perguntando se o blockchain poderia ser usado para resolver problemas do sistema internacional de pagamentos. A onda do blockchain me levou pelo mundo inteiro, de Amsterdã a São Francisco, de Nairóbi a Tóquio.

A estranha verdade é que eu sabia pouco sobre a tecnologia blockchain, mas, até aí, ninguém sabia. O cenário estava lotado de aventureiros recitando frases de efeito nos estúdios da Bloomberg e da CNBC, ou em palcos de conferências internacionais. Assisti a empreendedores que nada entendiam a respeito da complexa história do colonialismo afirmarem que o blockchain iria "acabar com a pobreza da África", e vi incontáveis gurus das criptomoedas preverem a decadência do setor bancário, mesmo sem saber como os bancos funcionam. Também conheci banqueiros importantes que levaram esses gurus a sério, porque não tinham capacidade de analisar as afirmações feitas pelos especialistas em tecnologia.

Na origem, a tecnologia blockchain prometia representar uma alternativa descentralizada aos crescentes oligopólios das finanças e da tecnologia, aos quais me referi no início desta introdução. Seu desenvolvimento inicial foi diretamente inspirado pelos receios em relação às consequências de uma economia sem dinheiro para a sociedade, e pelo seu potencial de uma centralização maciça do poder estatal e corporativo na era digital. No entanto, a tecnologia blockchain tem suas próprias e profundas contradições e ambiguidades. Uma delas é que, longe de ter sido repelida pelas instituições financeiras e megacorporações, parece estar sendo cada vez mais incorporada às operações destas. A mesma tecnologia capaz de coordenar redes formadas por pessoas comuns pode ser readaptada para coordenar oligopólios.

Em 2021, a onda do blockchain alcançou novo patamar, quando o sistema capitalista global começou a engolir fatias inteiras dele. Magnatas da tecnologia, como Elon Musk, começaram a promover criptotokens, capitalistas de risco criaram fundos para investir em startups de cripto, e grandes empresas globais de pagamentos, como a Visa, começaram a oferecer novas linhas de negócios integrando o cripto em seus sistemas de pagamentos normais. Por mais que isso tenha começado como uma forma de antítese à Big Finance e à Big Tech, o que está surgindo na realidade é uma síntese, com probabilidade tanto de reforçar tendências distópicas quanto de combatê-las.

Para onde caminhamos?

Não haveria algum lado bom nesse caminho para onde estão nos levando? Bem, pode até haver, mas, antes de chegarmos lá, precisamos fazer um tour do nosso sistema monetário, para compreender melhor como ele está mudando e descrever a erosão do sistema movido a dinheiro em espécie. Em seguida, tratarei da dinâmica do setor fintech, de como ele tenta "mudar a pele" do sistema financeiro existente e de sua interseção com o Vale do Silício. Depois, vou guiá-lo pelo mundo muitas vezes espantoso das criptomoedas e da tecnologia blockchain, que se vende como alternativa. Mostrarei as zonas de hibridização que vêm aparecendo à medida que os bancos tomam de assalto o mundo cripto, e vice-versa. Essa narrativa nos levará aos dias de hoje, onde essas forças parecem estar a ponto de nos engolir, a menos que encontremos forças para levá-las em outra direção.

Ao longo dessa jornada farei críticas a várias instituições, de Estados e corporações, passando por startups, até grupos ideológicos. Quero deixar claro que minha intenção não é criticar as *pessoas* dentro desses sistemas. Todos nós precisamos sobreviver neste mundo, e para a maioria isso significa ter que trabalhar dentro das estruturas existentes. Muitas vezes encaro essas estruturas como possuidoras de uma lógica que transcende as boas intenções individuais daqueles que são empregados por elas, ou até mesmo que as administram. Antes de termos a esperança de reimaginar de forma criativa nossos sistemas, precisamos fazer uma introspecção crítica a respeito deles, e esta é a melhor hora para fazer isso. A pandemia consolidou nossa dependência das infraestruturas digitais transnacionais, e muitos de nós, presos em casa diante de telas, pudemos sentir não apenas o vazio dentro desse mundo fechado, mas também o poder oculto que nele prospera.

1

O sistema nervoso

Estou no 39º andar do segundo maior arranha-céu do Reino Unido, olhando pela janela. Dão a este lugar o nome de Level 39. É uma central de startups de tecnologia financeira no Canary Wharf, o bairro de Londres que abriga uma das maiores concentrações do mundo de megacorporações financeiras. O Level 39 foi fundado pelo Canary Wharf Group, dono do bairro inteiro, para criar essas fintechs como em uma cultura de laboratório. Ali há mais de cem, a maioria cuidando de algum aspecto da automação financeira, de apps de pagamentos e *bots* de seguros a avaliações de crédito e "conselheiros-robôs" de inteligência artificial.

Esses espaços repletos de jovens empresas são chamados de "incubadoras" ou "aceleradoras", mas uma imagem mais precisa seria de uma academia de ginástica de luxo, aonde as empresas vão em busca de malhação intensiva, bombas de esteroides (apoio de capital de risco) e uma hora final na câmara de bronzeamento artificial para dar aquela aparência saudável. Recebo muitos convites para esse mundo de startups de tecnologia. Estou no Level 39 para participar de uma oficina sobre "O futuro do dinheiro".

Mas não é a primeira vez que olho pelas janelas de arranha-céus em Canary Wharf. A primeira foi mais de uma década atrás, em julho de 2008, quando me vi em uma entrevista de emprego no 35º andar da sede de um banco de investimentos chamado Lehman Brothers. Cheguei à segunda entrevista, porém antes de passar à terceira o megabanco entrou em colapso, indo à falência e desencadeando uma crise financeira global.

Enquanto essa crise se agravava, consegui um emprego de corretor de derivativos, função que me fez visitar vários desses arranha-céus corporativos. Foi nessa época que me dei conta de que, quanto mais alto é o seu prédio, menos pé no chão deve ser sua mentalidade. Ninguém usa um escritório no 35º andar para fazer, por exemplo, pão artesanal com farinha moída na pedra, mas usa para fazer mega-apostas no preço global do trigo, seja como gestão de risco transnacional, seja por especulação.

Londres não é o único lugar onde se erguem arranha-céus. Eles se elevam em toda parte em que os senhores das finanças se juntam: em Singapura, Nova York, Xangai, Tóquio ou Frankfurt. Um dos mais simbólicos arranha-céus de Frankfurt é a Torre Commerzbank, e me lembro de ter tirado uma foto dele uma vez, tarde da noite, enquanto um segu-

rança me observava de dentro. A imensa torre me trouxe à lembrança a fortaleza do feiticeiro Saruman, de *O senhor dos anéis*, com sua imensa parede elevando-se até a cidadela no topo, envolta no fantasmagórico amarelo dos poderosos holofotes. Cada elemento desses prédios — dos portões de segurança aos painéis de vidro fosco que reluzem ao sol — foi criado para emitir uma sensação de poder impenetrável. Essa arquitetura reflete nossa relação com a alta finança: a maioria das pessoas fica abaixo desses monolitos, do lado de fora, olhando para cima.

Do lado de dentro, porém, a Commerzbank Tower tem um segredo: um banheiro masculino no qual uma fileira de urinóis de cerâmica está posicionada estrategicamente para oferecer uma vista panorâmica da cidade, de modo que aqueles que estão dentro podem contemplar o cotidiano da população enquanto dão uma mijada.

Seria uma imagem apropriada — banqueiros complacentes olhando o mundo de cima para baixo enquanto urinam metaforicamente em cima dele? Tendo trabalhado na alta finança, acho que o panorama é mais complexo. Por trás da fanfarronice, raramente os banqueiros têm o controle de suas próprias instituições, e muitas vezes expressam uma

lógica que as transcende. Existe algo desumano em um arranha-céu empresarial. Os ternos que os banqueiros usam são como uniformes de proteção, e o banheiro é, na verdade, o único lugar do arranha-céu onde eles podem revelar um ponto fraco nessa armadura, expondo o traseiro no reservado e revelando um corpo provido de calor.

Todos nós, no fim das contas, somos criaturas locais e comunitárias, e mesmo os banqueiros de mais escalão perderiam a vontade de adentrar essas torres geladas se não tivessem amigos, família, pets ou outros grupos para os quais retornar a cada noite. Ninguém quer se aninhar na cama na Commerzbank Tower, e não dá para sentir o cheiro das distantes atividades que são vistas do 50º andar, nem ouvi-las. Um arranha--céu não é um habitat natural para seres humanos de sangue quente. É, porém, um habitat natural para as *corporações*, se pudéssemos concebê-las como seres vivos finitos. Elas ficam muitíssimo à vontade em torres de aço, encarando as pessoas vistas do 50º andar como simples estatísticas processadas em planilhas.

Vista de forma coletiva, a comunidade corporativa das finanças globais é como um denso centro nervoso para um império multicamadas de dinheiro — e promessas de dinheiro — que se comunica via cabos de fibra ótica no fundo do mar e é redirecionado via centros offshore para outros distantes aglomerados de corporações. O Level 39 é sediado nos mais altos confins de uma dessas torres e, mesmo que não saibam disso, os empregados do setor fintech dentro dele foram contratados para automatizar esse centro nervoso.

O dinheiro como sistema nervoso

Uso o termo "centro nervoso" propositalmente. É comum os economistas aplicarem metáforas relacionadas a sangue para falar de dinheiro, caracterizando-o como uma substância de valor que "circula" pela economia. Os financistas adoram essa metáfora, porque apresenta seu setor como o "coração pulsante" da economia global. Mas o uso dessa metáfora de sistema circulatório nos impede de enxergar a verdadeira natureza das finanças.

No corpo humano, o sistema nervoso é uma rede de neurônios embutidos em todos os tecidos e músculos, pelos quais são transmitidos impulsos para ativar esses músculos. Essa rede se concentra em certas áreas, como nossa medula espinhal e nosso cérebro (que tem o nível mais elevado de densidade neural). Da mesma forma, nossos sistemas monetários globais são interconectados — ainda que em grande parte de forma invisível — e se espraiam até os mais distantes confins do planeta e, assim como os neurônios estão embutidos em tecidos, estão embutidos em *nós*. Porém, mesmo chegando até o mais poeirento dos vilarejos, esse sistema financeiro se concentra no mundo da alta finança, que por sua vez se concentra nessas altas torres.

Não surpreende que muita gente se assuste ao ouvir os colunistas da imprensa falando das atividades que ocorrem ali. Ouvem frases como "Trilhões passam diariamente pelos mercados de câmbio" ou "O valor do mercado de derivativos globais é dez vezes o tamanho do PIB mundial", e assim por diante. Descrições assim trazem à mente imagens de um mundo estranho de números em escala gigantesca. A alta finança parece onipresente, e mesmo assim separada de nossas vidas, mas as complexas redes financeiras sempre podem — ao fim e ao cabo — ser rastreadas até nossos corpos, e à terra.

Pois de fato tudo, em última análise, deriva de nossos sistemas ecológicos, sem os quais pereceríamos. Se eu for até um parque, deitar-me na grama e olhar para o chão, verei carrapatos arrastando-se entre as partículas do solo, e se tivesse como mergulhar ainda mais fundo veria micróbios, fungos e moléculas de água. É esse substrato que dá origem às plantas, que dão vida a incontáveis criaturas, todas organizadas em ecossistemas que nos permitem sobreviver há mais de 200 mil anos, criando filhos, formando comunidades e produzindo bens e serviços, ou *valor*.

Por grande parte dessas centenas de milhares de anos fomos capazes de sobreviver sem dinheiro. Aquilo a que hoje nos referimos como "a economia", porém, é uma rede interdependente de pessoas e grupos de pessoas que produzem bens e serviços umas para as outras usando essa base ecológica, mas que coordenam a transferência de sua mão de obra (e os produtos dessa mão de obra) por meio de um sistema monetário, que os mantém unidos em uma densa constelação. É por isso que, desde o princípio, é útil enxergar uma unidade monetária como algo capaz de *acionar* alguém à produção de valor — como um pulso que voa de uma parte de um sistema nervoso interconectado para outro, provocando um movimento do corpo.

Nos próximos capítulos, vamos nos aprofundar no sistema monetário e analisar como ele se bifurca em partes distintas, uma delas concentrada nos bancos centrais e outra, nos bancos comerciais (protagonistas-chave da batalha entre o *cash*, o dinheiro físico, e o dinheiro digital). Vamos descobrir que o dinheiro físico é uma forma mais fundamental de dinheiro, e que o dinheiro digital que você usa quando recorre ao cartão deriva seu poder, em parte, da associação ao *cash*, ao qual se agarra.

No restante deste capítulo, porém, vamos partir da premissa de que a teia monetária está embutida em nossas vidas, de modo a podermos explorar como isso permite que atores mais chamativos das finanças (os tais bancos de investimento e *hedge funds*) criem e negociem contratos que orientam, inflam e aumentam a complexidade das movimentações monetárias, por meio de estruturas corporativas. Isso deixará clara a relação entre a superestrutura econômica e a questão, aparentemente secundária, sobre a forma do dinheiro que portamos em nosso cotidiano.

Dando carga ao capitalismo corporativo

Os titãs da indústria não têm interesse em trabalhar pesado. Quando um grupo de cinco barões do petróleo deseja desenvolver uma nova operação de exploração offshore, não vão montá-la com as próprias mãos, perfurando um poço juntos em águas oceânicas. Em vez disso, vão arrumar *outras pessoas* para organizá-la, mobilizando um exército de fornecedores para abastecê-los de materiais, e recorrendo aos serviços de engenheiros e muitos outros terceirizados e operários. O método básico para colocar esse processo em movimento é fundar uma pessoa jurídica — uma empresa ou corporação — e dar-lhe um nome (por exemplo, DeepFuel Inc.) e uma conta bancária, a fim de realizar transações com esses terceirizados e operários. Essa conta bancária, porém, precisa ser "carregada" com dinheiro (ou "capitalizada") antes que a empresa possa atuar no mundo real.

O setor financeiro é o lugar onde esse "carregamento" é resolvido. Nossos barões do petróleo podem transferir parte do próprio dinheiro para a conta da DeepFuel, mas a tarefa de carregar totalmente a nova pessoa jurídica será delegada aos banqueiros de investimento. São eles que vão criar um prospecto do investimento para a DeepFuel, buscando mostrar como os gerentes da operação serão capazes, mediante certos riscos, de obter os insumos de que precisam (trabalhadores, materiais, tecnologia etc.) por um valor menor do que renderão os produtos (neste caso, petróleo). Esse prospecto da DeepFuel, com sua estonteante promessa de lucros futuros, pode ser esfregado na cara do gestor de um enorme fundo de pensão em busca de oportunidades de investimentos.

Um fundo de pensão é uma instituição que reuniu dinheiro de milhares de indivíduos, criando uma "bateria" gigante só à espera da possibilidade de carregar empresas que buscam financiamento. Nossos banqueiros de investimento recorrem a essa fonte, convidando os gestores dos fundos a dar agora à DeepFuel o dinheiro de que necessita, em troca de uma parte de seu lucro futuro. Essa promessa de um direito a um valor futuro é transcrita em um contrato legal que lhe garante cotas de participação, mas a empresa também pode receber sua carga prometendo a outros investidores (chamados "credores") porções fixas de um dinheiro futuro, em troca do dinheiro deles hoje.

O sangue que corre nas veias de uma economia não é o dinheiro, e sim as pessoas que realizam o trabalho. Mas é possível fazer um coração bater com choques elétricos. Quando uma empresa fica carregada por meio da capitalização, ela pode provocar essa descarga elétrica no sistema nervoso monetário, como um desfibrilador que desencadeia uma ação em larga escala de milhares de corpos humanos. É assim que dezenas de milhares de trabalhadores são mobilizados para fabricar e montar os componentes de um oleoduto, e em seguida operá-lo e extrair o petróleo que seus patrões poderão vender ao consumidor. Esse consumidor é uma fonte de incerteza, porque pode ser roubado por uma empresa rival (e por isso os gestores buscam reduzir custos, por exemplo, substituindo a mão de obra humana por máquinas), mas, quando o produto é vendido, ele envia um raio de dinheiro de volta ao circuito. Parte desse dinheiro sai sob a forma de bônus para os diretores e de impostos para o governo, enquanto o restante é usado para recarregar as baterias, dando aos investidores o dinheiro futuro prometido em seus contratos financeiros. Assim, o pagamento de juros recompensa os credores, enquanto o pagamento de dividendos recompensa os acionistas.

É desse jeito que as ideias dos cinco barões do petróleo se traduzem em ação, por meio do dinheiro que alimenta os mercados de mão de obra e tecnologia, via mercado financeiro, manifestando-se por fim em produtos nos mercados de commodities. Caso consigam consolidar o empreendimento da DeepFuel como uma operação promissora, poderão vendê-la à BP, gigante do petróleo, fazendo com que seja absorvida como uma *subsidiária*. Em 2014 trabalhei com uma empresa de dados abertos sediada em Berlim, chamada OpenOil, para mapear a bizantina estrutura corporativa da BP: o dinheiro de grandes investidores entra na nave-mãe BP (pela Bolsa de Valores de Londres), que por sua vez capitaliza 35 subempresas, que por sua vez capitalizam centenas de sub-subempresas. A estrutura geral tem doze níveis de profundidade, e aquilo que chamamos de "BP" é, na verdade, uma federação de mais de 1.100 subsidiárias conectadas por uma complexa teia de circuitos financeiros espalhados por todo o globo. É assim que uma megacorporação vem a existir.

Essas megacorporações controlam suas subsidiárias a partir de uma sede (em um arranha-céu qualquer), e as levam a "fazer negócios umas com as outras", motivo pelo qual metade do comércio mundial se dá, na verdade, *dentro* das corporações, e não no mercado aberto. O "capitalismo corporativo" é todo ele uma questão de encadear essas estruturas federadas em formações complexas, usando os produtos de uma como insumos da outra: o petróleo da DeepFuel, nova subsidiária da BP, acaba sendo o insumo da produção de plásticos da Dow Chemical, que pode ser combinado ao aço da ArcelorMittal para produzir máquinas especializadas em extrusão para a fabricação de doces da Nestlé. Essas redes entre empresas formam o cerne da economia global. Elas fazem um pingue-pongue de peças de produtos semiacabados, via redes logísticas transnacionais, até que os produtos ficam prontos, chegam aos atacadistas, e destes às prateleiras da lojinha do bairro.

É nessa hora que eu entro e completo a cadeia, trocando dinheiro por uma barra de chocolate ao leite (para ter energia para continuar trabalhando). Quando compro esse chocolate, posso entregar o dinheiro a uma pessoa parecida comigo, o que me leva a acreditar que somos pares participando de uma troca recíproca no mercado. Mas o que eu não vejo são as infraestruturas institucionais que lançam as bases desse pequeno ato: o direito contratual, a força militar, os direitos de propriedade, as imensas cadeias de abastecimento das empresas e os vastos sistemas do comércio financeiro global. Não enxergo que cada compra em uma loja completa um pequeno pedaço de um circuito financeiro em várias camadas, possivelmente criado décadas (ou até séculos) atrás.

O problema da visão parcial

É difícil enxergar a conexão entre os elementos do capitalismo corporativo a partir de nosso ponto de vista ao nível do chão. Nós nos encontramos na posição do sábio da anedota, que, de olhos vendados, toca em um elefante e acha que o rabo é uma corda e a perna é um tronco de árvore. Nossa mídia reforça essa visão compartimentada, falando em "consumidor" — a pessoa que toma uma decisão de compra — como um ser separado do "empregado", a mesma pessoa que recebe dinheiro para ir trabalhar no dia seguinte; por sua vez, separado do "poupador", a mesma pessoa que decide ceder o controle de seu dinheiro a uma instituição financeira (que escaneia o sistema em busca de oportunidades para dar carga em um novo circuito corporativo).

O consumidor, o empregado e o poupador são a mesma pessoa no mesmo sistema monetário. Em um dia, o dinheiro chega até você, e no outro você o manda embora, seja em troca de mercadorias ou de contratos financeiros, a partir de onde ele é refletido novamente em várias direções. As instituições financeiras não vão se limitar a dar carga em empresas, envolvendo-se em qualquer lugar do sistema onde haja movimentação monetária. Por exemplo, podem oferecer financiamento ao consumidor, incentivando as pessoas a se endividarem para comprar os produtos lançados pelas empresas. Podem financiar aspirantes a trabalhar — o que é o financiamento estudantil, senão o endividamento de trabalhadores futuros a fim de poderem se posicionar para que uma empresa os contrate? E podem financiar hipotecas para os trabalhadores que acabaram de quitar suas dívidas estudantis, mas estão desesperados para comprar um apartamento e obter alguma estabilidade neste mundo inseguro.

Esse mesmo desejo de segurança pode ser explorado via investimentos especulativos para enriquecer rapidamente. Quando deixei meu cargo de corretor de derivativos, fui consultor durante alguns meses para uma empresa de *spread-betting*, que pegava dinheiro emprestado de um grande banco de investimentos para emprestá-lo a *day traders* individuais que queriam se libertar de empregos tradicionais apostando no mercado financeiro. Sim, uma grande financeira estava financiando uma média financeira que financiava pequenas financeiras. Financiar financeiras é um grande negócio. Você pode emprestar a acionistas para comprarem ações, da mesma forma que pode emprestar aos credores para comprarem títulos. É algo muito parecido com um fractal.

Cada um desses contratos financeiros pode, então, ser usado como matéria-prima para a montagem de contratos ainda mais complexos. Já vimos como uma ação da BP é um direito adquirido sobre a receita de 1.100 empresas subsidiárias, mas uma unidade em um fundo maior, que possua a mesma ação, pode obter receita de dezenas de milhares de empresas subsidiárias, enquanto uma unidade de um fundo de fundos pode obter receita de centenas de milhares. As instituições financeiras podem juntar quaisquer contratos em vigência que tenham montado — como empréstimos a consumidores, empréstimos estudantis ou hipotecas — em instrumentos como as obrigações de dívida colateralizadas ou os títulos com lastro em hipotecas que desencadearam a crise financeira de 2008. Essas estruturas foram construídas a partir de centenas de milhares de instrumentos financeiros subjacentes. E ainda nem chegamos aos derivativos — o setor no qual eu trabalhava —, que são apostas em diferentes encadeamentos de contratos. Um *swaption* (opção de *swap*) indexado em *equities* é uma aposta em uma aposta na receita de centenas de corporações com centenas ou milhares de subsidiárias.

O banqueiro que realiza reuniões sobre *swaptions* indexados em *equities* vive em um reino altamente abstrato, no topo da hierarquia econômica; gente assim tem maior probabilidade de agrupar milhares de hipotecas em pacotes colossais para revendê-los ao fundo soberano da Noruega do que de conversar com um jovem e ansioso casal que quer comprar uma casa nova. Os mais altos confins dos arranha-céus são ocupados por pouquíssimas pessoas, que operam, porém, na maior das escalas.

Essas altas torres dispõem, no entanto, de um sistema de pontos de contato no "andar térreo", um funil por onde as pessoas podem passar. Isso inclui as agências bancárias, os consultores financeiros independentes, os corretores do varejo e as firmas de *spreadbetting*. Todos eles contratam equipes de atendimento ao cliente. Para as corporações, porém, parece caro proporcionar tanto serviço a essas milhões de pessoas no térreo.

Coletivamente, elas são necessárias, mas individualmente são um incômodo. É por isso que as instituições financeiras tentam automatizar suas interações com os indivíduos. É melhor proporcionar às pessoas um app digital padronizado, que permita o autoatendimento; assim, podem canalizar a si próprios no meganúcleo financeiro, sem necessidade de apertar mãos.

Mas o desejo de automatização vai ainda mais longe. Estende-se *inclusive* aos arranha-céus. As instituições financeiras são, em vários aspectos, tolhidas por seus empregados pouco confiáveis, com suas imprevisíveis necessidades, seus recalques e sonhos, sentados no vaso com as calças arriadas depois de uma noitada de folia regada a álcool. Por que não se livrar de uma vez desse banheiro, treinando máquinas para projetar e empacotar todos esses contratos financeiros? Automatizem os centros nervosos. É por isso que as torres abrigam o Level 39.

Só existe um pequeno porém como obstáculo a tudo isso. O nome dele é *cash*.

O porém

É crucial fazer a separação, no capitalismo corporativo, entre o núcleo e a periferia. O núcleo que eu já descrevi — *megaplayers* como a BP, que operam em conjunto com o setor financeiro — e seus *players* utilizam o sistema de pagamentos digital administrado pelo setor bancário comercial. Quando a BP contrata alguém para instalar centenas de quilômetros de dutos de cimento, não paga em espécie. Utiliza transferências bancárias digitais de alto valor, que aparecem na conta bancária do prestador de serviço, que a partir daí pode fazer transferências bancárias digitais a seus terceirizados. A corrente de impulsos originada nas torres da alta finança vai gerando faíscas por uma rede de contas bancárias, mas essa corrente atinge um meio menos condutor quando chega às periferias. É nas periferias do capitalismo corporativo que estão os trabalhadores individuais que fazem todo o serviço sujo, e historicamente são eles que usam dinheiro físico.

O acúmulo de dinheiro em espécie nessa vasta periferia é como uma comichão que os setores bancário e corporativo querem coçar. O dinheiro físico encontra um lar na carteira sebosa do trabalhador de mina ou no sutiã de uma avó Xhosa comprando uma caixa de Leite Ninho em uma vendinha rural da África do Sul. As corporações financeiras sonham com uma "sociedade sem dinheiro" em que até os elos mais diminutos do mercado capitalista estarão conectados a suas contas, inserindo o setor bancário em cada pixel do panorama econômico. Para infiltrar-se plenamente em nossas vidas, e grudar em nossos corpos, o capitalismo corporativo precisa que o dinheiro seja digital, e que os pontos de contato no "andar térreo" sejam substituídos por apps padronizados, instalados nos smartphones que nos acompanham em toda parte. A isso, dão o nome de "futuro do dinheiro".

2

A guerra ao *cash*

A cena consagrada nas páginas de abertura dos manuais de economia básica lembra *Romeu e Julieta*. Duas famílias — os Compradores e os Vendedores — se opõem. A primeira tem dinheiro, enquanto a segunda possui bens ou serviços. Elas chegam a um tenso impasse, durante o qual os Compradores sobem e descem a Curva da Demanda — apresentando os termos em que aceitam comprar —, enquanto os Vendedores vigiam a Curva da Oferta, apresentando os termos em que aceitam vender. Quando essas curvas se cruzam, Comprador encontra Vendedor e lhe entrega certa quantia de dinheiro em troca de certa quantidade de bens. Esse ponto de pacificação representa o Preço de Mercado.

Sentado em um voo da British Airways, com dinheiro na carteira, eu represento os Compradores. A tripulação atua como os Vendedores, com um catálogo de bens para oferecer. O palco está armado para a troca. Eu faço um movimento, pedindo um café instantâneo. A comissária de bordo desaparece para preparar a bebida, antes de voltar com ela em uma bandeja. É, de novo, minha vez. Puxo uma nota de cinco libras.

— Desculpe, senhor, só aceitamos cartões.

O romance chega a um impasse. Com olhar perplexo, digo:

— Eu não tenho cartão.

A comissária me olha espantada e, logo depois, constrangida.

Digo, lentamente:

— Acho que você vai ter que cancelar, então.

Ela me-olha com uma expressão sofrida, pede desculpas e vai embora com o café. Os passageiros à minha volta também me olham com um ar esquisito. *Pobre coitado*, pensam. *Não tem cartão. Não tem nem como comprar uma bebida.*

Eu tenho, na verdade, um cartão de débito, mas acredito no processo apresentado pelos manuais de economia. Sou um comprador com dinheiro, e você é um vendedor com mercadorias, então faça um acordo comigo. Por que precisamos encaminhar essa transação via Visa e setor bancário?

Volto do banheiro e descubro que o homem do assento ao lado se ofereceu para comprar o café para mim, usando seu cartão. A comissária é toda sorrisos por tanta gentileza, e o sujeito me faz o sinal de joinha. Os distintos passageiros sorriem alegremente. Por fora, demonstro gratidão, mas penso comigo mesmo: "Caramba, eu estava tentando defender uma causa!". Não é a primeira vez que meu pretensioso protesto contra a política anti*cash* da British Airways é desbaratado por um filantropo balançando um cartão.

Moral da história: enquanto os mercados costumam ser encarados pelos economistas como uma relação entre *dois* grupos, o mundo rumo ao qual caminhamos introduz um *terceiro* em toda transação — os Atravessadores de Dinheiro, um conglomerado de bancos e intermediários de pagamentos, como Visa e Mastercard. Nesse mundo, Romeu e Julieta não podem se beijar sem que um padre fique entre os dois, segurando suas mãos e abençoando a união. Ao contrário dos padres de verdade, porém, eles o fazem de muito longe, operando via um sistema de distantes *data centers* (a "nuvem") com o qual interagimos remotamente. Suas nuvens financeiras digitais se espalham sobre nós como uma névoa invasiva.

Névoa

"Névoa" é um contraponto útil para a metáfora da nuvem, porque capta a experiência do "andar térreo" de ser engolido pela parte mais baixa de uma nuvem. Assim como uma névoa leve não é visível, as pessoas não costumam perceber a forma como intermediários digitais se colocam entre eles e os outros; a intermediação ocorre de forma tão rápida e sutil que parece funcionar como mágica.

Mas essa mágica pode dar errado. Em 2016, fui convidado a palestrar em um painel de um simpósio intitulado Reinventando o Dinheiro, na Universidade de Delft, Holanda. O *jet lag* me deixou exausto, e não queria subir ao palco naquele estado. Por isso, quinze minutos antes da minha fala, fui procurar uma Coca-Cola. Achei uma máquina distribuidora, mas ela não aceitava meu dinheiro, e tinha uma pequena interface digital, fabricada por uma empresa holandesa chamada Payter, que dizia: "Apenas pagamento por aproximação". Tirei, irritado, meu cartão, e encostei na interface, mas — não obstante o fato de minha conta ter saldo — o aparelho da Payter só emitiu um bipe em protesto: "Cartão inválido". Olhei para a data de vencimento do cartão — ele estava inegavelmente dentro da validade.

Os manuais de economia imaginam um mercado livre no qual indivíduos racionais se envolvem em trocas monetárias entre si, visando benefício mútuo. Porém, eis-me aqui, um cansado indivíduo numa busca racional por açúcar, encarando refrigerantes empilhados em prateleiras controladas por uma máquina vendedora atuando em nome de um vendedor. O "mercado" está ali, e aquela máquina está programada para obedecer a um contrato simples que diz: "Se você der dinheiro a meu patrão, entregarei uma Coca". Eu tenho o dinheiro para fazê-lo, então trata-se de um *fracasso do mercado*. Fui impedido de me envolver em um livre-comércio.

As máquinas de venda antigas tinham uma fenda pequena para moedas, que permitia a qualquer um transformar a própria renda em sustento, mesmo que fosse um sem-teto e sem-conta bancária. Mas a máquina de venda holandesa é, na verdade, *duas* máquinas: seu corpo pertence ao vendedor, mas para obter uma Coca eu preciso, primeiro, enviar um pedido a uma complexa rede de guardiões de pagamentos — entre eles a Visa e uma série de bancos — via leitor de cartões da Payter, ali instalado para trabalhar para eles. Se um desses guardiões não quiser fazer negócio comigo, eu não tenho como fazer negócio com o vendedor. Os guardiões de pagamentos podem romper o ritual central do capitalismo — a transferência de dinheiro para a transferência de bens.

O aparelho da Payter também não permitia reclamação direta, exalando indiferença mecânica, obrigada a prestar conta apenas a seus distantes patrões. Assim, uma transação de mercado entre um comprador e um vendedor foi empatada por um atravessador de dinheiro irresponsável, incompetente e indiferente. No meu exemplo de Romeu e Julieta, é como se Frei Lourenço simplesmente não aparecesse para a cerimônia.

Outra possibilidade seria o padre desmaiar no meio da cerimônia. É mais ou menos isso que acontece quando ocorre uma falha do sistema: durante um apagão de dez horas nos sistemas europeus da Visa, em 2018 — causado por uma falha em seu *data center* principal —, 5,2 milhões de tentativas de pagamentos foram bloqueadas, deixando na mão as pessoas que haviam se tornado dependentes dos pagamentos com cartão, à procura de caixas eletrônicos (que, como veremos mais adiante, estão sendo desativados e ficando cada vez mais difíceis de encontrar). O mesmo aconteceria se o fornecimento de energia elétrica fosse interrompido.

Ou imagine que o padre tenha sido atacado a caminho da cerimônia. O pagamento digital deixa as pessoas vulneráveis a ataques pessoais, por criminosos distantes que usam um *malware* como o Dridex (que infiltra computadores e rouba dados bancários via documentos do Microsoft Word), expondo-as também a ciberataques aos sistemas centrais, e a gigantescos vazamentos de dados. Em fevereiro de 2016, hackers usaram a rede de pagamentos global SWIFT para sacar aproximadamente 1 bilhão de dólares da conta do Banco Central de Bangladesh no Federal Reserve americano, uma das instituições financeiras mais seguras do mundo. Imagine o que seriam capazes de fazer com uma conta comum.

Quando falam de um mercado dirigido pela oferta (vendedores) e pela demanda (compradores), os economistas não mencionam guardiões de pagamentos, o que significa que imaginam os protagonistas usando dinheiro vivo, uma forma de dinheiro originalmente emitida pelos estados, e que vai aos poucos se disseminando organicamente pela população para catalisar os mercados. Mas a nova família de "atravessadores de dinheiro" digitais é formada por atores privados, em busca de lucro; para utilizar seus serviços, tanto vendedor quanto comprador precisam *comprá-los* junto ao atravessador de dinheiro, que os vende por... bem, dinheiro. Isso cria uma estranha circularidade na equação econômica, porque, além da oferta e demanda originais, precisamos acrescentar oferta e demanda para concretizar a oferta e a demanda.

Quando os atravessadores de dinheiro se entranham coletivamente em nossos pagamentos, uma fatia de toda e qualquer interação no mercado irá para eles, e essa nova era de atravessadores de dinheiro interpostos será uma das transformações mais cruciais vistas nos mercados em séculos. A capacidade de pajear pagamentos não apenas consolida o poder do setor bancário como um todo, mas também possibilita outras três coisas. A primeira é a vigilância das transações: os atravessadores de dinheiro podem monitorar suas transações e coletar dados sensíveis sobre sua vida pessoal. A segunda é a censura de transações: eles podem bloquear transações com que não concordem e, como você não possui mais diretamente o dinheiro, podem congelá-lo e confiscá-lo. A terceira é o aumento do poder corporativo, ensejado pela automação em massa: corporações digitais remotas exigem dinheiro digital.

O dinheiro digital promovido pelo setor bancário lança as bases do próximo estágio do capitalismo de vigilância dominado pelos Estados Unidos e de seu similar chinês (que tem maior envolvimento do Estado, mas que busca a mesma expansão dos gigantes da tecnologia digital). O setor de pagamentos digitais, porém, faz questão de nunca ressaltar seus riscos. Ao contrário, para fazer suas incursões no comércio de carne e osso, apregoa a "sensação" superficial dos pagamentos digitais — sua simplicidade ou aparente conveniência —, em vez de chamar a atenção às estruturas mais profundas em que se baseiam.

Vantagens superficiais

Essa estratégia diversionista, sem dúvida, deu certo: experimente pedir a opinião de alguém sobre pagamento em dinheiro comparado ao digital, e as pessoas rapidamente passam a descrever a experiência superficial, dando seu ponto de vista sobre qual é mais rápido, mais familiar, mais fácil de usar, mais seguro ou mais agradável. Podem até expressar algum receio com os efeitos psicológicos do pagamento digital — por exemplo, podem ter a impressão de que gastam mais com o cartão, porque parece "menos real".

Mas, mesmo nesse domínio da experiência superficial, os estudos mostram que persiste uma forte divergência na opinião pública em relação a qual forma de pagamento é realmente a mais fácil de usar. Evidentemente, o pagamento digital é mais simples para pagar quem não está na sua frente — por exemplo, nas transações online —, mas por que colocar *data centers* em transações de rua cara a cara? Durante centenas de anos as pessoas não viram dificuldade em entregar dinheiro, e a ideia de que é "difícil de usar" é risível.

No entanto, os promotores do pagamento digital provavelmente ressaltarão a inconveniência de visitar um caixa eletrônico, ou de carregar dinheiro. Existem incontáveis propagandas de empresas de pagamento digital, no mundo inteiro, dizendo exatamente isso. Portar indiretamente dinheiro digital é, insistem, mais seguro que portar diretamente espécie (desde, claro, que ignoremos os perigos menores do cibercrime e da falência bancária). Em 2020, esses promotores tiraram proveito da pandemia de covid-19 para espalhar a ideia de que o dinheiro é um vetor de doenças, apesar das evidências em contrário da Organização Mundial da Saúde, da agência alemã de pesquisa em saúde e do Instituto Robert Koch. Na verdade, novos estudos dos bancos centrais mostraram que os teclados associados a pagamentos digitais representam um risco maior.

Porém, mesmo antes da covid-19, esse e outros argumentos foram apresentados pela Better Than Cash Alliance (Aliança Melhor Que Dinheiro), uma parceria global de governos, corporações e organizações internacionais, com sede em Nova York, cujo objetivo é acelerar a adoção do pagamento digital nos países mais pobres. A aliança apresenta argumentos convincentes: por exemplo, em regiões remotas seria difícil instalar caixas eletrônicos e agências bancárias, e nesses casos de fato seria mais fácil manter o dinheiro em *data centers* remotos, equipando as pessoas com telefones celulares para controlá-lo. O pagamento digital é apresentado como potencialmente mais eficiente para os comerciantes, que arcam com diversos custos para deter espécie, e também é associado ao conceito de "bancarização dos sem-bancos" — abrir contas bancárias para os mais pobres, para que eles possam converter seu dinheiro físico em digital, diversificando, assim, as formas de dinheiro que eles detêm para reduzir riscos.

As narrativas da Aliança se encaixam com outra, mais ampla, que nos é contada: que a transição do dinheiro para os sistemas de pagamento digitais é um "progresso natural" — uma evolução orgânica, de baixo para cima, resultante da mudança das preferências do consumidor. Mas quais seriam as verdadeiras tendências?

Em 2019, fui convidado para um encontro de pesquisadores de bancos centrais que estudam o uso do dinheiro físico. Um por um, eles apresentaram as tendências de suas regiões de origem. O primeiro foi o Bundesbank alemão. "Houve um aumento expressivo na demanda por cédulas de euro." Em seguida, veio o Banco Central da Hungria. "A demanda por espécie vem aumentando constantemente desde 2008." Depois, o suíço. "Demanda crescente por *cash*." O japonês. "O uso de espécie permanece forte." Canadá. "O uso de espécie não vem declinando." O Federal Reserve, dos Estados Unidos. "O *cash* continua a crescer."

Na verdade, os únicos dois países que vinham testemunhando declínios absolutos na demanda por espécie eram a Noruega e a Suécia. Esse é um fato bem conhecido no círculo dos bancos centrais. Em novembro de 2017, por exemplo, o Fed de São Francisco publicou um artigo intitulado "Relatos sobre o fim do dinheiro são bastante exagerados".

As estatísticas de uso do dinheiro vivo, porém, são enganosas, porque ele tem mais de uma utilidade. Os pesquisadores fazem uma distinção entre *uso tradicional* — o uso de espécie para as transações do dia a dia — e o *entesouramento*, a armazenagem de dinheiro naquele colchão imaginário. Eis aqui, portanto, a pegadinha. O uso do dinheiro cresceu no geral, mas o uso para *transações* decresceu, em termos relativos, em todos os países, em alguns deles de forma acentuada. As pessoas ainda querem espécie, mas — frequentemente — como forma de manter suas posses fora do setor bancário. O exemplo mais recente do caráter dúbio do uso de espécie foi a reação à covid-19: os bancos centrais registraram um forte aumento dos saques nos caixas eletrônicos — porque em meio a uma crise as pessoas ficam com medo de um colapso do setor bancário —, mas também registraram redução do uso transacional de espécie.

Os militantes anti*cash* podem tentar alegar que quem pratica o entesouramento provavelmente atua fora de lei, mas — de acordo com os pesquisadores dos bancos centrais — um entesourador de dinheiro vivo pode ser um pessoa que não tem confiança no setor bancário, o que inclui aqueles que não querem ter seu patrimônio preso em bancos durante uma crise bancária. O Federal Reserve constata fortes aumentos na demanda de *cash* antes de furacões, porque as pessoas não querem dinheiro digital quando falta energia elétrica. Querem dinheiro offline. Como diz o ditado em inglês, *cash doesn't crash* [dinheiro vivo não dá pau], uma referência tanto às quedas dos sistemas de energia elétrica e comunicações quanto à queda dos sistemas bancários.

A guerra ao dinheiro vivo

Meus avós não eram criminosos, mas pareciam totalmente à vontade com o dinheiro vivo, e nunca se referiram a ele como inconveniente. Em muitos países pobres, o *cash* ainda domina em todos os setores, inclusive nas transações cotidianas. Mesmo nos Estados Unidos, antes da pandemia ele representava mais de 50% das transações inferiores a 10 dólares, e 30% do volume total de pagamentos. Muitos parecem desafiar teimosamente a ideia de que o *cash* morreu, mas por que então vemos tantas reportagens sobre a iminente "morte do dinheiro"?

Bom, de uma coisa eu sei. Existem instituições que adorariam assistir à morte do dinheiro. A Better Than Cash Alliance, nesse aspecto, é uma candidata óbvia. Ela parece ser testa de ferro dos interesses do setor de pagamentos digitais, pois, embora oficialmente opere sob os auspícios do Fundo de Desenvolvimento de Capital da Organização das Nações Unidas (ONU), recebe financiamento de Citigroup, Mastercard, Visa e similares. A Aliança promove o pagamento bancário digital em países pobres, desestimulando, ao mesmo tempo, o uso do dinheiro físico estatal, curiosa circunstância em que Visa e Mastercard têm não apenas o mesmo objetivo, mas também a mesma tecnologia para o atingir. Em uma conversa por telefone comigo, um dos diretores da Aliança minimizou a questão, apresentando sua organização como um pequeno instituto de pesquisa que luta pela inclusão financeira. Apesar disso, é evidente que algumas empresas bem grandes consideram muito útil a missão desse pequeno grupo de militantes, e não se incomodam de associar-se a ela.

Não seria a primeira vez que parcerias do gênero se formam. O "Dia Sem *Cash*"® foi criado em 2011 pela Cashless Way — fundada por Geronimo Emili, um especialista em relações públicas de empresas — para pintar o dinheiro físico como perecível, inseguro, pouco higiênico e caro de produzir. O símbolo de marca registrada ao lado do nome indica não ser uma iniciativa de fundo de quintal, e uma olhadinha na lista de parceiros confirma isso: uma legião de bancos, empresas de pagamentos e agências governamentais, como o Ministério das Finanças da Polônia e o Parlamento Europeu (que a patrocinou em 2016). Emili — que também fundou o site WarOnCash.org ("Guerra ao *cash*") — produziu um "Manifesto Anti*cash*", e fechou uma parceria com a Money 2020, uma das maiores conferências de fintech do mundo, para disseminar a ideia.

A campanha de caridade Penny for London foi mais uma dessas iniciativas lideradas pelo setor. Criada em 2014, tinha o objetivo de incentivar o uso de cartões de pagamento por aproximação no sistema de trens londrino, ao fazer as pessoas doarem automaticamente um centavo para crianças desfavorecidas a cada pagamento feito dessa forma. A iniciativa foi comandada por Paulette Rowe, que viria a chefiar a divisão global de pagamentos do Facebook, mas que na época era diretora administrativa da Barclaycard, empresa responsável pela gestão da plataforma de pagamentos por aproximação TfL. Entre os diretores da Penny for London estavam o ex-CEO da Barclays, Bob Diamond, e o magnata dos *hedge funds* Lorde Stanley Fink. A campanha, apoiada por Boris Johnson, na época prefeito de Londres, através da organização de caridade Mayor's Fund, tinha curadores dos bancos Santander e Goldman Sachs e do Promontory Financial Group; ou seja, um projeto altruísta composto por um grupo fechado de *insiders* das finanças cujo esforço de caridade curiosamente promovia pagamentos digitais.

Esses exemplos são apenas a ponta do iceberg de uma infraestrutura de lobby e influência montada para lutar uma guerra fria não declarada ao dinheiro vivo. "Guerra fria não declarada" soa como uma conspiração de figuras das trevas em reuniões de bastidores, mas a guerra ao dinheiro nada tem de oculto. Vamos, porém, imaginar por um instante tratar-se de uma "conspiração". Quem seriam os "conspiradores" e o que eles ganhariam com isso?

Conspirador 1: o setor bancário

A eliminação do dinheiro em espécie criaria uma dependência total do setor bancário para todos os pagamentos, o que significa que esse setor — de forma geral — teria muito a ganhar. Mergulhe nos bastidores dos bancos — leia as revistas do setor, compareça às conferências de bancos — e encontrará uma condenação generalizada do dinheiro vivo. Em junho de 2019, por exemplo, Brian Moynihan, CEO do Bank of America, declarou que "desejamos uma sociedade sem dinheiro" e observou que seu banco tem "mais a ganhar que qualquer um" em uma mudança para as transações digitais.

Embora os bancos de fato se associem para a promoção de uma causa comum, preocupam-se de forma mais imediata com seus lucros individuais. Isso, em geral, leva a uma combinação de corte de custos com aumento de receitas. Em relação ao primeiro, os bancos enxergam suas operações com *cash* e caixas eletrônicos como um custo, algo irritante e não lucrativo que precisam gerir para permitir que as pessoas "tirem dinheiro do banco". Seria conveniente se os clientes se esquecessem aos poucos dessa expectativa de direito ao saque, ou que fossem aos poucos impedidos de exercer essa opção. Os bancos usam todo tipo de tática para desencorajar o uso de dinheiro vivo, e se acham cada vez mais no direito de punir as pessoas por usá-lo.

Por outro lado, os bancos têm um incentivo para estimular os pagamentos digitais. As duas maiores fontes de renda para os bancos "de rua" são os juros e as taxas. Com os cartões de crédito, eles conseguem ambos, e com os cartões de débito eles ganham nas taxas. Suas divisões de pagamentos digitais são centrais de lucro criando receita positiva. Os relatórios anuais confirmam isso, gabando-se de turbinar o departamento de pagamentos digitais ao mesmo tempo que reduzem as pesadas ou custosas agências físicas e redes de caixas eletrônicos. Não apenas os bancos podem lucrar mais fazendo as pessoas passarem para os canais digitais, onde é possível lidar com elas remotamente usando algoritmos e robôs de assistência ao cliente, mas, com os pagamentos digitais, também obtêm *dados* sobre o comportamento do consumidor. Os bancos podem usar esses dados para criar perfis dos consumidores, que os ajudam a prever o comportamento dos correntistas e a fazer venda cruzada de produtos.

Conspirador 2: as empresas de pagamentos

Para empresas como a Visa e a Mastercard, a questão é simples. Elas recebem taxas por facilitar transferências de dinheiro entre contas bancárias, e enxergam o dinheiro vivo como um concorrente a ser eliminado. Animadas pelo potencial ainda não explorado das economias mais pobres, nas quais impera o *cash*, apregoam a "inclusão financeira" e proclamam ideais humanos. Ao contrário dos bancos, que em geral são mais diplomáticos em sua posição antidinheiro, o relatório anual da Visa é repleto de declarações desavergonhadas de guerra contra ele. Falam fervorosamente em "libertar" as pessoas do dinheiro vivo, como cruzados fariseus libertando pagãos.

Nessa cruzada, essas empresas têm duas frentes de batalha e duas táticas principais. A frente que elas controlam é o e-commerce na internet, que, como mencionado, é o domínio natural dos pagamentos digitais. As empresas de pagamentos se aliam a empresas online nesse esforço para tirar as pessoas das ruas. A segunda frente, bem mais difícil, é o comércio de rua. Em situações de proximidade física, o dinheiro vivo fala mais alto. Por isso, as empresas de pagamentos usam uma infinidade de aplicativos, cartões e aparelhos de "ponto de venda" (PDV) para enfrentar o *cash* diretamente em seu território.

A primeira tática dessa batalha é exaltar as virtudes do pagamento digital, fazendo as pessoas promovê-las em seu nome. Na Índia, por exemplo, a Visa lançou a campanha "O indiano sem *cash*", e outra sob o slogan "*Kindness is Cashless*" [Gentileza não precisa de *cash*]. A segunda tática é demonizar o dinheiro vivo. Em 2016, por exemplo, a Visa britânica lançou a campanha de publicidade "*Cashfree and Proud*" [Sem *cash* com orgulho], que, segundo palavras da própria empresa, "é o mais recente passo da estratégia de longo prazo da Visa Reino Unido para tornar o *cash* 'exceção' em 2020". Em vários aspectos, foi bem-sucedida. A campanha foi exibida em outdoors em Londres, rádio e televisão, e em 2019 a balança psicológica da cidade parecia pender em direção aos pagamentos digitais. Surgiu, como se fosse um meme de carne e osso, uma série de lojinhas descoladas que recusavam dinheiro, auxiliadas por incentivos oferecidos pela Visa (nos Estados Unidos, isso chegou a incluir, por exemplo, uma competição chamada Desafio Cashless, em que a empresa distribuía 10 mil dólares em prêmios para que pequenos negócios da moda parassem de aceitar pagamentos em dinheiro).

Em 2020, essa demonização acelerou-se ainda mais quando os grandes varejistas, seguindo o exemplo das empresas de pagamentos, associaram indevidamente o uso de dinheiro à covid. Por exemplo, a Decathlon, grande rede de artigos esportivos, afixou enormes cartazes na entrada de suas megalojas londrinas, dizendo: "Para sua proteção, estamos aceitando apenas pagamentos por cartão". Isso aconteceu apesar de um estudo científico divulgado pelo Banco da Inglaterra afirmando que as máquinas de cartões, os cabos de carrinhos de supermercado, os produtos expostos nas prateleiras e as telas de pagamento self-service — todos presentes na Decathlon — representam um risco mais alto de disseminação do vírus que dinheiro vivo.

Quando este livro for lançado, pode ser que o *cash* tenha virado mesmo exceção em Londres, mas, cinquenta anos atrás, pagar em espécie era considerado algo inteiramente legítimo. Naquela época, porém, a Visa era apenas uma jovem empresa (com outro nome). Com o passar dos anos, ela e outras conseguiram instalar uma espécie de pânico moral em relação ao dinheiro vivo. O setor apresenta o tempo todo o pagamento com cartão como algo mais seguro, mais limpo e mais chique que o em espécie, associando esta última forma ao crime, a doenças e à pobreza. As empresas de pagamentos chegam a disseminar a ideia de que o dinheiro vivo é insustentável para o ambiente, como se o comércio via pagamentos digitais não tivesse levado a um forte aumento do consumo de energia, em razão de sua logística.

Conspirador 3: o setor de tecnologia financeira

O setor de fintech se especializa na automação dos serviços financeiros mais amplos (por exemplo, do processo de avaliação de crédito), mas quase todas as fintechs precisam recorrer à infraestrutura já instalada por bancos e empresas de pagamentos. Essa aliança é natural, porque, para automatizar as finanças em geral, é preciso automatizar os sistemas de pagamentos em particular. Simplificando, as finanças digitais não funcionam com pagamentos não digitais, e os desenvolvedores de fintechs consideram o dinheiro vivo um *bug* no caminho da automação financeira. Na última vez que visitei o Level 39 — a grande central fintech de Londres —, eles se recusaram a aceitar dinheiro no bar. Quando perguntei o motivo, me olharam com espanto. O setor fintech precisa passar bem longe do dinheiro em espécie. Nada mais natural que não o aceitar ali!

Elas não são, porém, as únicas empresas de tecnologia que dependem disso: em 2018, a Amazon fez lobby contra um projeto de lei que exigiria a aceitação do dinheiro vivo nas lojas de cidades como Filadélfia. *Cash* e automação não combinam, o que significa que a Amazon — que trabalha em um pioneiro sistema automático como o mundo nunca viu igual — não combina com *cash*. Voltaremos mais adiante a esse tema importantíssimo.

Conspirador 4: governos e bancos centrais

Nos círculos libertários antigoverno, apresenta-se o movimento contra o *cash* como se fosse orquestrado por um Big Brother estatal que deseja vigiar as transações para adquirir maior controle. Cada pagamento bancário digital fica registrado em uma base de dados, deixando um rastro de informações claro. Entre os órgãos do Estado que teriam interesse nesses dados estariam o fisco — de olho em evasão fiscal — e as autoridades de segurança, de olho em lavadores de dinheiro, financiadores do terrorismo e dissidentes políticos (militantes pró-democracia, grupos pelos direitos das minorias, ativistas ambientais e assim por diante). Há ainda os bancos centrais, que podem querer aumentar a vigilância geral sobre a atividade econômica do país e exercer um controle maior da política monetária.

Os libertários não se equivocam em suas suspeitas, porque existe abundante evidência de ação estatal declarada contra o dinheiro vivo. Doze Estados-membros da União Europeia implementaram "limites de uso de dinheiro" para impedir o uso de espécie acima de certa quantia (por exemplo, 1.000 euros em Portugal), sob o pretexto de prevenção ao financiamento do terrorismo e à lavagem de dinheiro. Outros países com limites são o Uruguai, o México e a Jamaica. Índia e Rússia também fizeram propostas nesse sentido. Esses limites vão ficando mais apertados com o passar do tempo, reduzindo-se lentamente o teto para demover as pessoas de fazer compras em espécie. A Grécia, por exemplo, começou com um teto de espécie de 1.500 euros; em seguida, reduziu-o a 500 euros, e recentemente propôs cortá-lo ainda mais, para 300 euros.

A Alemanha, curiosamente, vem resistindo de forma vigorosa a limites de espécie. É interessante, porque os comentaristas anti*cash* apresentam a demanda por dinheiro vivo como algo impulsionado pelo submundo do crime e da corrupção. No entanto, a Alemanha é a nona colocada, dentre 180 países, no Índice de Percepção da Corrupção de 2020, o que significa que é vista como altamente confiável. A mensagem paternalista, em países como a Itália e a Grécia, é que as pessoas que desejam *cash* são sonegadores fiscais suspeitos, enquanto os alemães que querem o mesmo são apresentados como ciosos com a privacidade ou prevenidos que guardam as economias debaixo do colchão.

Nenhum Estado foi audacioso o bastante para aprovar uma lei proibindo o dinheiro vivo, mas muitos criaram estratégias nacionais para fazer a transição gradual para sua extinção. A França tem uma "estratégia de pagamentos *cashless*", e o Estado grego (sob forte pressão dos credores para pagar a pesada dívida contraída em razão dos empréstimos oportunistas dos bancos alemães e franceses) assumiu uma postura hostil ao *cash*, para eliminar insignificantes sonegações fiscais. Outros governos abertamente anti*cash* são os da Nigéria e da Hungria.

Complementando a retórica anti*cash*, esses Estados louvam o setor de pagamentos digitais e incentivam a adoção do *internet banking*. Esse apoio se dá de diversas formas, desde os *hubs* de inovação digital financiados pelo Estado até o pagamento dos beneficiários de programas sociais via plataformas digitais, muitas vezes combinados à recusa em aceitar dinheiro vivo do próprio Estado como pagamento para os serviços do Estado.

Países como a Suécia também vêm se servindo das "desmonetizações" — invalidando cédulas antigas para forçar as pessoas a trocá-las, atitude que gera inconvenientes e desconfiança em relação ao dinheiro vivo. O uso mais drástico da "desmonetização", porém, foi praticado pela Índia em 2016, quando o governo Modi causou um violento choque no sistema monetário invalidando certas cédulas da noite para o dia e forçando as pessoas a trocá-las em um prazo curtíssimo. Essa decisão causou extrema complicação no cotidiano dos mais pobres, que dependem do dinheiro vivo, ao mesmo tempo que enviou uma mensagem profundamente negativa em relação a este — apresentando-o oficialmente como o "dinheiro manchado" da corrupção. O governo Modi usou a imprensa pró-governo para estimular o sentimento anti*cash*, para depois apresentar uma narrativa aspiracional de modernidade digital, apregoando as maravilhas do futuro sem dinheiro, eficiente e conveniente, ao qual o povo chegaria, querendo ou não.

Sem surpresa, isso representou um poderoso estímulo ao setor de pagamentos digitais na Índia, e o setor retribuiu com anúncios bajuladores de primeira página, louvando o primeiro-ministro Modi. A Paytm, gigante indiana dos pagamentos digitais, comprou um anúncio de página inteira na capa do *Times of India* e do *Hindustan Times* dizendo: "A Paytm cumprimenta o Honorável Primeiro-Ministro Sh. Narendra

Modi por ter tomado a decisão mais audaciosa da história financeira da Índia Independente! Junte-se à revolução!".

As corporações indianas não foram as únicas a caminhar ao lado de Modi. Em seu relatório anual de 2017, a Visa observou que, "ao longo do ano, trabalhamos próximos ao governo indiano em apoio a seu esforço de desmonetização", processo que fez *duplicar* a aceitação de mercado da Visa no país.

O governo indiano também vem incentivando fortemente o maior programa de biometria do mundo — chamado Aadhar —, justificando-o em termos de modernização financeira: contas de pagamentos digitais exigem que as pessoas verifiquem a identidade, e impressões digitais e varreduras da íris permitem que analfabetos o façam. Foi, de início, vendido como um complemento voluntário a outros sistemas de identificação, mas com o passar do tempo o Aadhar foi cada vez mais se tornando uma exigência para ter acesso a serviços governamentais básicos, o que também gerou a maior disputa sobre privacidade na corte suprema da história moderna da Índia.

O Estado indiano tem razões legítimas para incentivar programas de desenvolvimento econômico, mas não há como negar que ao mesmo tempo esses programas favorecem os interesses comerciais do setor financeiro digital. Não é o único país nessa situação. Alianças como essa, entre Estados e instituições financeiras, podem ser encontradas no mundo inteiro, com a interferência de grandes instituições internacionais de desenvolvimento, como a Fundação Bill & Melinda Gates. Esta última também financia a Better Than Cash Alliance, com a Usaid, a agência de desenvolvimento do governo dos Estados Unidos. Assim que começamos a procurar, as posições anti*cash* dos diversos "conspiradores" relacionados acima são fáceis de identificar. Suas iniciativas impositivas, de campanhas de publicidade contra o *cash* a recomendações de políticas pró-digitais, deveriam lançar uma dúvida imediata sobre até que ponto a eliminação do dinheiro em espécie é verdadeiramente um fenômeno de baixo para cima.

O paradoxo de Esopo

A Better Than Cash Alliance convida Bill Gates para promover o setor de pagamentos digitais perante delegações de formuladores de políticas públicas, proporcionando aos países (alguns deles com frágeis credenciais democráticas) um verniz respeitável para promover seus próprios programas anti*cash* (a Malásia, por exemplo, estaria cogitando a desmonetização). À medida que essa saga se desenrola, não posso deixar de lembrar a antiga fábula grega do cavalo e do caçador, contada por Esopo:

> O cavalo desentendeu-se com o cervo, e por isso foi procurar a ajuda do caçador para matá-lo. O caçador concordou em colaborar, mas avisou que, para isso, primeiro precisava colocar uma sela no dorso do cavalo e uma rédea em seu focinho para coordenar o ataque. O cavalo concordou. Eles mataram o cervo, e então o caçador — com um brilho no olhar — disse: "Acho que vou deixá-lo com essa sela".

Fechar uma parceria com um aliado poderoso para combater um inimigo imaginário pode deixá-lo inseparavelmente ligado a seu novo "sócio", e em uma posição de subserviência. E é o que acontece com Estados que promovem de forma acrítica o setor de pagamentos digitais (isto é, o setor bancário) como arma para vencer a praga da sonegação fiscal ou das transações criminosas (ou, agora, da pandemia).

Mas há uma diferença fundamental entre o fim do *cash* e a fábula original. Na história de Esopo, o caçador e o cavalo matam o cervo. Mas a aliança pelos pagamentos digitais não mata o crime, a corrupção ou a sonegação fiscal. A rigor, os cibercrimes financeiros estão prosperando, e os mesmos bancos que sustentam a infraestrutura de pagamentos digitais são os que oferecem serviços a empresas para facilitar a evasão fiscal offshore de grande escala.

Dito isso, os governos locais e federais não são entidades monolíticas. Embora possam ter agendas de controle (vigiar as pessoas) e tendências ao apadrinhamento (apoiar grupos empresariais privados), nos países democráticos eles também enfrentam um movimento em sentido oposto, sob a forma de incumbências, como o zelo pela população via leis de proteção ao consumidor; leis de defesa da concorrência e princípios de direitos humanos, privacidade e inclusão. Nos Estados Unidos, por exemplo, vários governos municipais enfrentaram o setor industrial e agiram para proteger o dinheiro em espécie, por questões de inclusão, exigindo que os lojistas o aceitassem para não excluir os consumidores sem conta bancária.* Pode causar surpresa o quanto instituições públicas (sobretudo as menores e as locais) se preocupam com a opinião pública, e, ao contrário das empresas, que têm agendas restritas, muitas vezes têm entidades rivais, com missões conflitantes. Por exemplo, conheci um membro do banco central de Israel que expressou o receio de que o fisco israelense estivesse forçando as pessoas a não usar dinheiro vivo, e comentou que dentro do banco central muitos consideravam que era irresponsável passar ao público essa mensagem.

Nos anos 1980, pegava bem expressar descrédito na capacidade de figuras políticas de servir alguém além de si mesmos, mas — pelo menos em minha experiência — é maior a probabilidade de um servidor público se considerar responsável perante o público do que uma empresa de pagamentos digitais fazê-lo. Em uma viagem ao Quênia, por exemplo, encontrei vice-presidentes de quatro bancos centrais do Leste africano. A comunidade de pagamentos digitais naquela região está em plena expansão, mas os diretores de bancos centrais estão entre os poucos que manifestam receios em relação à privacidade e à defesa do consumidor. O Bundesbank alemão é notório por seu apoio ao *cash*, e tive conversas particulares com empregados do banco que demonstram seriedade ao falar da responsabilidade pública de protegê-lo.

---

* Entre essas cidades estão Filadélfia, São Francisco e Nova York. Os estados de Nova Jersey e Massachusetts também aprovaram leis estaduais que proíbem lojas que não aceitem pagamentos em dinheiro.

No entanto, vários *insiders* vêm insistindo para que os bancos centrais virem as costas para o dinheiro vivo. O *cash* circula por nosso mundo offline. Ninguém tem como apertar um botão e fazer a nota em minha mão desintegrar-se. Há como, porém, fazer isso com o dinheiro digital, porque ele está registrado em um *data center*, controlado por uma instituição financeira capaz de alterá-lo. Alguns macroeconomistas se empolgam com essa última propriedade, porque ela abre a possibilidade de "taxas de juros negativas" — em que os bancos poderiam corroer os depósitos digitais dos clientes, o que, se praticado durante uma recessão, poderia em tese forçar as pessoas a gastar dinheiro, em vez de entesourá-lo. Com pesquisadores do FMI, Kenneth Rogoff, professor de Harvard, tem sido um dos mais proeminentes adversários do dinheiro em espécie, alegando que ele impede o uso dessa ferramenta oculta de política monetária.

Apesar disso, muitos diretores de bancos centrais descrevem a si mesmos como "neutros" em relação ao dinheiro físico, nem o apoiando abertamente nem o desencorajando. O problema, porém, é que ser neutro em um terreno de jogo viciado é mais ou menos o mesmo que apoiar o partido mais poderoso. Imagine um irmão mais velho fazendo bullying na irmã caçula enquanto os pais insistem em ficar "neutros", não apoiando nem contendo nenhum dos lados. Na prática, isso é ficar do lado do irmão.

São poucas as instituições do lado do *cash*. Não há investidores de risco lucrando com ele, mas há *muitos* financiando empresas privadas de pagamentos, que têm um enorme interesse comercial em inundar a mídia com narrativas negativas sobre o dinheiro vivo. Os bancos centrais *emitem* dinheiro físico, mas parecem relutar em promovê-lo de maneira oficial ou unificada, por medo de parecerem parciais. Nessa neutralidade, vão deixando o setor de pagamentos digitais — gerido pelos bancos que o integram — tomar conta. Um observador mais crítico pode enxergar nessa neutralidade oficial dos bancos centrais um jeito disfarçado de ir se livrando aos poucos do sistema de dinheiro em espécie, por inação que é na verdade uma ação. As autoridades não impedem os bancos de suprimir caixas eletrônicos, e muitas vezes se referem a isso como uma questão do setor privado, e não uma preocupação pública. Em muitos países, a posição tem sido praticamente ficar de fora e deixar os cães dos pagamentos digitais trucidarem o sistema de *cash*.

Enquanto os *players* privados abordam a guerra ao *cash* como se fossem cruzados, o apoio estatal a ele não é desprovido de tensões. Os governos ficam inquietos, em sua aliança com o setor de pagamentos digitais, quando consultores de segurança expressam preocupação cada vez maior com ciberataques, falhas na infraestrutura de pagamentos ou até atentados terroristas ao sistema de pagamentos digitais, que poderiam paralisar a economia. Há ainda questões de estabilidade financeira. E se houver uma crise bancária em um contexto de ausência de dinheiro vivo? Como as pessoas conseguiriam operar fora do sistema bancário sem caixas eletrônicos? Depois de anos e anos espezinhando o dinheiro vivo na economia, os bancos centrais sueco e holandês expressaram reservas em relação a seu desaparecimento. Em 2018, as autoridades suecas chegaram a divulgar um documento intitulado "Se ocorrer uma crise ou uma guerra", em que sugerem aos cidadãos que tenham sempre à mão um pouco de dinheiro vivo para emergências, como um confronto com a Rússia.

Infelizmente, porém, as autoridades governamentais — como o cavalo de Esopo — podem já ter ido longe demais nessa aliança para voltar atrás. Compreender a política por trás disso exigirá uma jornada ao coração do sistema monetário. Qual é a natureza do dinheiro físico, e em que ele é diferente do dinheiro digital? E, ainda mais importante, o que é o dinheiro e como ele funciona?

3

O gigante da montanha

Dentro do trem a caminho do trabalho, John, meu osteopata, se vê cercado de cidadãos londrinos com postura inadequada, curvados olhando seus celulares de uma forma que a longo prazo — sem que eles saibam — causará danos às vértebras da nuca. Ele tentava advertir as pessoas, mas elas já têm preocupações demais, e será apenas quando o mal estiver feito, e chegar aquela dor insuportável, que elas aparecerão em sua clínica.

É por esse motivo que estou no consultório dele. Passo muito tempo curvado, em má postura, diante do meu computador, tentando alertar as pessoas sobre os perigos das instituições financeiras, a respeito dos quais elas estão muito ocupadas para pensar. Na correria de nossa vida, raramente nos damos conta de males que vão se acumulando aos poucos, seja às nossas vértebras, seja à nossa liberdade.

Quando minha consulta termina, John pega um aparelhinho.

— Dinheiro ou cartão? — pergunta, sem se dar conta de como essa questão aumenta meu nível de estresse.

"Pagar com cartão" é uma frase estranha, porque o que realmente queremos dizer é que estamos pagando por *transferência bancária digital de dinheiro*, processo iniciado — mas não terminado — com a apresentação de um cartão. Perguntar "dinheiro ou cartão?" é como perguntar "Você vai de bicicleta ou de chave de carro?". Na Holanda, a expressão é "pagar pelo PIN", que é mais ou menos como dizer "viajar de carteira de motorista". Visto sob qualquer ângulo, o uso do cartão (ou outro aparelho iniciador de pagamentos, como um celular) faz o dinheiro digital atravessar os ares. Debaixo do capô, porém, veríamos complicados circuitos de pagamentos transnacionais, amarrados por instituições que você não consegue ver, mas que conseguem ver você.

Qual é, então, a diferença entre um pagamento em dinheiro e uma transferência bancária digital? O primeiro ocorre *aqui e agora* usando dinheiro emitido pelo Estado, enquanto a segunda ocorre *em outro lugar e momento* usando dinheiro emitido pelo banco, que é uma categoria de moeda inteiramente diferente. Essa distinção reflete o fato de que vivemos em um sistema monetário duplo e simbiótico, formado por dois sistemas separados e fundidos. Quando John me pergunta "dinheiro ou cartão", está perguntando se quero usar o sistema central principal, gerido pelo Estado, ou o sistema secundário, que envolve o outro e é gerido pelo setor bancário (existe ainda um sistema terciário, que envolve o secundário e é gerido por PayPal e similares). Na verdade, os sistemas primário e secundário operam como um complexo inseparável, mas, para compreender como eles se interconectam, é preciso separá-los. O restante deste capítulo dedica-se a descrever o sistema primário central, e o capítulo seguinte cuidará do que sobra.

Usuários de dinheiro versus emissores de moeda

A palavra mágica "abracadabra", diz-se, vem do idioma aramaico, em que significa "ao falar, criarei". Falar não é somente uma forma de descrever e pedir coisas ou dar ordens aos outros. Pode ser uma forma de *criar coisas*, e um exemplo conhecido dessa "criação pelas palavras" é a *promessa*. Uma promessa é uma "coisa" criada pelo ato de verbalizá-la. Você *dá* uma promessa àquele que a recebe. É algo que pode ser muito poderoso, e pode até levar essa pessoa a retribuir-lhe de alguma forma.

Note que essa promessa tem dois lados. Quem realiza a promessa lhe dá vida ao pronunciá-la (ou colocá-la no papel e entregá-la) a um *promissário*. Isso nos fornece a chave para compreender os sistemas monetários modernos. Fomos criados com uma visão unilateral do dinheiro, como uma espécie de *commodity* finita que existe no mundo. Para que se forme um pensamento monetário amadurecido, é preciso enxergar o dinheiro enquanto moeda, como algo *bilateral*. Uma face é o emissor, e a outra somos nós — o usuário.

Em nossa sociedade, o emissor primário de moeda é o Estado, que a emite por intermédio do Tesouro e do Banco Central (a maior exceção é a Eurozona, onde um banco central "metaestatal" emite a moeda). Muitos bancos centrais se apresentam como "independentes" dos governos, e muitos países de fato têm leis que concedem ao banco central um grau de imunidade para agir como uma instituição quase autônoma. Em última análise, porém, os bancos centrais são investidos de poder pelos governos, e ocupam um posto crucial entre estes e o setor bancário: é o "banco do governo", mas também o "banco dos bancos" (onde os bancos comerciais se encontram). Portanto, opera como um clube social, fazendo a medição entre o Estado e o setor bancário.

O banco central atua como agente do Estado; juntos, emitem moeda fiduciária. Por "fiduciária", entenda-se "por decreto". A moeda é posta em existência por escrito, por assim dizer. Parte dela pode ser inscrita em papel ou em metal, mas grande parte é inscrita em computadores.

Muitos usuários de dinheiro sentem certo grau de horror — ou pelo menos confusão — moral diante da ideia de que se pode simplesmente fazer surgir dinheiro (é o caso, principalmente, quando ainda estamos presos na fase do raciocínio monetário unilateral). A sensação é estranha porque nos enxergamos trabalhando para ganhar dinheiro, e em torno desse conceito ergueram-se culturas inteiras.

Pensar como usuário do dinheiro, porém, bloqueia nossa compreensão dele enquanto moeda. Para adentrarmos o raciocínio monetário bilateral, convém imaginar-se na pele de um emissor de moeda. Embora isso seja simples, também parece contraintuitivo: você precisa imaginar como deve ser *pagar por promessa*, colocando por escrito essa promessa e entregando-a em troca de coisas reais. Imagine essas unidades saindo de você, circulando fora de você, antes de retornarem. Os usuários de dinheiro estão acostumados a vivenciar a moeda como um *ativo* — algo que é possível pegar e segurar —, enquanto os emissores de moeda a vivenciam como um *passivo* — algo que emitem para o exterior e que os deixa com um débito.

Assim como uma promessa não existe enquanto não for feita a alguém por um promitente, a moeda só se torna dinheiro quando *se afasta* de seu emissor. Quando ela retorna ao emissor, é destruída (pense naquilo que acontece quando alguém o libera de uma promessa que você fez àquela pessoa). Mas qual é a "promessa" que está sendo emitida, no caso da moeda fiduciária estatal?

O gigante da montanha

Imagine uma antiga terra imaginária de pequenas comunidades agrícolas em diferentes vales, à sombra de uma imensa montanha. São agricultores de subsistência, levando vidas frugais, confinados a seus próprios vales. Em certo ano, porém, são ameaçados por um gigante assustador, que surge de sua fortaleza nos elevados confins da montanha e lança sobre todos os habitantes dos vales um poderoso feitiço. Esse feitiço exige que cada pessoa tome, uma vez por ano, um gole de uma água mágica de certa fonte dentro da fortaleza da montanha; caso deixem de beber esse gole em determinado ano, serão transformados em pedra. Eles podem seguir vivendo suas vidas do mesmo jeito, mas agora essa informação persiste no fundo da cabeça de todos, criando uma ansiedade existencial. Nesse contexto, enxergam a água mágica como um *antídoto*.

Só é preciso acessar o antídoto uma vez por ano, porém, e o gigante elabora um engenhoso plano. Decide emitir bilhetes que garantem a cada um o acesso futuro à fonte, mas sob a condição de que lhe paguem certo tributo, sob a forma de bens agrícolas e serviços variados. A população corre para garantir esses bilhetes — porque lhe dão acesso futuro ao antídoto —, e com isso o gigante acumula carneiros e vinho graças ao esforço das pessoas para acumular bilhetes.

Com os tíquetes em mãos, porém, as pessoas descobrem que podem usá-los — nesse meio-tempo, e longe da fortaleza do gigante — para facilitar as trocas entre si em seus vilarejos. Como o poder do gigante se espraia sobre *todos* os vales, e as comunidades separadas obtêm os bilhetes da mesma forma, os tíquetes podem ser facilmente transportados entre os vilarejos. Com o passar do tempo, eles descobrem que as fronteiras entre esses vilarejos estão aos poucos desaparecendo. Comunidades que antes eram autônomas começam a juntar-se em uma teia de interdependência muito maior, que abrange toda a montanha. O comércio vai florescendo. Quanto mais se desenvolve, mais vão se distanciando das antigas formas de subsistência, e mais vão começando a recorrer a especialistas de outros vilarejos para sobreviver.

Passadas algumas gerações, o gigante fica quase totalmente esquecido, parecendo agora apenas um velho ranzinza nas montanhas. Para eles, o mais importante é o sistema econômico em expansão, que passou a ter a forma de uma rede robusta e crescente de pessoas em volta da montanha, comerciando e especializando-se de uma maneira que seus ancestrais jamais tinham feito. Os tíquetes passam a ter *dois* significados: um é "bilhete para conseguir a água mágica com o gigante"; o outro, "objeto que me concede acesso a bens de terceiros de todo o vale". O que de início não passava de uma promessa de uma coisa específica, feita pelo gigante, metamorfoseou-se em um *tíquete de acesso geral à rede econômica*, muito mais genérico, abrangendo dezenas de milhares de pessoas.

Observe que essa situação é melhor para o gigante. Imagine se ele tivesse que realizar incursões aos vilarejos para pilhar batatas e carneiros. Os moradores iriam fugir, amedrontados, prejudicando a produção agrícola, o que se voltaria contra o próprio gigante, que depende dessa produção. É mais sofisticado encantá-los com uma vaga ameaça para o futuro, dar-lhes tempo para reagir a ela e oferecer um meio de resolvê-la de maneira pacífica. Eles lhe entregam bens, e, como um bônus, os bilhetes para o antídoto servem de catalisador de uma economia mais ampla, que estimula a produção, o que leva o gigante a receber ainda mais coisas. Poderíamos chamar isso de uma situação em que todos saem ganhando. Provavelmente levará ao surgimento de uma poderosa classe de capitalistas nos vales, que vão enriquecer com os bilhetes do gigante (e aí poderão até reclamar que o gigante quer roubar-lhes os bilhetes), e que vão usá-los como a base de um sistema financeiro.

Interpretando a parábola

Essa parábola é fantasiosa, mas capta a ideia de que as unidades monetárias são como "bilhetes" emitidos para o exterior (de cima), e ainda a ideia de que *os mercados se formam como resposta*, já que esses bilhetes posteriormente se tornam transferíveis entre comunidades antes separadas. Essa é uma inversão total da história que é contada pelos economistas mainstream, que se apoiam no pressuposto de que os mercados *existem naturalmente* e usam isso depois para explicar como o dinheiro apareceu nessa história (em especial, os economistas imaginam o tempo todo que o dinheiro surgiu espontaneamente para substituir o escambo, uma teoria simples que foi várias vezes rejeitada pelos antropólogos). Na narrativa da economia, o dinheiro é o *produto* dos mercados, e não o contrário.

Embora a história dos sistemas monetários seja diversificada e complexa, um ponto de partida útil é enxergar o dinheiro como originalmente emitido com uma agenda política, para só então virar o catalisador de mercados poderosos. Exemplos de nossa parábola na vida real podem ser encontrados na experiência de sociedades pré-capitalistas que não usavam dinheiro — até serem colonizadas. Autoridades coloniais apareciam (da mesma forma que o gigante da montanha) e decretavam que a população teria que entregar fichas desconhecidas (emitidas pelo Estado colonial) a autoridades fiscais, em determinados momentos do ano. E como o povo colonizado iria possuir essas fichas? Bem, os fazendeiros coloniais as possuíam. Caso as pessoas oferecessem a própria mão de obra à fazenda, receberiam as fichas necessárias para cumprir essa obrigação.

Assim como o gigante não tinha interesse nos próprios bilhetes, os governos coloniais não tinham interesse no próprio dinheiro. O que queriam era explorar a *mão de obra* em proveito dos fazendeiros, e, em vez de exercer coerção direta, faziam-no indiretamente, através da exigência de juntar fichas abstratas. Em minha própria terra natal, a África do Sul, as autoridades coloniais costumavam se referir a esse mecanismo de coerção como *hut tax* ("taxa da cabana"), principal forma de obrigar ex-agricultores de subsistência tribais a trabalhar nas minas dos capitalistas brancos locais.

O efeito final disso é que povos antes autônomos entregavam sua mão de obra a uma força colonial, afastando-se de suas economias tradicionais e incorporando-se às redes comerciais fluidas que associamos ao capitalismo. Esses sistemas monetários dissolveram comunidades menores em redes mais amplas de povos estranhos uns aos outros. É isso que dá o pontapé inicial do sistema, que a partir daí assume vida própria. Considerando que a produção se amplia quando comunidades menores se fragmentam em redes dispersas de pessoas que não se conhecem que se especializam e comercializam entre si, o Estado obtém bem mais recursos dessa forma do que se fosse um simples senhor da guerra pilhando agricultores de subsistência.

Nas antigas sociedades coloniais, ainda existem idosos que vivenciaram a chegada do dinheiro, mas a maioria das pessoas nos países industriais avançados nunca passou por isso diretamente. Na Europa, por exemplo, o sistema monetário está há muito tempo arraigado na mente das pessoas (basta pensar nos imperadores romanos impondo taxas às tribos gaulesas conquistadas). Pode ser algo que não ocupa o primeiro plano em nossa cabeça quando estamos usando moeda estatal — e às vezes nem os políticos se dão conta disso —, mas o poder político forma, em parte, o centro magnético do mecanismo monetário.

As redes de comércio fluidas desencadeadas pelos sistemas monetários, porém, retroalimentam os estados. O Estado moderno é, em parte, pacificado por suas próprias populações — é como se o gigante da montanha ficasse dependente das pessoas que enfeitiçou e se visse forçado a fazer concessões democráticas a uma base cidadã cada vez mais robusta, até tornar-se um mero testa de ferro (mais ou menos como nas monarquias constitucionais modernas). No entanto, desde o nascimento, é imposta a todos nós a obrigação permanente de honrar o Estado, devolvendo a moeda que ele emite. Deixar de fazer isso pode levar a consequências drásticas (como ser encarcerado por sonegação fiscal ou ter seus bens confiscados), motivo pelo qual é melhor ignorar as vagas inscrições impressas nas cédulas bancárias do Estado, interpretando-as em vez disso como: "Eu, o Estado, devo-lhe a liberdade em troca de sua obrigação tributária". Essa frase poderia ser encurtada para "Devo-lhe a liberdade", e em inglês abreviada ainda mais, como *IOU freedom* (da pronúncia de *I owe you*, idêntica às letras IOU). É apenas mais um jeito técnico de referir-se a uma *promissória*. O "I" é o emissor. O "O" é a promessa da coisa. O "U" é a pessoa a quem se promete.

Essa moeda fiduciária surge do nada, mas, ao ser gasta, faz coisas aparecerem. O gigante não entrega seus bilhetes a troco de nada, e o Estado não entrega suas promessas de dívida a troco de nada. Emitem-nas em troca de bens e serviços concretos, como a construção de estradas ou mercadorias agrícolas (ou, outrora, serviço militar — a soldados que depois distribuíam essas moedas em bares e bordéis, a partir dos quais elas entravam em ampla circulação). Nas sociedades modernas, o Estado usa o banco central para creditar as contas bancárias das grandes empresas que com ele fecham contratos, e em seguida essas empresas remuneram os trabalhadores, e assim por diante, permitindo que o dinheiro vá se infiltrando.

Expansão e contração

Sempre que o Estado gasta, está *liberando* dinheiro, mas às vezes isso vem acompanhado de um *resgate* simultâneo. Isso ocorre toda vez que o Estado chama de volta para si o dinheiro, o que pode fazer de várias maneiras (inclusive via cobrança de impostos, multas, taxas e "tomando emprestado" de volta). O passo seguinte da jornada rumo à maturidade no raciocínio monetário é enxergar o Estado não apenas como emissor de moeda, mas também como seu destruidor. Imagine o gigante da montanha liberando os bilhetes, mas também resgatando-os, um processo dinâmico que vai crescendo à medida que a comunidade em torno da montanha se expande, em anéis concêntricos, com o passar do tempo. Os Estados antigos eram como minigigantes, cercados por centenas de milhares de pessoas. Hoje, porém, centenas de milhões de pessoas podem ser amalgamadas sob sistemas monetários em comum.

A vida de um caçador-coletor autônomo, vivendo dos recursos da terra 7 mil anos atrás, pareceria bem diferente da nossa vivência de hoje. Você acordaria de manhã e veria uma paisagem que não foi reivindicada por nenhum incorporador imobiliário, e sua imaginação estaria ocupada com a busca dos meios para sobreviver dentro dela. Nós, por outro lado, acordamos em pedaços de terra possuídos por gente, e precisamos fazer uma varredura do ambiente em busca de oportunidades de comerciar, porque, se não as encontrarmos, não teremos como sobreviver. Isso nos leva de volta à metáfora do sistema nervoso, a que me referi no Capítulo 1. Depois de algumas centenas de anos presos a um sistema monetário — através do qual se formaram teias muito maiores de populações profundamente interdependentes —, não conseguimos operar sem ele.

Após essas teias atingirem certo tamanho, esvai-se a consciência de como elas são mantidas de pé. A criança vê o dinheiro, inicialmente, como um objeto misterioso, com a curiosa capacidade de obter bens de outras pessoas, e desse ponto de vista um governo pedindo dinheiro não é muito diferente de um lojista. Mas esse é um erro de percepção.

A crença de que o Estado *deseja* seu dinheiro é uma pegadinha psicológica, mais ou menos como se o esquilo achasse que a árvore quer seus próprios pinhões. O Estado *quer que você pegue o dinheiro dele*, e não tem interesse, em princípio, em retomá-lo, a não ser por razões técnicas de manutenção da oferta de moeda.

Para muitos de nós, isso é tão estranho quanto ficar sabendo que o Sol na verdade não "nasce", e sim paira no espaço enquanto a Terra gira. Assim como somos propensos à ilusão do nascer do Sol, somos propensos a acreditar que temos que dar dinheiro ao Estado para que ele o "gaste". Mas é o contrário que acontece. O Estado "gasta para a moeda existir", e depois retira essa moeda de circulação para reemiti-la em outro lugar (ou para preservar o poder de compra da moeda que resta em circulação). A principal preocupação do Estado é a necessidade de não destruir — por excesso de emissão — a teia da qual depende. A arte oculta da "política monetária" consiste em manter a tensão dessa teia suficiente para que as pessoas dentro dela se sintam seguras, mas flexível o bastante para ela se expandir e metamorfosear.

Promessas digitais versus físicas

A mídia costuma se referir à emissão de moeda, pelo Estado, como "imprimir dinheiro", mas grande parte dessa emissão é — em primeira instância — *digital*, e não destinada a nós. Em outras palavras, ao gastar para a moeda existir, os representantes do Estado não saem pelas ruas entregando dinheiro vivo em troca de mercadorias. Fazem-no, em vez disso, indireta e digitalmente: imagine, por exemplo, que você foi contratado pelo governo federal para construir um hospital. O governo não paga *a você*. Ele paga *ao seu banco*. Emite unidades digitais na conta que seu banco tem junto ao banco central, e deixa por conta do seu banco o crédito na sua conta (processo que vamos examinar no próximo capítulo).

Essas unidades digitais emitidas e detidas pelo seu banco se chamam — no jargão de política monetária — "reservas". Elas circulam em um sistema fechado no banco central, equivalente à associação a um clube privado, ao qual têm acesso apenas os grandes bancos comerciais e o governo. Essas reservas, porém, podem se "materializar" em dinheiro. Quando os bancos pedem, o banco central pode deletar uma promessa registrada em um computador (as reservas) e reescrevê-la em papel-moeda (dinheiro).

O dinheiro físico é a versão materializada de uma promissória estatal, enquanto as reservas digitais são a versão imaterial da mesmíssima coisa em um *data center* de banco central. Os bancos podem, assim, intercambiar reservas digitais por dinheiro, e vice-versa — podem devolver espécie ao banco central e obtê-lo registrado em um computador. Uma das coisas mais difíceis para nós, usuários comuns da moeda, é compreender que, quando aquelas peças de dinheiro são devolvidas pelos bancos para o banco central, *deixam de ser moeda*. Uma pilha de cédulas parada no banco central não passa de moeda em potencial, à espera de ser ativada pela emissão (processo espelhado pela destruição de reservas digitais quando ele se "materializa"). O poder desse dinheiro não reside no pedaço de papel em si. Ele é apenas um dos suportes em que se pode registrar a promessa estatal. O que lhe dá peso são todas as estruturas do direito e do poder sob as quais circulam as peças resultantes, assim como os efeitos mais amplos da rede, que examinaremos mais adiante.

As aventuras de uma cédula

O suporte físico, porém, precisa ser fabricado, tarefa que muitos governos delegam a empresas privadas. Em 2017, compareci à Conferência Monetária de Kuala Lumpur, um fórum para essas empresas pouco conhecidas. Lá estando, certa noite sentei-me para jantar com a delegação da Royal Mint, a respeitada fabricante das moedas da libra esterlina. A

Royal Mint é uma empresa comercial e, longe de ser leal apenas à Coroa britânica, também atua como um mercenário internacional, prestando serviços de fabricação de moeda para mais de cinquenta outros países. Ela *fabrica* essas moedas, mas quem as *emite* são os países.

A presença da Royal Mint na Conferência Monetária, porém, era incomum, porque em tese o evento é um fórum global para fabricantes de *cédulas* venderem seus serviços aos bancos centrais. Em muitos países, o banco central é o emissor das cédulas, enquanto o Tesouro é o emissor das moedas. No meio acadêmico, discute-se se isso faz alguma diferença — e debate-se intensamente até que ponto os bancos centrais são verdadeiramente "independentes" do Tesouro —, mas, quando o banco central quer fabricar notas, apela a especialistas em cédulas (empresas diferentes cuidam do papel, dos elementos de segurança e da tinta), enquanto o Tesouro contrata um cunhador de moedas.

Quaisquer que sejam as minúcias de bastidores, para nós moedas e cédulas são moeda estatal intercambiável, e ambas têm o mesmo status de "curso legal", com a mesma garantia de extinção de dívidas e obrigações fiscais. É preciso que ambas inspirem confiança, sendo difíceis de falsificar. Falsificações são peças ilegais que tentam se aproveitar da rede monetária existente, mimetizando a aparência dessas peças. Elas podem se misturar com o dinheiro físico estatal, mas o Estado as trata como um parasita — a teia monetária continua existindo com eles, mas não é o ideal. Na verdade, falsificações sempre foram usadas como armas políticas: durante a Guerra de Independência dos Estados Unidos, as forças britânicas propositalmente falsificaram a Moeda Continental das forças rebeldes para semear a dúvida entre seus usuários (minando, assim, as redes de troca). Nos dias de hoje, políticos indianos acusam o serviço secreto do Paquistão de introduzir falsificações na Índia, numa forma de "guerra econômica".

O design das peças de dinheiro precisa ser complexo o bastante para dificultar cópias, mas não tão complexo a ponto de confundir os usuários. Uma cédula de dinheiro é como uma obra de arte de alta segurança impressa em uma tela bem diminuta. Seus projetistas recorrem a todo um leque de elementos, da gravação em baixo relevo para produzir os retratos até tintas de alta tecnologia, com cores iridescentes normalmente só encontradas em aves tropicais, passando por hologramas de segurança que mudam quando viramos a nota. O objetivo é produzir o equivalente visual de um complexo, porém elegante haikai: cada elemento tem que ser cuidadosamente posicionado dentro das restritas fronteiras daquilo que é tecnicamente possível e eficiente imprimir, do ponto de vista de custo. Muitas cédulas bancárias são, da perspectiva de design, obras verdadeiramente belas.

Essa *produção* de peças de dinheiro vivo, porém, não equivale à *emissão*. A fabricação de notas bancárias é o produto de "promessas em potencial". São entregues ao banco central, que as armazena, mantendo-as prontas para emissão. Tentar roubar notas de dinheiro do banco central é como tentar roubar uma promessa que ainda não foi verbalizada. É o que acontece na série *Casa de papel*, da Netflix, que mostra um grupo de foras da lei que monta um cerco à impressora de dinheiro do governo da Espanha. A série devia ser chamada *Criação forçada de dinheiro*, porque — como já discutimos — as notas não viram moeda enquanto não saem do emissor.

Em geral, o dinheiro físico sai do banco central a pedido dos bancos comerciais, que antecipam os pedidos de seus clientes via caixas eletrônicos ou agências bancárias. Prever esse processo é delicado: embora o vaivém diário da demanda por dinheiro dos caixas eletrônicos seja relativamente previsível, podem ocorrer anomalias. Como foi dito no capítulo anterior, a demanda por dinheiro em espécie em certas regiões dos Estados Unidos sofre um aumento maciço quando grandes tempestades se aproximam. As pessoas — cobertas de razão — temem apagões de eletricidade que inviabilizem os sistemas de pagamentos digitais. Querem dinheiro vivo na mão.

Empresas de transporte de valores cuidam das artérias que levam os carregamentos de dinheiro vivo do banco central para as agências bancárias e os caixas eletrônicos, em nome dos bancos comerciais que o pedem. Isso abre uma porta mais tradicional para bandidos obterem moeda estatal de forma ilegal. Criado na África do Sul, lembro-me de cenas, na TV local, de criminosos com metralhadoras automáticas em tiroteios com carros-fortes. Em países com muita pobreza e crime organizado, o setor de transporte de valores pode ser um negócio arriscado, e os operadores sul-africanos de transporte de valores costumam contratar ex-soldados, tipos durões que poderiam ser recrutados para dirigir comboios de negociadores em zonas de guerra. Em alguns países, há outros obstáculos, como a geografia. Na Grécia, para que os bancos consigam abastecer os caixas eletrônicos de ilhotas turísticas, o dinheiro vivo tem que ser transportado de barco.

Os bancos também precisam definir qual o valor das notas que abastecerão os caixas, decisão que afeta o mix geral de notas em circulação. Distribuir em excesso notas de valor nominal alto causa problemas de oferta de troco. Por isso, bancos britânicos, como o Royal Bank of Scotland, só usam notas de 50 libras, valor elevado, nos caixas localizados em regiões abastadas, como o Canary Wharf de Londres. O governo britânico também incentiva os bancos a disponibilizar notas de 5 libras nas áreas mais pobres, para resolver o chamado "problema das 7,56 libras" — a situação em que a pessoa com menos de 10 libras na conta evita adentrar as agências bancárias para sacar suas últimas libras.

Feita toda essa preparação de fundo, a cédula bancária está pronta para sair do caixa eletrônico e pular para o bolso de alguém. Desse ponto em diante, ela é como uma emissária do Estado longe de casa. Pode passar anos em trânsito, de carona em carona, como um nômade. Ou até escapar do país, com um turista que se esquece de gastá-la, e ser encontrada décadas depois em uma caixa de sapato localizada pelos netos. Depois de gerações usando dinheiro vivo, muitos adquirem um apego emocional ao simbolismo dessas peças, mas também a seu toque. O dinheiro é tátil, e, para muitos de nós, existe um elo emocional entre a fisicalidade e a certeza. Essa tateabilidade também é muito útil para os deficientes visuais, que usam a ponta dos dedos para identificar somas de dinheiro na carteira por forma, tamanho e textura das diferentes notas (ao contrário de uma tela de smartphone, cuja sensação é a mesma a todo instante).

Embora essa fisicalidade seja uma importante razão da preferência contínua das pessoas pelo dinheiro vivo, também deixa o flanco aberto a ataques e ao desgaste. Este último depende da frequência com que o dinheiro é posto em circulação e aspirado de volta. Quando as cédulas circulam por muito tempo antes de voltarem, elas se desgastam, ao passo que elas podem ser relançadas como novas se voltarem com frequência. Por exemplo, uma nota pode sair de um caixa eletrônico e ser gasta imediatamente em um supermercado, que a deposita de novo no banco, que por sua vez pode devolvê-la ao banco central em troca de reservas digitais. Isso faz o dinheiro vivo voltar à posição inicial, de promessa em potencial, fora de circulação, à espera de ser "reativado" (outra possibilidade é que ele seja destruído e substituído por notas novas).

O gigante não está sozinho

Esse processo, pelo qual o dinheiro vivo entra e sai da sociedade, é chamado de "ciclo do dinheiro", e exige a cooperação dos bancos comerciais, que — como veremos — estão se tornando cada vez menos cooperativos. Para compreendermos o motivo, precisamos conhecer uma peça nova do quebra-cabeças.

Neste capítulo, apresentei o Estado como se fosse o único emissor de moeda, mas não é isso que ocorre. O Estado pode até ser o emissor *primário* de moeda, mas a seu lado existem emissores *secundários.*

Ao contar a parábola do gigante, comentei que alguns moradores dos vilarejos às vezes se tornam poderosos capitalistas, usando os bilhetes do gigante como a base de um sistema financeiro, mas não detalhei exatamente até que ponto esse sistema financeiro pode se tornar poderoso. Na verdade, é hora de deixar para trás a metáfora do gigante, porque na vida real o "gigante" estatal há muito foi suplantado e delegou seu poder sobre o sistema monetário para um grupo de empresas capitalistas dominantes. Hoje, nosso sistema monetário tem uma estrutura dupla e simbiótica, porque o Estado permite que os *bancos comerciais* emitam uma grande parte da oferta de moeda. E, quando digo que "os bancos comerciais emitem moeda", não estou me referindo ao processo pelo qual distribuem dinheiro físico do Estado via caixas eletrônicos. Quero dizer, em vez disso, que eles emitem *seu próprio dinheiro digital* para nós. A ascendência desse sistema secundário é o que eles promovem sob o nome de "sociedade sem dinheiro".

4

Fichas de cassino digitais

A primeira vez que vi cédulas de plástico boiando em um poço dos desejos foi em um mosteiro da Transilvânia. Poços assim supostamente são sagrados, e a tradição antiga era jogar uma moeda e ao mesmo tempo fazer um desejo. Como efeito colateral benéfico, as moedas introduziam na água traços biocidas de cobre ou prata que previnem doenças transmitidas através da água, reforçando, assim, a percepção de santidade do poço.

A prática de jogar cédulas nos poços romenos é, por sua vez, recente. Começou em 1999, quando o banco central do país começou a emitir notas de polímero; ao contrário das moedas, o plástico flutua, e não impregna a água de elementos residuais sagrados. O polímero parece imune a desgaste, ao contrário das antigas cédulas de papel, que vão envelhecendo organicamente à medida que seus detentores forram com elas as carteiras, passam-nas uns aos outros e enviam-nas em aventuras mundo afora. Na verdade, a natureza errante e gregária das cédulas foi capturada em 1770, quando Thomas Bridges publicou um romance chamado *As aventuras de uma cédula*, em que uma nota senciente narra sua vida na Grã-Bretanha georgiana, viajando de mão em mão pelo país.

Na época em que Bridges escreveu, o capitalismo de mercado estava a pleno vapor na Grã-Bretanha, e mesmo assim muita gente podia passar a vida inteira sem jamais utilizar um banco comercial. Os bancos privados eram voltados para os comerciantes mais ricos e os aristocratas — oferecendo-lhes formas variadas de honrar dívidas e realizar pagamentos entre si —, enquanto os trabalhadores pobres recorriam a moedas e notas de vários tipos. Ainda era assim no início do século XX, embora àquela altura o setor bancário já estivesse mais padronizado. Ainda hoje, há muita gente que não tem conta bancária ou não a utiliza com frequência. Na Romênia, por exemplo, 86% das pessoas têm conta bancária, mas apenas 67% as utilizam para fazer pagamentos, e ainda assim de forma esporádica. As grandes instituições — os empregadores — pagam os salários através dessas contas bancárias, mas os trabalhadores sacam o dinheiro vivo e usam-no.

Porém, embora a disseminação dos bancos continue desigual, a tendência ao longo do tempo tem sido, pouco a pouco, começar a mirar as pessoas menos abastadas, promovendo a bancarização de varejo em massa, anunciando as contas bancárias como o lugar para "guardar seu dinheiro".

No início do século XX, uma conta bancária era, literalmente, um registro em um livro contábil físico. Com o advento do computador, os bancos converteram esses livros de papel em bases de dados informatizadas. Para conseguir um lugarzinho nessa base, preciso provar quem eu sou, para que então o banco me atribua um *endereço* no sistema, marcado por um identificador único chamado "número da conta". Ele me amarra a essa conta fornecendo-me meios, como uma senha numérica, para provar minha associação a ela.

É nessa conta que eu — aparentemente — "deposito dinheiro", e também nela — aparentemente — o respectivo "depósito bancário" fica armazenado. É aí, porém, que residem um ardil e um engodo.

O banco não é como uma chapelaria. É como um cassino

Muitos de nós temos tendência a pensar nos depósitos bancários como "o dinheiro que eu coloco no banco", usando frases como "tenho dinheiro na conta" ou "vou sacar meu dinheiro". É um linguajar que sugere um *cofre*, como se o banco fosse o depositário de nosso dinheiro. É uma imagem semelhante à chapelaria onde você deixa seu casaco ao adentrar uma sala de eventos: você entrega sua vestimenta a um atendente, que lhe entrega um canhoto de papel como prova, e que lhe dá o direito de retirá-la na saída.

Acreditar que você tem "dinheiro no banco" é supor que o banco trabalha do mesmo jeito que uma chapelaria, e que abrir uma conta é como adquirir um nicho onde o banco guarda seu dinheiro em segurança, como um casaco na prateleira. Nessa metáfora, além disso, só existe uma forma de dinheiro — a moeda estatal. Esse dinheiro pode estar fora do banco ou dentro dele, mas os bancos são encarados mais como intermediários, que armazenam, transportam ou emprestam essa moeda.

Só que não existe esse "dinheiro que eu tenho no banco", e minha conta bancária não "guarda" moeda estatal. Sua única função é registrar uma forma de dinheiro inteiramente diferente, chamada *moeda escritural*.

O jeito mais rápido de entender esse conceito é deixar de lado a metáfora da chapelaria e substituí-la pela metáfora do cassino. Imagine que você entrou em um cassino e trocou seu dinheiro vivo por fichas, as quais podem ser usadas ali dentro. Enquanto você estiver naquele recinto, o cassino não tem interesse no seu dinheiro: já se apoderou dele. A única coisa que você possui são as fichas que ele emitiu para você. Existem, portanto, *duas* espécies de dinheiro nesse cassino: a moeda estatal e fichas emitidas pelo cassino, que podem ser resgatadas por dinheiro, caso você as devolva no caixa (supondo que não as perdeu para outros apostadores). O cliente tem as fichas. O cassino tem o dinheiro. Há uma relação simbiótica entre as duas formas de dinheiro; porém, elas são distintas.

As fichas de cassino normais são físicas, mas imagine agora se o cassino gerir um sistema de *fichas digitais*. Imagine se, em vez de entregar fichas físicas quando você lhe der dinheiro, o cassino abrisse uma conta para você no computador e creditasse essa conta com unidades digitais, que podem ser usadas nas diversas mesas. Tudo o que você possui, agora, é um endereço na base de dados deles, ao qual foram atribuídos créditos.

Essa metáfora é um excelente ponto de entrada para compreender os bancos de hoje. As unidades que vemos em nossa conta bancária não passam de "fichas digitais" *emitidas* pelos bancos, bem parecidas com as fichas que o cassino emite para mim quando lhe entrego dinheiro. Uma ficha de cassino é uma promissória que pode ser resgatada contra dinheiro vivo em algum momento (caso o cassino recuse, é possível processá-lo). Da mesma forma, as fichas digitais em nossa conta bancária são promissórias registradas em meio digital, prometendo o pagamento de moeda estatal no futuro (pense na promissória como "eu, o banco, devo moeda estatal a você"). Essas fichas-promissórias digitais podem, então, ser repassadas.

Dessa forma, quando abro uma conta pela primeira vez e vejo "zero", isso significa simplesmente: "Eu, o banco, não emiti para você nenhuma ficha digital". Se eu entregar 100 libras em dinheiro ao banco, ele assume a propriedade, o que significa que o estoque de moeda estatal do banco aumenta, e que ele emitirá 100 fichas digitais para mim, que aparecerão na minha conta como "100". Essas fichas são *promessas de moeda estatal*, de modo que, embora eu possa sentir que a posse é minha, o banco as considera como uma dívida que ele contraiu. O banco ganhou dinheiro emitido pelo Estado, enquanto eu ganhei fichas digitais emitidas pelo banco.

Ir ao caixa eletrônico é o equivalente de tentar "sair do cassino": o banco me entrega dinheiro físico estatal, enquanto recupera suas fichas digitais, anulando, assim, as promessas feitas a mim anteriormente. Isso lança uma nova luz sobre o processo descrito no capítulo anterior, em que os bancos precisavam prever os saques e preparar-se "materializando" uma parte das reservas digitais que detêm em dinheiro. Esse é o lado obscuro do ciclo da moeda estatal.

Em um cassino de verdade, você seria capaz de fazer facilmente a distinção entre a ficha emitida pelo cassino e o dinheiro emitido pelo Estado, que você entregou, mas no mundo dos bancos temos dificuldade em distinguir entre as fichas digitais emitidas pelo banco e o dinheiro emitido pelo Estado. No linguajar comum, ambos são chamados genericamente de "dinheiro", mas o jargão técnico faz uma distinção entre os dois; a moeda estatal é chamada de *base monetária* (ou moeda restrita, ou moeda de alta potência, ou M0), enquanto as fichas bancárias são chamadas de *moeda escritural*, moeda bancária ou, às vezes, moeda ampla.

Talvez o termo mais equívoco para definir as fichas bancárias, porém, seja *depósitos bancários*. Equívoco porque o verbo "depositar" gera um substantivo parecido. Por exemplo, uma enchente pode *depositar* areia em um rio, o que nos leva a dizer que há um *depósito de areia* no rio. No caso dos bancos, porém, isso cria confusão. Usamos o *verbo* "depositar" em referência ao ato de "colocar algo" (*eu depositei dinheiro*), e por isso usamos muitas vezes erroneamente "depósitos" como substantivo para nos referirmos "à coisa que colocamos" (*tenho depósitos em dinheiro no banco*). Na verdade, o substantivo "depósito bancário" refere-se à *promessa emitida*, e não à coisa colocada. O leitor de conhecimento mais técnico pode confirmar isso lendo um balanço de banco, onde "depósitos de correntistas" sempre aparecem na coluna de *passivo* (onde é registrado tudo aquilo que o banco prometeu às pessoas). O leitor menos técnico só precisa lembrar que "depósitos bancários" são fichas digitais emitidas pelos bancos.

Criando fichas "do nada"

Os bancos têm um superpoder que os cassinos não têm. Toda ficha de cassino que circula em torno das mesas de carteado é "lastreada" por dólares americanos em poder do cassino. Os bancos, em compensação, têm a capacidade de emitir fichas muito além da moeda estatal que detêm. Em outras palavras, o banco pode emitir muito mais promessas de moeda estatal do que possui em reservas (ou pode emitir essas promessas e preencher posteriormente suas reservas). Às vezes, chama-se isso de "reserva fracionária", mas o termo mais correto seria *multiplicação do crédito*. Para muitos, é um assunto bastante complexo, e talvez por isso seja tão mal-entendido de forma geral. Mas vamos tentar compreendê-lo, porque isso nos ajudará mais adiante a compreender as políticas financeiras, vacinando-nos, igualmente, contra algumas das críticas mais delirantes aos bancos.

A fonte dessa incompreensão reside no fato de que muitos livros ainda usam a imagem defeituosa dos bancos como "chapelarias", em que os depósitos não são vistos como *promessas que os bancos emitem*, e sim como *moeda estatal guardada*. Perceba que, visto assim, só existe uma forma de dinheiro (quase como um cassino onde o dinheiro circula, mas não existem fichas). Nesse paradigma, os bancos são representados como intermediários que armazenam ou transportam moeda estatal e que emprestam moeda estatal recebida dos depositantes. Essa ideia de "um só tipo de dinheiro" leva a falsos conceitos muito comuns, como aqueles encontrados em frases do tipo "o banco pega seu dinheiro e empresta para outra pessoa, ou seja, seu dinheiro não está lá de verdade!". É mais ou menos como dizer: "Cem casacos foram depositados na chapelaria, mas o atendente só guardou dez. Os outros devem ter sido emprestados!".

A metáfora da chapelaria me desagrada sobremaneira, porque ela é extremamente enganosa, mas vamos usá-la brevemente, só para não deixar dúvidas. Se a chapelaria fosse de fato como um banco, deixaríamos ali o casaco, mas a chapelaria assumiria a propriedade dele e o mandaria para outro lugar, emitindo para mim uma *ficha-promissória* — registrada digitalmente — dizendo que eu posso vir a qualquer momento e pegar um casaco igual. Agora eu sou dono de uma ficha-promissória, e a chapelaria é dona do casaco. Imagine agora que alguém chega ao balcão *sem casaco* e, mesmo assim, pede à chapelaria que lhe entregue fichas-promissórias de três casacos. O atendente faz uma avaliação e diz: "Ok, mas só se você assinar este acordo para me trazer quatro casacos de verdade dentro de um mês". O acordo é assinado. A chapelaria recebe uma promessa de quatro casacos futuros, enquanto o cliente é aquinhoado com três fichas-promissórias atuais, registradas digitalmente no mesmo sistema que minha ficha-promissória.

É assim que funciona o "empréstimo" bancário. Note que a chapelaria não emprestou casacos à pessoa, mas simplesmente *emitiu novas fichas-promissórias* a ela, da mesma forma que emitiu para mim. Existem, aqui, dois tipos de coisas: casacos e fichas-promissórias, e a principal diferença entre mim e a outra pessoa é que eu obtive fichas-promissórias ao deixar um casaco, enquanto ela as obteve mediante a promessa de deixar casacos *posteriormente*.

O resultado é uma divergência entre essas duas classes: o número de fichas-promissórias emitidas pela chapelaria passa a exceder o número de casacos que ela tem. Eu, o "depositante", tenho uma ficha-promissória, enquanto o "tomador de empréstimo" tem três, e a chapelaria tem um casaco de verdade (tomado de mim), mais uma promessa de outros quatro (tomada do tomador). Se você fizer a soma, perceberá que as coisas devidas totalizam *quatro*, enquanto as coisas possuídas — em teoria e no futuro — totalizam *cinco*. Desde que a chapelaria consiga gerenciar o processo de resgate das fichas (gente tentando pegar casacos *de verdade*) e desde que a outra pessoa de fato entregue quatro casacos reais no futuro, a chapelaria acabará com um casaco inteiro real a mais, sem dever nada a ninguém.

Assim, ao contrário da crença popular, os bancos não "emprestam moeda estatal" às pessoas que lhes pedem empréstimos. Voltando à metáfora do cassino, mais adequada, eles simplesmente emitem fichas digitais àqueles que pedem empréstimos, e em troca obtêm acordos de empréstimo. Em termos mais técnicos, os bancos expandem as promissórias de curto prazo que emitem, como forma de criar um acervo de acordos de empréstimos futuros de longo prazo de valor superior às promissórias que emitem para obtê-los. Desde que consigam gerenciar os processos de resgate e os riscos, isso cria uma "força de alta pressão", que vai atraindo moeda estatal para o banco ao longo do tempo, permitindo que gere lucro para seus acionistas. Como depositante, seu papel não é "dar dinheiro para os bancos emprestarem". Seu papel é turbinar a reserva do banco, contra a qual ele emite fichas.

Isso é a "multiplicação do crédito": o ato, pelos bancos, de emitir fichas a fim de obter acordos de empréstimo expande a oferta monetária. No Reino Unido, mais de 90% da oferta de dinheiro ocorre sob a forma dessas fichas, e todo o sistema monetário digital funciona através de sua transferência. Toda a política do dinheiro digital, da vigilância à exclusão, deriva do fato de que essas fichas bancárias vêm se tornando cruciais em nossas vidas, o que significa que todo tipo de instituição financeira vem se interpondo entre nós e nossas transações mútuas cotidianas. Vamos traçar um rápido panorama desses diferentes atores voltando a John, meu osteopata.

Fichas "móveis"

Lembra-se da pergunta feita por John? "Dinheiro ou cartão?" Podemos agora reinterpretar esse questionamento. Ele quis dizer: "Pagar com dinheiro físico estatal ou fichas bancárias digitais?". Porém, embora o processo de entrega de uma nota de dinheiro vivo seja um simples ato físico, o processo de transferência de fichas bancárias é mais complexo, visto que elas são atribuídas a contas registradas em um local fixo — um *data center* — e, a menos que eu possa fisicamente pegar o *data center* e transportá-lo, o dinheiro nunca vai sair do lugar. Meu banco, porém, pode *editar* minha conta nesse *data center* para reatribuí-lo a John. Se o banco dele for outro, porém, é como se ele estivesse em outro cassino virtual, e é aí que as coisas ficam mais complicadas.

Pense em cada banco como detentor de sua própria *submoeda* — no Reino Unido, o cliente do Barclays recebe fichas Barclays, enquanto o cliente do Lloyds recebe fichas do Lloyds. O Lloyds administra um feudo privado de cerca de 20 milhões de contas britânicas; portanto, muita movimentação de fichas ocorre entre seus detentores *dentro* do feudo. Mas, se um desses clientes quiser pagar um cliente do Barclays, dois feudos passam a estar envolvidos. Como as fichas digitais são atribuídas por um emissor específico a uma conta específica, não podem ser "arrancadas" desse contexto e "jogadas" em outro — uma ficha do Lloyds atribuída a um cliente do Lloyds não pode esgueirar-se do *data center* do Lloyds, percorrer 200 quilômetros até o *data center* do Barclays e inserir-se neste para atribuir-se a um cliente do Barclays. Esse é o princípio da "não infiltração".

Se meu banco é o Lloyds e o de John é o Barclays, o Lloyds tem que retirar minhas fichas e instruir o Barclays a emitir novas fichas para John. Isso, porém, gera um débito para o Barclays; por isso, o Lloyds precisa compensar o Barclays, transferindo reservas estatais digitais para eles, no banco central. Isso nos leva de volta ao centro de gravidade monetário — o *data center* do banco central. Assim como podemos reatribuir fichas bancárias entre nós, os bancos podem reatribuir reservas do banco central entre si (processo chamado de "compensação").

Você pode imaginar o banco central como o rei, que arbitra entre uma série de "duques", os bancos comerciais. Esse rei não gosta de ser incomodado com pedidos de arbitragem, desde que os duques resolvam entre si a maioria de suas diferenças. A cada minuto, os clientes propõem milhares de transações de fichas entre bancos, e seria trabalho demais para os duques reunir-se na corte do banco central toda vez que dois de seus minúsculos clientes interagissem. O Lloyds pode ter milhares de clientes pedindo transferências para milhares de clientes do Barclays, e o Barclays pode ter milhares de clientes tentando pagar milhares de clientes do Lloyds. Assim, em vez de compensar cada um a cada vez, eles autorizam as transações, empacotam tudo e fazem o acerto de contas. Se o pacote

"Lloyds para Barclays" for de 100 milhões de libras e o pacote "Barclays para Lloyds" for de 99 milhões de libras, basta um duque transferir 1 milhão de libras em moeda estatal ao outro, no banco central.

O banco central gosta desse "cancelamento de ruído", já que volumes importantes de pagamentos cruzados podem ser feitos no âmbito dos bancos comerciais, sem incomodá-lo. Ele fica lá, distante e quietinho, recebendo apenas mensagens esporádicas, como "Transfira 4 milhões de libras da conta de reserva do HSBC para a conta de reserva do Barclays". Todas as transações estão psicologicamente ancoradas no âmbito do banco central, mas, por conta do interfluxo, é pouca a moeda estatal que precisa ser efetivamente transferida.

A transferência internacional de fichas

Assim como os subsistemas bancários não podem infiltrar-se uns nos outros nacionalmente, sistemas monetários digitais nacionais não podem se infiltrar internacionalmente em outros.* A definição de uma libra esterlina digital é "ficha-promissória registrada em um *data center* físico de um banco britânico conectado ao Banco da Inglaterra". Esse conceito não pode ser retirado desse contexto e jogado em outro, além-mar — libras digitais não têm como vazar em Kuala Lumpur, misturando-se com o ringgit malaio digital. Não há unidades flutuando no espaço.

Como, então, o dinheiro digital "atravessa fronteiras"? Manchetes de jornais podem afirmar que "empresas americanas derramam bilhões na China", mas esses "fluxos" são operações contábeis de bases de dados. Enquanto os duques dos bancos podem resolver suas diferenças por meio do rei-banco central local, não existe "imperador" global para resolver divergências internacionais; por isso, os bancos nacionais são obrigados a montar operações que lhes deem acesso a sistemas estrangeiros. Fazem

* Os países da Zona do Euro são uma exceção, uma vez que seus sistemas nacionais são administrados por um banco central comum.

isso abrindo contas "correspondentes" especiais entre si, acima das jurisdições. Pense em "ganchos virtuais" que interligam os sistemas nacionais. O Bank of America, por exemplo, pode abrir uma conta no Industrial and Commercial Bank, da China, e vice-versa, criando um elo de mão dupla entre sistemas nacionais separados. Com o passar do tempo, esses elos de mão dupla foram se transformando em um denso tecido de relações através do qual se resolvem as transferências internacionais.

Quando eu peço uma transferência a alguém em um banco do Quênia, ou nossos bancos têm contas diretas entre si ou precisam saltitar entre alguns graus de separação, usando outro banco que tenha contas com ambos. O processo de transferência põe em marcha uma cadeia de dominós transfronteiriça — fichas-libras saem de minha conta e são creditadas na conta britânica do banco queniano, que — em uma ação separada — emite fichas-xelim quenianas à pessoa sendo paga, a milhares de quilômetros dali. O resultado é que minha conta em libras diminui, enquanto a conta em libras do banco queniano aumenta, enquanto a conta em xelins do destinatário aumenta.

O dinheiro não "pula" do Reino Unido para o Quênia. Em vez disso, o sistema internacional de pagamentos envolve bancos estrangeiros, que acumulam localmente as fichas dos bancos locais. Esse processo pode ser revertido quando, por exemplo, um queniano quiser pagar um residente do Reino Unido: o banco queniano retira dele fichas-xelim, abre mão de fichas-libras britânicas que detinha anteriormente e as transfere para a conta bancária do destinatário britânico.

Para coordenar isso, os bancos precisam se comunicar. Porém, considerando que existem milhares de bancos no mundo inteiro, a coisa pode ficar complicada. É aí que entra em jogo a SWIFT, a Sociedade para Telecomunicação Financeira Interbancária Mundial, como (em suas próprias palavras) "o provedor global de serviços de envio de mensagens financeiras seguras". O termo "envio de mensagens" lembra o WhatsApp, mas, embora a SWIFT seja uma central de comunicação privada, não foi feita para fofocas ociosas. A única coisa que anda, em um sistema monetário digital, são as mensagens, e cada comunicação SWIFT é uma ordem legal, extremamente séria, para iniciar a edição de contas. Seu sistema de Código de Identificação Bancária (BICs, na sigla em inglês) permite aos bancos fazer isso de forma padronizada, entre fronteiras, via *data centers* da SWIFT.

Essas ordens poderiam ser enviadas por outra rede de envio de mensagens, mas a SWIFT já tem 11 mil bancos que utilizam seus serviços no mundo inteiro, e convencê-los a mudar seria difícil (muito mais difícil que convencer todos os seus amigos a migrar simultaneamente para outra plataforma de mensagens). E, como o Irã descobriu, ser excluído dessa rede é uma maneira garantida de estrangular seus pagamentos transfronteiriços, o que fez a SWIFT ser recrutada como instrumento de influência geopolítica.

Como comunicar-se com o cartel dos bancos

O objetivo de qualquer pagamento digital é fazer bancos que hospedam duas contas editarem ambas, dando a ilusão de que dinheiro pulou de uma para outra. Para iniciar esse processo, temos que solicitá-lo aos bancos. Eu não tenho como, porém, gritar essa ordem na frente do *data center* do meu banco. Preciso traduzir esse pedido em linguagem digital e enviá-lo de longe. Os bancos nos proporcionam um número limitado de "postos de transmissão" para fazer isso, direta ou indiretamente. O canal direto clássico é a agência, onde falo com um funcionário do banco, que alimenta o computador com meu pedido. Mas também posso telefonar para o atendente ou enviar um pedido pelo correio. Esses métodos de comunicação foram suplantados pelos sites de *internet banking*, que me permitem enviar diretamente as mensagens digitais para os *data centers* dos bancos.

Embora o *internet banking* funcione bem para pagamentos de alto valor e previsíveis, como o aluguel, quando estamos na rua a história é outra. Imagine chegar ao balcão da padaria, abrir o notebook, pedir o código do Wi-Fi e os dados bancários do estabelecimento, iniciar uma transferência e esperar logar na sua conta para ver a confirmação, enquanto uma fila de clientes irados vai crescendo atrás de você. É por isso que existem canais *indiretos*: cheques, por exemplo, são ordens escritas entregues a um vendedor, que lhe permitem receber o pagamento do seu banco posteriormente. O principal canal indireto que utilizamos hoje em dia, porém, são os pagamentos por cartão.

As redes de cartões, como a Visa e a Mastercard, foram revolucionárias porque criaram um sistema para enviar mensagens indiretas a seu banco, em situações em que transferências manuais são complicadas ou inseguras, como quando você está dentro de uma loja (ou, no mundo online, em uma loja virtual). Em vez de pedir ao cliente que passa para usar seu próprio posto de transmissão, o sistema faz com que o *comerciante* — que é mais fixo — o estabeleça.

As centrais de cartões são como cooperativas que obtêm lucro para seus coordenadores (como a Visa) e seus membros (os bancos). Os bancos associados emitem cartões a clientes eventuais, como eu, e ao mesmo tempo instalam postos de transmissão em estabelecimentos fixos, como o de John, para que eu possa iniciar ordens de pagamento através da rede mantida, no meu caso, pela Visa. Esses postos de transmissão incluem terminais físicos nos pontos de venda (PDVs) nos quais você insere seu cartão, assim como "portais de pagamentos" instalados nos sites, para onde você é enviado quando faz uma aquisição online (pense neles como o equivalente digital de um terminal de PDV).

Um cartão de banco moderno é como um minicomputador, um laptop finíssimo que cabe na minha carteira. Sua função é dar uma ordem digital, através de um PDV, enviando meus detalhes, por intermédio do processador do pagamento de John, para a VisaNet, o gigantesco *data center* da Visa. Meu pedido será um de cerca de 5 mil chegando no mesmo segundo, iniciados por clientes de aproximadamente 15 mil bancos e processadores de pagamentos conectados a esse sistema. Os *data centers* da Visa chegam a encaminhar 30 mil pedidos simultâneos de transações por segundo, mas a empresa não revela onde fica seu *data center* principal, limitando-se a informar que fica "ao longo da costa leste". Essa instalação é de uma importância estratégica tão grande que conta com geradores de energia de emergência capazes de durar nove dias, assim como importantes equipamentos de segurança. Segundo a revista *Network Computing*:

> As ruas que chegam ao complexo têm barreiras hidráulicas capazes de erguer-se com rapidez suficiente para bloquear na hora um veículo a até 80 quilômetros por hora (e as ruas são sinuosas demais para dirigir a uma velocidade maior que essa). Os visitantes precisam passar por um portão de segurança, são revistados por equipes de segurança circulantes e submetidos a uma varredura biométrica antes de poder entrar.

Essa fortaleza de dados encaminha minha mensagem ao banco, o que equivale a dizer: "Brett quer pagar um osteopata — ele tem fichas suficientes?". Meu banco verifica, e então encaminha uma autorização de pagamento por essa mesma rede. O terminal de John faz um bipe e exibe uma mensagem: "Pagamento autorizado". Eu vou embora, e os dois bancos iniciam um processo de compensação.

Os princípios básicos dos pagamentos digitais são simples: existem bancos, plataformas de envio de mensagens entre eles e aparelhos de envio de mensagens para nós. A partir disso, dá para entender a maioria das "inovações" em pagamentos, que em geral envolvem o acréscimo de mais uma camada em cima do mesmo sistema ou a criação de um jeito novo de enviar mensagens diretas aos bancos, pulando por cima das redes de cartões ou ampliando essas redes de cartões. O ApplePay e o GooglePay, por exemplo, não passam de nova maneiras de enviar mensagens ao mesmo e velho sistema, transformando meu celular em um equivalente do cartão (tendo por efeito colateral o Google obter um novo fluxo de dados de minha atividade de consumo).

O problema das aparências superficiais

A pergunta "O que é o dinheiro?" — assim como as perguntas "O que é arte?" ou "Qual o sentido da vida?" — pode ser extensamente debatida, sem chegar-se a uma conclusão clara. Minha tendência é fugir dessa discussão fazendo a seguinte descrição do nosso atual sistema monetário: o dinheiro é um sistema agregado de promissórias estatais e bancárias, ativado dentro de sistemas legais criados dentro de sistemas políticos, que por sua vez vêm a atuar como peças de acesso a uma rede econômica em meio a vastas redes interdependentes de pessoas. Depois que se dá vida ao dinheiro, ele solidifica seu poder por um efeito de rede, devido à interdependência da situação de milhões de nós, em um contexto de instituições que reforçam e moldam essa interdependência.

Embora Estado e bancos sejam as instituições centrais, muitos sistemas "não bancários" — como PayPal, Venmo, WeChat, M-Pesa e Paytm — podem se plugar aos bancos, como extras. Enquanto o banco pega sua moeda estatal e emite em troca fichas bancárias digitais, atores como o PayPal pegam suas fichas bancárias e emitem fichas PayPal em troca. Os números em sua conta PayPal são, portanto, promissórias terciárias da empresa, de promissórias secundárias do banco, de promissórias primárias do Estado.

Esses sistemas são interconectados pelas contas: eu tenho uma conta no PayPal, que tem uma conta em um banco comercial, que tem uma conta no banco central, que tem contas em outros bancos centrais (usando ainda os serviços especializados de megainstituições, como o FMI e o Banco de Compensações Internacionais). Quando você chega a esse domínio internacional, a política é de grosso calibre. Os bancos centrais, por exemplo, atribuem-se reciprocamente enormes linhas de crédito, garantido acesso emergencial às moedas uns dos outros — em 2013, por exemplo, o Banco Central Europeu estabeleceu uma "linha de *swap*" com o Banco Popular da China, concedendo-lhe acesso a 350 bilhões de yuans, e dando ao mesmo tempo acesso a 45 bilhões de euros ao banco central chinês.

Em razão do gigantesco poder do setor bancário, gosto de visualizar esses sistemas como se governassem nossas interações *de cima*. No capítulo anterior, elaborei a metáfora do gigante da montanha — que capta a ideia de uma força superior —, mas as instituições monetárias contemporâneas transcenderam isso, e hoje se parecem mais com cidades nas nuvens, pairando sobre todos os países. Estão conectadas internacionalmente por sistemas de envios de mensagens como a SWIFT, redes de cartões geridas pela Visa e clubes de pagamentos, como a SEPA. Dentro desse sistema internacional existe uma fundamental *hierarquia de cidades em nuvens*: sistemas nacionais menores muitas vezes encaminham o relacionamento entre eles através do sistema bancário americano, com o Federal Reserve no topo, motivo pelo qual o dólar americano é usado como moeda global de reserva.

Nós enviamos milhões de ordens de pagamento a essa estrutura, mas nossas movimentações constantes ficam longe do topo dela nacionalmente, e ainda mais longe do topo internacional. Vistas do andar térreo, essas instituições parecem distantes e abstratas, mas as tentativas dos bancos centrais de contrair ou expandir a oferta de moeda são um esforço para exercer controle direto sobre nós, via bancos comerciais (o que é, certamente, indireto, pois os bancos centrais têm controle limitado sobre a oferta geral de moeda, pelo fato de grande parte dela ser formada pelas "fichas" dos bancos comerciais). A política monetária busca modificar o volume dos impulsos transmitidos pelo sistema nervoso monetário, seja para nos incentivar a produzir, seja para nos desincentivar. Essa é a origem de todas as batalhas travadas entre as facções de economistas monetários (como os keynesianos ou os monetaristas), que brigam a respeito da relação entre a quantidade de unidades monetárias emitidas e a quantidade de coisas de valor real produzidas pelas pessoas na economia.

O debate sobre política monetária pode dar um nó na cabeça, mas ser usuário da moeda, em geral, também dá. As redes econômicas que nos envolvem são tão vastas e disseminadas que é difícil conseguir distanciamento para enxergar as estruturas dos sistemas monetários que as mantêm de pé. Para a maioria de nós, os aspectos imediatamente visíveis do sistema são objetos físicos. Por isso, quando um jornalista escreve um artigo sobre o assunto, a imagem que o ilustra pode ser uma foto de um site de banco de imagens, como a Getty Images, com notas de dólar ou moedas de libras. Essas imagens não nos mostram a moeda, em sentido geral. Mostram peças físicas da moeda estatal — apenas uma parte de um sistema muito maior.

Não existem imagens de *data centers* de bancos ou de fichas digitais, e quando digitamos "dinheiro digital" elas tampouco aparecem. Digitar essa expressão na busca de imagens do Google resulta em imagens de peças de dinheiro físico dissolvendo-se em dados, ou dinheiro vivo viajando por cabos, ou saindo de um computador.

Essas imagens populares dão a entender que o dinheiro vivo deveria ser entendido como um símbolo genérico de moeda, o "dinheiro em geral". Mas a nossa dificuldade em definir uma fronteira entre o dinheiro físico e as fichas bancárias digitais tem graves consequências. Em 2016, por exemplo, houve o vazamento dos Panama Papers: 11,5 milhões de documentos registrando as negociatas obscuras do setor de finanças offshore. O site oficial do vazamento — coberto por inúmeros veículos de comunicação — continha um subtítulo dizendo: "Políticos, criminosos e o setor vilão que esconde seu dinheiro", acompanhado por fotos de notas de dólar esvoaçando numa ventania. As empresas offshore desmascaradas, porém, operam por meio de contas bancárias secretas que usam moeda escritural digital, e não dinheiro físico estatal. Para aqueles que não leram nada além dessa manchete, essa definição casual do Panama Papers, das transferências bancárias como "dinheiro", protege inadvertidamente o setor bancário e esse sistema paralelo administrado por ele. Faz as pessoas começarem a associar dinheiro vivo com crime, deixando de ver o fato de que muitos crimes financeiros de larga escala ocorrem por meio de transações bancárias diretas.

Grande parte da linguagem visual pública parece ignorar intencionalmente a existência das fichas digitais emitidas pelos bancos, embora elas estejam tomando conta do mercado. No Capítulo 1, caracterizei o setor financeiro como o centro nervoso do capitalismo global, observando que esse setor busca cada vez mais uma sociedade sem dinheiro, a fim de estender seu controle por todo o "sistema nervoso". Convém ao setor bancário que o dinheiro digital seja representado como unidades digitais "parecidas com dinheiro vivo". Dá a impressão de que suas fichas são meramente uma versão melhorada do dinheiro. Encobertos sob as imagens tranquilizadoras das peças físicas, esses sistemas fogem dos olhares.

As peças de dinheiro físico foram, no passado, uma força crucial na disseminação da lógica estatal, mas, para a classe empresarial surgida sob esses estados, deixaram de ter utilidade. Podem ser emitidas de cima, mas, quando chegam até nós, passam a ficar — literalmente — no nível do chão. Continuam a ter localização física, transitando entre as pessoas em contato físico umas com as outras. As fichas bancárias, em compensação, são invisíveis, distantes, etéreas e sob o controle de instituições com as quais megacorporações como a Amazon têm muito mais facilidade de trabalhar.

Dou a esses sistemas de fichas digitais o nome de *cloudmoney* [dinheiro na nuvem ou, mais simplesmente, dinheiro virtual], porque todos eles dependem da nuvem — *data centers* com quem interagimos à distância. A imagem da nuvem é útil, mas enganosa, porque corremos o risco de imaginar as nuvens como entidades flutuantes, livres da realidade material, quando na realidade a nuvem é um complexo oculto de prédios com cercas eletrificadas e seguranças armados. Posso queimar uma cédula bancária com um fósforo, sacrificando uma promessa estatal, mas não tenho como queimar dinheiro digital queimando meu cartão de crédito, celular ou computador. O único jeito de queimar fichas bancárias é localizar o *data center*, depredá-lo e provocar um incêndio de escala industrial. Quando comparados a essas unidades de *cloudmoney* novas e inacessíveis, vivendo dentro desses *data centers* cercados, o dinheiro físico ganha ares francamente amistosos.

5

A sociedade de fichas bancárias

Imagine que você ganhou muito na mesa de carteado de um cassino, puxou para si uma pilha de fichas e dirigiu-se ao caixa para convertê-las em dinheiro vivo e sair. O caixa ergue os olhos e diz: "Desculpe, não resgatamos mais essas fichas". Eles deixam você entrar no cassino, mas agora querem impedi-lo de sair. Você ficaria com raiva?

Algo parecido está acontecendo com os bancos. Em países como o Reino Unido, eles vêm fechando discretamente agências e caixas eletrônicos, que são portas de entrada e saída de seus sistemas. Segundo dados da Associação Britânica dos Bancos e do Escritório de Estatísticas Nacionais, entre 2012 e 2020 o número de agências bancárias no Reino Unido caiu 28%, enquanto o número de caixas eletrônicos caiu 24% entre 2015 e 2020. Perversamente, os bancos estão aproveitando o próprio êxito na absorção de pessoas em seus sistemas como justificativa para reduzir oportunidades futuras de saída. Já vimos que estamos vivendo sob um duplo sistema monetário — com dinheiro vivo estatal e fichas bancárias digitais —, mas, na "sociedade sem dinheiro", uma dessas opções desaparece, deixando as fichas bancárias como a única opção. A "sociedade sem dinheiro" é um eufemismo — fornece tanta informação quanto chamar uísque de "destilado sem cerveja" —, mas o setor financeiro gosta da expressão, porque chama a atenção para algo que está ausente, e não para algo que está ascendendo ao poder. Imagine quão mais difícil seria propagandear a "sociedade de fichas bancárias".

Lembre que os bancos retiram nosso dinheiro físico de circulação, "desmaterializam-no" em reservas que detêm no banco central e emitem fichas para nós em *data centers*, mas também se espera que executem o processo contrário. Quando solicitamos moeda estatal, eles precisam deletar fichas e "rematerializar" as reservas em dinheiro vivo, que nos enviam por meio de caixas eletrônicos e agências. Mas os bancos começaram a apresentar os caixas eletrônicos como um serviço útil, mas obsoleto, que eles foram incumbidos de gerir. É como um cassino pintar o resgate de suas fichas como um serviço de caridade que oferecem, e não uma exigência legal. Hoje em dia, os bancos se apresentam assim, enquanto vão lentamente fechando a infraestrutura de dinheiro físico.

Isso torna o maior concorrente de suas fichas — o dinheiro — mais difícil de acessar, o que por sua vez faz o dinheiro vivo parecer menos conveniente, o que por sua vez leva mais pessoas para o sistema dos bancos, fluxo que é então usado para justificar um fechamento ainda maior da infraestrutura de fornecimento de dinheiro físico.

Essa infraestrutura inclui agências bancárias, que não apenas vêm sendo progressivamente fechadas, mas também vêm tendo sua capacidade de lidar com dinheiro vivo reduzida. Na Suécia, por exemplo, muitas agências se recusam a receber em espécie. Portanto, se você for um lojista que aceita essa modalidade, terá que se deslocar a uma distância maior no final do dia. Isso leva os comerciantes a recusar dinheiro vivo — ou "virar *cashless*" —, o que, por sua vez, reduz as oportunidades para os clientes gastarem *cash*. Isso torna o acesso e o uso de dinheiro vivo difíceis — a receita para uma implosão do uso de *cash*. Em outras palavras, os bancos ficam em posição de engendrar uma profecia autorrealizável, e essa estratégia vem dando certo.

Dados do Google Trends mundial mostram um aumento significativo das buscas do termo *cashless* desde 2014. Esse termo, porém, hoje se refere tanto ao caso mais geral de uma sociedade sem dinheiro ("sociedade *cashless*") quanto ao caso específico de um pagamento digital simples (um "pagamento *cashless*"). Segundo a lógica, atribuir nomes idênticos a duas coisas diferentes pode gerar uma *falácia de ambiguidade*, em que sentidos separados poluem um ao outro. Isso acontece, por exemplo, quando o governo francês batiza seu plano e pagamentos bancários digitais de "plano de pagamentos *cashless*". É inteiramente possível a coexistência do dinheiro vivo e das fichas bancárias digitais, mas, quando estas últimas recebem o nome de "pagamento *cashless*", fica impossível se referir a elas sem dar a entender a extinção do primeiro.

Com a moeda escritural disfarçada sob o termo *cashless*, não admira que fique tão difícil para as pessoas discutir a questão com clareza. Para as gerações mais antigas, ainda é compreensível a distinção entre "dinheiro fora do banco" (*cash*) e "dinheiro no banco" (fichas bancárias). Mas há um risco de tal distinção se perder para aqueles que estão crescendo em um contexto de predomínio digital. Para essas gerações mais jovens, a moeda escritural ganhou supremacia psicológica, e elas são cada vez mais convencidas pelo argumento de que as fichas bancárias podem se separar totalmente do sistema monetário estatal, sem exigir qualquer acesso a dinheiro físico. Nesse "grande esquecimento", o caixa eletrônico passa a ser visto como uma relíquia antiquada, e não como um meio de resgatar as promessas de moeda estatal emitida pelo setor bancário. Imaginam um mundo em que não existe o tal "dinheiro fora do banco".

Isso terá sérias consequências políticas, econômicas e psicológicas. Por exemplo, quando um banco parece ameaçado de falência, historicamente a população entra em pânico e corre para resgatar suas fichas contra moeda estatal, naquilo que é conhecido como "corrida bancária": fazem fila nos caixas eletrônicos e agências tentando "sacar seu dinheiro". Mas o que acontece quando não existem mais caixas e agências? Bem, você vai ter que se logar em sua conta e tentar escapar do banco fazendo transferências para outro banco, talvez pedindo a um amigo para transferir um valor temporariamente para a conta dele. Mas e se houver uma crise generalizada do setor bancário?

Sincronize-se com o futuro

A possibilidade de no futuro não termos como escapar do cercado do "dinheiro no banco" (ou, para ser mais preciso, da moeda emitida pelo banco) tem que ser vista como é — um *aprisionamento*. Porém, a narrativa dominante caracteriza a sociedade de fichas bancárias como algo inevitável, impulsionado por gente comum que deseja ser aprisionada em sistemas digitais "do bem". Os futurólogos das finanças garantem que essa marcha rumo ao aprisionamento digital é um "progresso natural", um foguete irrefreável impulsionado pela Geração Z e pelos *millenials* (nascidos após 1981), que "demandam a digitalização". As empresas de pagamentos digitais dependem fortemente dessa narrativa, dando a entender que, se você não aderir, vai ficar para trás.

O PayPal, por exemplo, recorreu a essa narrativa em 2016, quando cobriu o metrô de Londres com sua campanha "New Money", repleta de imagens de jovens emergentes de classe média. Na campanha, o PayPal trata o consumidor como o destinatário empolgado de uma tecnologia pela qual anseia. O slogan "O novo dinheiro chegou" soa como se fosse verbalizado por um entregador que trouxe algo encomendado por você.

O teórico francês Louis Althusser referia-se a essa técnica como *interpelação*: um método para incutir ideias nas pessoas, dirigindo-se a elas como se elas já concordassem com essas ideias. A "Cyber Monday", por exemplo, nada mais é que uma invenção da Federação Nacional do Varejo britânica, que fez uma engenharia reversa da própria existência, divulgando um comunicado que dizia: "A Cyber Monday vem se tornando rapidamente um dos maiores dias de compras online do ano". Todos os slogans publicitários resultantes — "A Cyber Monday chegou", "Você está pronto para a Cyber Monday?" — saúdam você como alguém que aceita a realidade dessa data e criam em sua cabeça a impressão de que milhões de outros acreditam nela, aguardando-a ansiosamente. Todas as empresas de pagamentos digitais — como a PayPal — usam técnicas semelhantes, criadas para projetar uma sensação de que o "novo dinheiro" é um fenômeno real, estimulado pela atitude da população empoderada.

É complicado manter um olhar crítico em uma sociedade dominada pela publicidade corporativa, porque esta satura o ambiente, dando-nos a impressão de que somos agnósticos em meio a uma religião com muito dinheiro para gastar. Não se veem outdoors dizendo "O dinheiro é um serviço público que deve ser protegido", porque o dinheiro físico não está associado a qualquer empresa do setor privado que o promova. Continua, ao contrário, indefeso, enquanto o trabalhador londrino segue esperando seu trem na plataforma do metrô, contemplando cartazes na parede oposta, em que empresas de pagamentos o tratam como convertido ao pós-dinheiro. Mesmo que você tenha vontade de se rebelar contra a falsidade dessa mensagem, a própria saturação dela pode levá-lo a achar que todos à sua volta a encaram como normal. Isso, por sua vez, transmite uma mensagem mais hostil, ou seja: *a mudança ocorrerá, quer você participe, quer não*. Caso rejeite o "novo dinheiro", você é alguém apegado ao passado, fora de sintonia com os outros.

No Capítulo 2, apresentei algumas razões iniciais para suspeitarmos de uma visão que apresenta a sociedade das fichas bancárias como impulsionada "de baixo para cima" pelo desejo popular. Claro que, quando um não quer, dois não brigam — bancos e "semibancos", como o PayPal, não podem forçar escancaradamente as pessoas a usar seus sistemas —, mas como foi que nos convenceram a aceitar esse golpe?

O ataque à bicicleta dos pagamentos

Em 1898, a Winton Motor Carriage Company publicou o primeiro anúncio de automóvel do mundo. "Livre-se do cavalo", dizia, "e poupe a despesa, o tempo e a preocupação de cuidar dele".

O termo inicial para essas carruagens a motor — ou carros a motor — era "carruagem sem cavalos", dando a entender que a inovação evitava

LIVRE-SE DO CAVALO
e poupe a despesa, o tempo e a preocupação de mantê-lo. Andar numa carruagem a motor custa cerca de meio centavo por milha.
A CARRUAGEM A MOTOR WINTON
é o melhor veículo do gênero a ser fabricado. Tem construção e acabamento elegantes, robustos e ao mesmo tempo leves. É fácil de conduzir. Velocidade de 5 a 32 quilômetros por hora. O motor a hidrocarboneto é simples e poderoso. Sem cheiro, sem trepidação. Suspensão Wire Wheels. Rodas pneumáticas. Rolamentos de esfera. Peça um catálogo.
Preço US$ 1.000. Sem intermediários.

um incômodo do passado. Mesmo assim, elas encontraram resistência, sobretudo na Europa, porque as pessoas tinham apego a seus cavalos ou não tinham como pagar carros a motor. Os entusiastas do automóvel viam naquilo o início de uma mudança positiva e inevitável. Imagine--os ultrapassando uma carroça em uma estrada rural e gritando: "Abra caminho para o futuro!".

De forma parecida, os promotores do dinheiro digital apresentam o dinheiro vivo como a carroça dos pagamentos, afirmando que ele só subsiste devido à teimosa nostalgia dos retardatários. Enxergam o dinheiro digital como uma "atualização" do dinheiro vivo e, de jeito parecido com a "carruagem sem cavalos", o termo "pagamento sem dinheiro" passa a ideia de libertação de algum incômodo anterior. E por que se apegar a um sistema inferior?

A carruagem a motor "sem cavalos" foi, de fato, uma melhoria da carruagem com cavalos: ambas tinham uma fonte de energia, rodas e uma carroceria, e ambas usavam as mesmas estradas. As transferências de fichas bancárias digitais, porém, não são uma melhoria do sistema de moeda estatal, considerando que este é o fundamento daquelas (mais ou menos da mesma forma que as fichas de cassino não são uma melhoria do dinheiro vivo ao qual elas prometem dar-lhe acesso). Na verdade, as transferências bancárias digitais só podem ser consideradas uma melhoria em relação às transferências bancárias analógicas. Um cheque dos anos 1920 era uma ordem física para iniciar a edição de uma conta bancária, enquanto um pagamento por smartphone em 2022 é uma ordem digital para iniciar a mesma coisa. A "carroça com cavalos" é o cheque.

Os partidários da agenda anti*cash* pintam o dinheiro vivo como um obstáculo — bloqueando a estrada em que os carros, mais rápidos, querem ultrapassar. Porém, não há conflito em manter os dois sistemas. A analogia com transportes mais próxima é a bicicleta, e "virar *cashless*" seria o mesmo que fechar as ciclovias que andam em paralelo às estradas, nas cidades com automóveis.

Quando um produto ou serviço sofre uma melhoria, as pessoas não querem mais a versão antiga, mas, quando produtos ou serviços caminham em paralelo, é bem mais provável que elas queiram ficar com ambos. O e-mail, por exemplo, acabou com o fax, mas não com o correio, porque, embora as funções se sobreponham, o correio ainda faz coisas que o e-mail não faz. A morte do fax nos deixa indiferentes, mas uma tentativa de eliminar de vez o serviço postal causaria protestos.

Da mesma forma, o elevador é útil, mas nenhum empresário da construção instalaria *apenas* um elevador, sem uma escada de emergência. Manter opções paralelas sustenta o princípio da resiliência através da diversidade, e é por esse motivo que várias cidades incentivam sistemas de transporte multimodais. A bicicleta veio *antes* do automóvel e, mesmo assim, está no auge da popularidade, por aliviar problemas associados ao carro, como a poluição atmosférica, os engarrafamentos, o estresse e os incômodos da vida urbana.

De forma similar, um sistema de pagamentos diverso e resiliente exige sistemas não digitais e não bancários. Nosso sistema de pagamentos, porém, vem sendo direcionado para o monomodal: uma infinidade de empresas de pagamentos digitais pode dar uma ilusão de diversidade, mas todas elas se apoiam nos mesmos oligopólios bancários. Como esse setor busca conquistar o poder para um único modo, comporta-se como os antigos lobistas do automóvel, semeando o pânico sobre os perigos das demais alternativas, ao mesmo tempo que fazem de conta que não veem os inúmeros acidentes automobilísticos.

De fato, a indústria automobilística — a começar pela Winton Motor Carriage Company — só apregoava os benefícios restritos, individuais e efêmeros do carro ("Poupe tempo e despesas") —, deixando para os governos a tarefa de lidar com as consequências sociais, coletivas, de longo prazo, criando regras de trânsito, pedágios e padrões de combustível (e ciclovias). Dinâmica parecida ocorre com os pagamentos digitais: assim como na publicidade os automóveis aparecem em estradas rurais, e não em congestionamentos poluídos ou isolados por cordões em cenas de acidentes, os anúncios de pagamentos digitais não dizem: "Desfrute da velocidade, conveniência, espionagem, ciberpirataria e das falhas críticas de infraestrutura que nossa plataforma proporciona".

Apesar do crescente predomínio da narrativa do dinheiro vivo como a "carroça" a eliminar, ela ainda é incômoda para muita gente, que, em algum nível intuitivo, sente o dinheiro vivo como uma "bicicleta":

pode não andar tão rápido, mas é ótima para saídas curtas, é mais fácil de cuidar, mais inclusiva e com certeza bem mais prática quando os outros sistemas dão problema. Uma conta bancária digital depende de acesso ao "sistema", e de alguém que cuide desse sistema — mas que tipo de pessoa está disposta a colocar integralmente sua confiança nesses sistemas? Passemos a essa questão.

Informalidade horizontal versus formalidade vertical

Quando eu tinha 18 anos, vagava pelo metrô de Nova York tocando violão com uma gaita a tiracolo. Eu não era exatamente um Bob Dylan, mas alguns passantes me jogavam uma ou outra moedinha sorrindo, o suficiente para eu comprar uma fatia de pizza. Tocar no metrô é presentear pessoas estranhas com música, e elas ocasionalmente retribuem com algum objeto para demonstrar reconhecimento. Historicamente, esse objeto assume a forma de dinheiro físico, que pode ser jogado espontaneamente. A música no metrô é um ótimo exemplo de uma situação de pequena escala em que duas partes, de forma casual, se relacionam sem necessidade ou desejo de um mediador formal. Mas essa cultura informal hoje está sob ameaça. Agora, até *rappers* de rua acabam tendo que andar com uma máquina de pagamentos por aproximação, e a Mastercard cobra uma taxa de seus ganhos.

Esse *ethos* informal sob ameaça não se limita à música de rua. O mesmo pode ser dito de apostas de bar e noitadas caseiras de pôquer, em que geralmente as pessoas dividem o dinheiro apostado em rodadas de chope, ou casamentos poloneses típicos, em que se coloca dinheiro no vestido da noiva em troca de uma dança. Nos espetáculos de *qawwali*, canto devocional sufi, os espectadores se aproximam do palco e, de maneira teatral, jogam dinheiro nos artistas; no interior da Alemanha (e de muitos outros países), pequenos agricultores armam barracas sem gente, com "caixinhas de honestidade" de madeira, na beira da estrada, onde o cliente pega produtos frescos e deixa o dinheiro. Milhões e milhões de pessoas, mundo afora, vivem no mesmo sistema econômico informal, em que o uso de dinheiro vivo — que lhes permite evitar instituições formais — é fundamental.

Tive uma confirmação disso em 2017, quando, numa rua de Nova York, me vi entre dois estabelecimentos. Um deles era um pequeno restaurante asiático. Na mesa, um aviso: "Se você puder, o pagamento em espécie é melhor para lojinhas de família como a nossa. As empresas de cartão de crédito cobram uma taxa a cada transação. No metrô há caixas eletrônicos; mas, se você fizer questão, continuamos aceitando cartões de crédito, com valor mínimo de 10 dólares. Obrigado!". Bem em frente, havia um café e restaurante de franquia, cujo público-alvo eram jovens emergentes preocupados com a saúde e que vendia saladas orgânicas e kombuchá. Na porta, o aviso era diferente: "Nada de dinheiro vivo: este Sweetgreen não aceita mais *cash* — baixe nosso app para iOS para se alimentar. Acesse bit.ly/sgcashless para saber por que viramos *cashless*. *Também aceitamos cartões de crédito/débito, mas o app é bem mais legal". Cliquei no link e fui recebido por um post intitulado "Bem-vindo ao futuro — ele é *cashless*".

Os dois estabelecimentos estavam separados não apenas pelas preferências de pagamento, mas por uma barreira cultural. O primeiro cartaz, de confecção caseira, fazia um pedido direto. O segundo foi projetado por um artista gráfico, apresentava uma tentativa canhestra de um trocadilho bizarro (com *cash* e *cashew*, "caju"), e partia do pressuposto de que não ter um iPhone é anormal. Ele me dirigia para um site criado pelos donos da rede de restaurantes — para os empregados, tanto fazia. O primeiro era um restaurante comum onde qualquer pessoa se sentiria à vontade, enquanto o segundo era feito para aqueles que querem ser descolados — profissionais liberais com notebooks, que se reúnem para discutir estratégias de startups, organização de eventos ou uma nova marca de roupa. Dados de vários estudos mostram que o uso de dinheiro vivo é menor entre aqueles com maior grau de instrução e renda, mas não é preciso ser cientista social para perceber o óbvio abismo de classe na escolha da forma de pagamento. Entre em qualquer café da moda, onde a clientela tenha nome limpo na praça, e verá rapidamente que os pagamentos digitais prosperam entre os alpinistas sociais que se consideram sofisticados.

Nem sempre isso se reflete nos comentários sobre o futuro do dinheiro, porque costumam ser a especialidade de gente nos círculos sociais de status mais elevado. Vejamos, por exemplo, Kenneth Rogoff, o famoso autor do livro *A maldição do dinheiro*, ex-economista-chefe do FMI, e hoje professor de Harvard. Suas opiniões anti*cash* agradam em cheio políticos, acadêmicos mais influentes e a mídia. Outros, como Richard Thaler — ganhador do Prêmio de Ciências Econômicas em Memória de Alfred Nobel por sua obra sobre a "teoria do empurrão" —, elogiaram publicamente o governo de Modi, na Índia, por seu combate ao dinheiro físico. São essas as pessoas que estão moldando nossos pontos de vista sobre o dinheiro, mas não são quem representa a cultura do *cash*.

Um assistente social, certa vez, me disse que é possível adivinhar o status social de uma pessoa pelo nível de confiança que ela deposita em um tratamento apropriado da polícia. Os jovens marginalizados com quem ele trabalhava, muitas vezes considerados automaticamente criminosos pelas autoridades, não tinham motivo para confiar em um tratamento justo por parte dessas autoridades. Essa intuição é generalizada entre os que são das classes socioeconômicas inferiores, que muitas vezes têm relações conturbadas com as instituições oficiais — entre elas os bancos —, enxergando-as como algo feito por e para as elites sociais. Economistas de renome, da mesma forma que o cliente médio da Sweetgreen, raramente sentem essa desconfiança em relação às instituições. São essas pessoas que enxergam o *cashless* — que depende de uma interação constante entre instituições financeiras formais — como um "progresso" desprovido de problemas?

A Better Than Cash Alliance acredita que não. Do alto de seu escritório nova-iorquino, seus diretores caracterizam o dinheiro físico como um peso para a economia, ultrapassado e perigoso. Garantem que quem quer deixá-lo para trás, impulsionando uma melhoria para o estilo de vida do profissional liberal urbano, conectado digitalmente, são as pessoas que vivem em economias informais no mundo inteiro.

As ambiguidades da "bancarização"

Organizações como a Better Than Cash Alliance se posicionam como atores do mundo mais genérico da *inclusão financeira*. Os envolvidos nessa área muitas vezes usam o termo "desbancarizados" (ou "sub-bancarizados") para referir-se àqueles que não utilizam instituições financeiras formais em suas vidas cotidianas. O morador de uma pequena comunidade rural pode achar normal ir de bicicleta à vendinha onde se usa dinheiro vivo. No jargão institucional, porém, esse meio de transporte poderia ser caracterizado como "desuberizado", o estabelecimento comercial como "desamazonizado", e a pessoa como "desbancarizada". É uma descrição que comporta um juízo de valor: dá a entender que é preferível ser absorvido pelo setor bancário.

Historicamente, muitas instituições financeiras sempre evitaram se envolver com os mais pobres, vistos como relativamente não lucrativos. Nem sempre isso é verdade — os bancos podem faturar muito com os mais vulneráveis, como fizeram com a bolha de hipotecas *subprime* nos Estados Unidos no início dos anos 2000 —, mas oferecer contas-correntes a pessoas de baixa renda é relativamente pouco atrativo. Isso ocorre porque as instituições financeiras são atraídas pelo *lucro ajustado ao risco*: a linha de negócio "irracional" por excelência é aquela em que se assume um risco elevado na expectativa de pouco (ou nenhum) retorno monetário, enquanto a "racional" por excelência é aquela que gera retornos elevados com baixo risco. Ao decidir a que clientes oferecer contas, elas fazem cálculos de risco e retorno, levando em conta quanto custa administrar contas, e comparando com a receita esperada que esse cliente pode gerar pagando taxas ou pedindo empréstimos. Por fim, levam em conta o risco ao qual o cliente as expõe.

Os bancos tradicionalmente se curvam para aristocratas e grandes comerciantes, cientes de que eles lhes proporcionam contas suscetíveis de render bons retornos ao longo do tempo, a um risco relativamente baixo. As pessoas de renda mais baixa não costumam se sair tão bem nesse mesmo cálculo, porque o custo fixo do banco para oferecer uma conta não muda, mas as transações menores dos clientes, com quantias pequenas, não rendem tanto em taxas e juros.

Essa equação econômica, porém, fica mais interessante quando taxas e juros podem ser "raspados" a partir de volumes maiores de clientes pobres, sem que seja preciso abrir agências para eles e sem que eles usem muitos serviços. É por isso que o telefone celular é saudado como o Santo Graal dos bancos nos países em desenvolvimento. Os especialistas em inclusão financeira, que tentam incorporar os mais pobres ao setor bancário, reconhecem que o celular reduz o custo fixo da prestação de serviços, o que — quando calculado em um modelo de risco-retorno — tornou mais lucrativo atender os mais pobres (permitindo ao mesmo tempo que os bancos integrem os dados financeiros a outros dados, coletados via celular, para montar um perfil do cliente).

Quase todas as iniciativas de inclusão financeira apresentam a tecnologia digital como um grande salto à frente, que permitirá aos "desbancarizados" bancarizar-se. O que não se menciona, porém, é que essa equação econômica de risco-retorno é só a metade de uma equação maior. Os bancos podem até não gostar dos mais pobres, a menos que possam tornar lucrativas as transações com eles; mas os mais pobres tampouco têm, em geral, uma razão natural para gostar dos bancos, em parte por questões práticas: ao longo da história, o tamanho médio de suas transações é tão diminuto que torna um processo desnecessário, e até constrangedor, preencher um cheque ou solicitar uma transferência bancária (sobretudo em situações como a compra de bens essenciais a curta distância da residência).

Outra parte é política. Fui criado na extremidade privilegiada do regime do apartheid na África do Sul, famigerado por sua política de discriminação racial. Naquela época, meus pais abriram para mim uma conta especial para crianças no Standard Bank, uma das maiores instituições financeiras do país. Lembro-me das agências cheias de gente branca, enquanto os negros ficavam do lado de fora. Aos poucos, a África do Sul caminhou para a fase pós-apartheid e o número de clientes negros foi aumentando aos poucos, mas os analfabetos continuaram sujeitos a serem tratados como inferiores. Para um zulu idoso, que passou a juventude trabalhando em uma mineradora do tempo do apartheid, não há motivo para confiar nas instituições financeiras.

O mesmo padrão pode ser constatado no mundo inteiro: além de serem associados à elite, os bancos são intimidantes e muitas vezes cometeram abusos contra os mais pobres. Quando morei no Reino Unido, entre 2008 e 2021, o país foi sacudido várias vezes por escândalos bancários, em que pessoas de mais baixa renda assinaram contratos redigidos por advogados mal-intencionados, que os levaram a comprar produtos que eles não compreendiam inteiramente. E a história das finanças é salpicada de cenários trágicos, em que produtos financeiros com jeitão de bolha são vendidos aos mais pobres da sociedade bem na hora em que estão prestes a desabar.

O fato de as instituições financeiras não serem unanimemente vistas como amigas dos pobres reflete-se no cenário do setor de pagamentos. Economias de dinheiro físico formam-se de maneira inevitável na periferia da sociedade, como antigas regiões tribais, habitadas por pequenos proprietários rurais ou povos nativos. O dinheiro vivo é usado por peixeiros informais em Maputo, cabeleireiros de calçada em Mumbai e camelôs de artesanato nos Andes. Nas economias mais ricas, existem bolsões da sociedade que sempre recorreram ao dinheiro vivo, associado ao pagamento da mão de obra por hora, diferente das folhas de pagamento das classes assalariadas. O dinheiro em espécie encontra seu lar entre as minorias étnicas marginalizadas, os pequenos proprietários rurais, os desajustados dos subúrbios, os fracassados do sistema escolar, os livres-pensadores, os durões da fronteira e os artistas sem dinheiro. Esse *ethos* se estende a todos os trabalhadores malpagos que fazem as cidades andarem: os varredores de rua, os zeladores e os seguranças que ficam na porta da sede do J. P. Morgan (assim como os trabalhadores do sexo e os traficantes que os profissionais das finanças dentro dessa sede gostam de visitar de vez em quando).

O desejo de incluir versus o desejo de ser incluído

Iniciativas como a Better Than Cash Alliance propagandeiam a ideia de que o dinheiro físico é um sistema de segunda linha para aqueles que não conseguem obter acesso ao de primeira linha — e se apresentam como benfeitores buscando *incluir* os mais pobres nos serviços corporativos *superiores* a que eles deveriam fazer jus. Mas a dinâmica de poder por trás é mais complexa. Permita-me ilustrar com mais um exemplo pessoal.

Fui agraciado com uma bolsa para estudar na renomada Universidade de Cambridge. Ao chegar, porém, um elegante professor veterano me confidenciou que a bolsa era voltada para sul-africanos negros; eu só a recebera porque nenhum sul-africano negro se candidatou. Ele fez várias conjecturas sobre as razões disso, mas, enquanto tomávamos uma taça de vinho do Porto em um salão que parecia saído das páginas de *Harry Potter*, elaborei uma teoria própria: Cambridge é um símbolo do establishment britânico e, por extensão, do colonialismo britânico. O objetivo da bolsa era promover a inclusão nesse clube fechado, mas muitos sul-africanos negros tendem a associar esse clube à exploração. Talvez isso tenha contribuído para a falta de candidatos.

Não disponho de evidência direta que respalde esse meu palpite, mas o que importa no caso é sua veracidade, por se tratar de uma possibilidade raramente levada a sério de maneira mais geral nas iniciativas de inclusão feitas de cima para baixo. Iniciativas assim, do sistema Aadhar da Índia à infinidade de programas de inclusão patrocinados por agências internacionais (e seus parceiros no setor privado), em geral partem da premissa de que aqueles que elas buscam incluir *desejam ser incluídos*. Essa mesma premissa pode ser encontrada no linguajar do desenvolvimento, em que se supõe que pessoas e países "em desenvolvimento" querem entrar para o clube dos "desenvolvidos". Esse "clube" tem sede em grandes metrópoles internacionais, como Nova York e Londres, onde os líderes empresariais mais ricos, os políticos mais poderosos, os influenciadores mais descolados e os "mundinhos" mais restritos e agitados têm acesso às tecnologias mais avançadas, ao mesmo tempo que controlam a narrativa sobre tecnologia e desenvolvimento econômico.

Pode ser que alguns, na periferia, queiram de fato ser incluídos nesse clube fechado, mas haverá muito mais gente indiferente ou rebelde em relação a ele. É aí que voltamos ao *cash*. Há incontáveis exemplos de gente que declara sua preferência pelo dinheiro em espécie, em relação à suposta melhoria representada pelos pagamentos digitais. Colhi histórias de muita gente assim, de tatuadores e peixeiros em Londres a camelôs de El Salvador, jurando que querem ver e sentir fisicamente o dinheiro que ganham. Apesar disso, nas iniciativas de inclusão supõe-se que essas preferências são anomalias temporárias: não uma preferência das pessoas por dinheiro vivo, mas o simples fato de que ainda não tiveram oportunidade de se dar conta de que preferem os pagamentos digitais.

Mas os pagamentos digitais modernos estão sob o controle e a supervisão de empresas financeiras globalizadas, e ficar dependente desse sistema é entrar em sua esfera de influência. O esqueleto à espreita no armário da "inclusão financeira digital" é o seguinte: embora se reconheça a profunda desigualdade da economia mundial, tanto dentro dos países quanto entre eles, as classes profissionais urbanas (de São Francisco, Mumbai, Paris ou qualquer outra grande cidade) raramente questionam se a economia digital que buscam expandir rompe as hierarquias existentes. Na verdade, a meta da "inclusão" talvez seja trazer mais pessoas para a rede financeira digital, porém em posição de subordinação.

Muita gente na periferia da economia global compreende de forma intuitiva que o dinheiro as protege daqueles no centro, e que a moeda estatal impressa permite participar da sociedade capitalista oferecendo ao mesmo tempo certa proteção em relação às elites. Por mais "ineficiente" que seja, o dinheiro vivo não tem agenda oculta, e é inclusivo sem pedir nada em troca. As notas trafegam sem se preocupar com o bairro onde estão. Podem ser enroladas para cheirar cocaína nas baladas da moda, ou servir para comprar fraldas na lojinha da esquina. Uma cédula não faz julgamentos; é como um cidadão comum que presta serviços tanto ao rico quanto ao pobre. Para aqueles que desconfiam das instituições que não os protegem, o dinheiro em espécie é como um espaço para respirar.

Vamos combinar: esse dinheiro dá espaço para um estilo de capitalismo de pequena escala, na porta da calçada, com direção familiar. Por mais que as corporações lutem entre si pela hegemonia, elas estão unidas no desejo de conquistar esse estilo. Querem engolir as lojinhas de família e consolidá-las em uma grande rede de marca ou substituir um mercadinho de rua informal por um supermercado com ações na bolsa. O *cash*, em outras palavras, parece resistir tanto ao *ethos* quanto à evolução futura do capitalismo corporativo.

No Capítulo 1, comentei que o setor privado usa as transferências bancárias digitais entre si para facilitar a produção em grande escala e o comércio no atacado. Historicamente, porém, ele dependeu do dinheiro vivo nas mãos de gente de origem socioeconômica inferior, como a "última instância" do recebimento do pagamento por, digamos, uma barra de sabão da Unilever feito por um operário em uma lojinha de esquina no Bangladesh. Para o establishment corporativo e financeiro, o dinheiro físico é um mal necessário, porque completa o ciclo lucrativo — que eles amam —, mas, ao fazê-lo, bloqueia as tentativas das instituições de automatizar sistemas, vigiar os consumidores e discipliná-los por meio de ameaças de exclusão. O dinheiro vivo também impede que uma enorme quantidade de informações caia nas mãos das empresas, e a informação — como todos nós devemos saber a esta altura — é uma commodity preciosa.

6

Grande Irmão. Grande Segurança. Grande Mordomo

Encontrei Tyler Hansen pela primeira vez no Symbiosis Gathering, um festival hippie em Oakdale, na Califórnia, onde eu era um dos responsáveis por um espaço para *hackers*, artistas e ativistas chamado Hacktivist Village. Tyler era um *burner* clássico — veterano do lendário Burning Man, o famoso festival de contracultura realizado todos os anos no estado de Nevada — e viera a Oakdale para me salvar, quando nosso palco amador erguido a mão estava prestes a desabar sob os vendavais do calor da Califórnia. Achei que nunca mais ia vê-lo, mas, duas semanas depois, passeando pelo Sunset Boulevard, em Los Angeles, dei de cara com ele.

Fomos beber, e ele me contou os problemas enfrentados pelo mercado de venda de maconha. Ao longo das décadas anteriores, os ativistas da legalização da maconha têm progredido nos Estados Unidos, e o uso recreativo já é legal em nove estados, entre eles a Califórnia. No entanto, embora os militantes pela legalização tenham triunfado em estados isolados, a regulamentação dos bancos americanos é federal, o que faz com que, por temerem violar as leis federais, os bancos impeçam revendedores legalizados de maconha de abrir uma conta. Em consequência, o mercado da erva continua a ser basicamente uma economia de dinheiro vivo.

Tyler queria pensar em soluções possíveis para isso e convidou-me a participar de um "Salão da Criptomaconha", organizado por ele em uma tenda de circo nas docas da região da Alameda, em Los Angeles. Era um encontro entre empresários do setor da maconha e pioneiros das criptomoedas, dois grupos que caminhavam no mesmo fio da navalha entre inovação e ilegalidade.

O setor de maconha legalizada está repleto de pessoas antes consideradas criminosas, hoje reconhecidas como empreendedores legítimos. Essa mudança de status exige certos ajustes. Eles ainda portam símbolos de um estilo de vida clandestino — como os coletes com tachas — ao mesmo tempo que tentam adquirir o estilo e os trejeitos dos empresários. Um impecável ex-banqueiro — hoje gerente de um fundo de capital de risco voltado para empreendimentos que trabalham com maconha — foi ao salão fazer uma apresentação de PowerPoint sobre as oportunidades de lucro do setor; o faroeste da maconha tornou-se um alvo novo para Wall Street.

Tyler tinha pedido que na sequência eu desse uma palestra sobre a "guerra ao dinheiro vivo", mas, ao começar a falar, percebi que estava diante de uma plateia hostil. Não ser capaz de ter acesso a serviços bancários não era uma ideia do agrado dos novos empreendedores do setor da maconha. Muitos querem obter acesso aos sistemas de pagamentos bancários que sempre os excluíram — como empresas legalizadas, precisam pagar impostos, mas se veem sem alternativa a não ser pagar com pacotes de dinheiro. Por conta dessa frustração, alguns se tornaram avessos ao dinheiro vivo. Era como tentar dar uma palestra sobre os prazeres de pedalar (e sobre as mutretas da indústria automobilística) para adolescentes cansados de andar de bicicleta e desejosos de um carro.

Aguentei firme, porém, e lembrei uma questão crucial aos participantes: *sem dinheiro em espécie, vocês não teriam sobrevivido tempo suficiente para ver seu setor legalizado*.

Uma mudança social progressiva costuma ser marcada pela legalização de comportamentos antes considerados criminosos. Entre os exemplos estão a homossexualidade, os relacionamentos inter-raciais e — durante a Lei Seca nos Estados Unidos — a comercialização de bebidas alcoólicas.

As autoridades tentaram caracterizar o consumo de álcool como um caso preto no branco de "agir errado", e assim mesmo dezenas de milhões de pessoas continuaram a beber, o que leva a crer que, mesmo reconhecendo ser ilegal, não consideravam algo imoral. Era, em vez disso, uma "zona cinzenta", e tentativas de reprimir zonas cinzentas sempre resultaram em torná-las clandestinas, onde o dinheiro vivo garante a sobrevivência. A maconha também dependeu da economia do *cash* enquanto seus defensores lutavam pela legalização. Agora a recompensa chegou, à medida que é reconhecido o papel positivo que a maconha pode desempenhar em muitos problemas de saúde.

Mas, se o dinheiro vivo fosse inteiramente eliminado, esse tipo de sobrevivência ficaria seriamente comprometido. Tentativas exageradas de reprimir mercados paralelos têm o efeito de reprimir simultaneamente rotas de transformação criativa na sociedade. Em um mundo onde a atividade de todo cidadão pode ser monitorada através dos pagamentos digitais, a capacidade das autoridades policiais de localizar e erradicar zonas cinzentas aumenta muito. Se você acredita que as zonas cinzentas são valiosas áreas intersticiais onde podem florescer mudanças positivas, sua erradicação deve ser considerada uma tentativa de congelar a sociedade em zonas rígidas de preto ou branco. Se, ao contrário, você acredita que as pessoas sempre darão um jeito de criar novas zonas cinzentas, na ausência de dinheiro vivo elas necessariamente terão que ser sustentadas pela proliferação de novos meios de pagamento, subterrâneos e não físicos, como as criptomoedas.

É razoável supor que as autoridades policiais usarão todos os meios tecnológicos a seu alcance para realizar sua missão, mas, à medida que esses meios vão se tornando cada vez mais poderosos, também aumenta o poder de executar sua tarefa mais além da expectativa anterior. Esse desempenho superior pode rapidamente degenerar em abuso. Oitenta anos atrás, governo algum sequer *imaginava* poder monitorar em detalhes todos os pagamentos, e por esse motivo não considerava isso um direito. Cada vez mais, porém, tanto o Estado quanto os lobistas do setor de pagamentos sugerem abertamente que os usuários de dinheiro vivo sejam tratados como suspeitos, pela recusa em converter-se ao digital.

A capacidade técnica de realizar um monitoramento generalizado vem se metamorfoseando rapidamente em uma expectativa de que essa capacidade *deva* ser exercida. Como essas mudanças de expectativa ocorrem de forma gradual, ficamos sujeitos a um processo de "fervura lenta do sapo" — muitas vezes não conseguimos detectar a erosão de nossos direitos até a hora em que é tarde demais. Essa deriva é um processo perigoso, e os defensores da privacidade lutam contra ela, argumentando que essa nova capacidade de vigiar as pessoas não deve ser automaticamente exercida. Vamos examinar mais de perto as consequências dos pagamentos bancários digitais para nossa privacidade.

Observando de longe

Imagine um peixeiro do século XVI. Provavelmente ele seria conhecido pelos amigos e pela família e, devido à sua reputação, por uma rede local de associados. Mas seria praticamente desconhecido de estranhos mais distantes. Olhando de longe, pelo telescópio, um espião num barco que passa por ali poderia observá-lo de pé, nas docas, e fazer um julgamento: *homem. Vende peixe. Parece que vive naquela cabana*. Trata-se de informação muito grosseira e genérica.

Com o passar do tempo, as empresas e os governos foram elaborando telescópios mais sofisticados e plataformas de observação para obter informações sobre as pessoas. Porém, ainda nos anos 1980, só eram capazes de capturar pontos de informação que geravam uma imagem grosseira. De uma série de instituições, podíamos obter algo como: *comprou uma casa no bairro X, foi aluna da universidade Y, trabalhou em Z, solteira, 34 anos, de tal e tal status econômico aproximado*. Dessa maneira pixelada, você se pareceria com um personagem de videogame dos anos 1980 — um personagem bidimensional e simplificado.

Nos últimos anos, porém — e sobretudo à medida que nossas vidas foram se tornando cada vez mais misturadas com a internet —, o nível de detalhamento cresceu, e nossos perfis começaram a se parecer com a renderização de personagens 3D dos games produzidos nos anos 1990.

Porém, se quisermos capturar uma imagem 3D de alguém, realista como uma foto — com um raio X de seus pensamentos e sonhos íntimos —, precisamos mapeá-la mais de perto, de vários ângulos. No enorme jogo em andamento de monopolização de dados, diversos observadores vêm tentando capturar e guardar essas informações. O Google levanta padrões de busca que revelam seus desejos e interesses intelectuais, e o Facebook tem um baú do tesouro de momentos especiais, likes e projeções da vaidade de seus usuários. No entanto, se quisermos ver *como* uma pessoa atua na sociedade — e não seus devaneios ociosos ou aspirações —, precisamos analisar seus dados de pagamento. Como, onde e quando gastamos revela nossa intimidade. Esses dados dão a qualquer observador informações aprofundadas sobre nossas prioridades, crenças e hábitos, mostrando de imediato nossa situação atual. Uma rápida varredura dos pagamentos pode revelar se alguém é um proprietário bem de vida viciado em apostas online ou um locatário em dificuldade que envia suas economias ao Sudão do Sul.

Acumular esses dados pode, por sua vez, contribuir para o maior de todos os prêmios — sistemas *preditivos*, capazes de adivinhar corretamente sua próxima atividade, ou como você reagirá ao próximo produto ou provocação política. Para os que querem montar tais perfis de personalidade, o dinheiro vivo é o grande impedimento ao acesso de informações — não deixa rastro a monitorar e cria buracos negros de dados. Se o setor de pagamentos conseguir levar mais usuários de *cash* para o domínio digital, disporão de uma mina de ouro de dados de proporções mastodônticas.

Um registro precoce de inquietação com o poder que as instituições financeiras ganhariam com esse processo pode ser retraçado a 1968, quando Paul Armer, renomado cientista informático da RAND Corporation, compareceu perante um subcomitê do Senado americano para depor sobre "aspectos de privacidade da sociedade sem dinheiro e sem cheques". Ele expôs detalhadamente seus receios:

> O caso extremo, em que todas as transações passam pelo sistema e todos os detalhes são registrados (quem, o que, onde, quando e como) e então enviados imediatamente a uma central única, obviamente, representa a maior ameaça à privacidade. Um sistema como esse saberia onde estamos e em que atividades financeiras estamos envolvidos a qualquer momento, até mesmo ao comprar uma barra de chocolate ou passar por um pedágio. Ora, é improvável que cheguemos a essa situação extrema no curto prazo ou mesmo em algum momento. Porém, com que rapidez caminhamos em direção a ela, ainda que nunca atinjamos esse limite?
>
> *Trecho do depoimento de Paul Armer*

Armer não foi o único a antever as armadilhas de uma sociedade dominada pelos bancos. O livro de Malcolm Warner, *The Data Bank Society* [Sociedade do banco de dados], de 1970, foi uma das primeiras análises críticas das consequências da tecnologia informatizada sobre a privacidade. Nele, os dados financeiros foram apontados como uma das áreas mais preocupantes. Em 1983, o especialista em criptografia David Chaum levantou objeção semelhante em relação aos sistemas de pagamentos digitais, em um artigo intitulado "Assinaturas às cegas para pagamentos irrastreáveis".

Chaum chegaria a propor um novo sistema de moeda digital, chamado DigiCash, para preservar a privacidade dos usuários. Ele é um dos responsáveis técnicos pela criação do movimento *cypherpunk*, que considerava a tecnologia digital sob ameaça de estados e corporações, suscetíveis de usá-la para conquistar a hegemonia. Os *cypherpunks* se inspiravam na filosofia anarquista do passado, segundo a qual, sempre que possível, as pessoas deveriam governar a si mesmas, em vez de ser governadas.

ASSINATURAS ÀS CEGAS PARA PAGAMENTOS IRRASTREÁVEIS

David Chaun

Departamento de Ciências da Informática
Universidade da Califórnia
Santa Barbara, Califórnia

INTRODUÇÃO

A automação do pagamento por bens e serviços já se encontra em andamento, como pode ser constatado pela variedade e crescimento dos serviços bancários eletrônicos disponíveis ao consumidor. A estrutura final do novo sistema eletrônico de pagamentos pode ter um impacto substancial na privacidade pessoal, assim como na natureza e alcance do uso criminoso dos pagamentos. Idealmente, um novo sistema de pagamentos deve abordar ambos esses conjuntos aparentemente conflitantes de preocupações.

Por um lado, o conhecimento, por terceiros, do beneficiário, da quantia e do momento do pagamento de toda transação feita por um indivíduo pode revelar muita coisa sobre o paradeiro, as associações e o estilo de vida do indivíduo. Considerem-se, por exemplo, pagamentos de coisas como transporte, hotéis, restaurantes, filmes, peças de teatro, palestras, alimentos, remédios, bebidas alcoólicas, livros, jornais, contas, contribuições religiosas e políticas.

Trecho do artigo de David Chaum

Dentro da filosofia política anarquista existe uma fórmula de equilíbrio de poder que diz: *Sempre apoie o lado mais fraco* e, quando ele se tornar o mais forte, apoie o novo lado mais fraco. No campo da informação, esse princípio se converte em "transparência para os poderosos e privacidade para os fracos". Historicamente, nosso mundo funciona do jeito contrário: grandes instituições se encobrem no manto de leis opacas de confidencialidade e atos oficiais sigilosos, mas sentem-se no direito de espiar todos os demais. É como uma janela unidirecional: não temos como enxergar o que há do outro lado, mas quem está dentro pode nos ver. Por exemplo, o banco pode pedir para ver meu histórico de pagamentos na hora de decidir me conceder um empréstimo, mas eu não posso pedir para ver o histórico de empréstimos do banco para decidir se devo aceitá-lo.

Quando fui corretor de derivativos no setor financeiro, minha função era descobrir informações sobre o que cada grande banco estava fazendo, informações que eu obtinha por meio de fofocas e rumores dos participantes do mercado. Posteriormente, depois que saí dessa área, colaborei com grupos da sociedade civil em diversos projetos de transparência, da revelação de empresas offshore usadas por grandes corporações à capacitação de jornalistas do Oriente Médio para compreender a contabilidade das empresas. Todos esses projetos envolviam investigar poderosas organizações que se armam para resistir a olhares intrometidos. Quando você se envolve em um trabalho assim, percebe que, enquanto ditadores, líderes empresariais e entidades corporativas globais podem usar contas privadas em bancos suíços e cadeias de empresas de fachada para escapar da fiscalização, a maioria dos cidadãos comuns não tem como montar essas cortinas de fumaça. Em vez disso, dependemos das leis locais sobre dados financeiros para arrancar um mínimo de privacidade. Se isso funciona ou não, depende da força da cultura de direitos civis de nosso país.

Porém, à medida que as instituições financeiras nos empurram rumo a apps, pagamentos digitais e *internet banking*, vamos ficando cada vez mais expostos à possibilidade de uso dos nossos dados contra nós. Na era do Big Data e dos métodos de IA, os dados têm a curiosa propriedade de, quanto mais disponíveis são, também ser mais úteis. Ter cem pontos de dados pode ser mais de dez vezes mais valioso que ter dez pontos de dados, e, à medida que as informações se acumulam, aumenta a tentação de usá-las.

Que tipos de dados de pagamentos, então, andam boiando por aí, e quem são os observadores que conseguem vê-los?

Os observadores primários: as instituições financeiras

Os dados básicos de pagamentos incluem quem transferiu o que, para quem e por quanto, e quando e onde isso acontece. As instituições que conseguem ver esses dados (e os metadados em torno deles) vão variar conforme o caminho que você adotou para iniciar o pagamento. Seu banco verá toda e qualquer transação sua, enquanto o banco da outra parte terá uma visão parcial de você, do ponto de vista do outro correntista. Redes de cartões como a Visa enxergam bilhões de pedidos de transações de centenas de milhões de pessoas, enquanto a SWIFT enxerga um grande número de ordens internacionais de transferências bancárias. Grupos como o Google e a Apple se esgueiram por meio dos aparelhos que usamos para enviar as mensagens, enquanto grandes plataformas de intermediação como a WeChat, a M-Pesa e o PayPal verão todas as transações iniciadas por meio de seus sistemas.

As instituições financeiras, ao longo da história, foram impedidas de expor a terceiros, de forma escancarada, informações sensíveis a nosso respeito. Elas são autorizadas, porém, a ampliar seus bancos de dados internos formando clubes de informação mútua com outras instituições. É assim que funcionam muitas agências de classificação de crédito e detecção de fraudes. Wolfie Christl, do instituto de pesquisa austríaco Cracked Labs, chama a atenção para como o PayPal é autorizado a compartilhar seus dados com seiscentas organizações, entre elas bancos, redes de cartões, agências de classificação de crédito e antifraude, provedores de produtos financeiros, empresas de marketing e relações públicas, empresas de seu próprio grupo, parceiros comerciais como eBay, agências jurídicas e reguladores financeiros.

Os dados financeiros são usados para classificar, rotular e ranquear indivíduos, e entre os atores mais polêmicos nos círculos de dados estão corretoras de dados como a Acxiom e a Oracle. Por meio de todo tipo de acordos, elas obtêm acesso a dados de aquisições, informações de empréstimos e renda, e informações de usuários de cartões de crédito Visa, Mastercard e similares. O Google, por exemplo, utiliza fontes como essas, afirmando que consegue "medir as vendas nas lojas tirando proveito de parcerias com terceiros, que capturam aproximadamente 70% das transações com cartões de crédito e débito nos Estados Unidos". Isso ocorre depois de a Bloomberg noticiar que o Google fez um acordo sigiloso para comprar dados de cartões de crédito da Mastercard, rastreando as vendas nas lojas. O gigante das buscas quer vender publicidade e, para tanto, deseja provar que o cliente que clicar em um anúncio acabará comprando alguma coisa. Uma forma de estabelecer essa correlação são os dados dos cartões de crédito. E, de um jeito parecido com o Facebook, que cria um perfil interno a seu respeito e depois age como um guardião, vendendo aos anunciantes o acesso a você, bancos como o Wells Fargo e o Citi montam perfis dos hábitos de consumo de seus clientes, a fim de vender acesso de marketing a vendedores externos.

Os observadores secundários: o Estado

A maioria dos Estados não administra diretamente a infraestrutura de pagamentos e, portanto, não realiza a coleta primária dos dados. Há como, porém, requisitar um mergulho nos dados que os bancos e as empresas de pagamentos coletam. Uma das utilidades disso é o monitoramento fiscal. Alguns anos atrás, me vi jantando com uma amiga de um amigo, que descobri ser uma autoridade do fisco britânico, a HMRC. Ela me informou, entusiasmada, que eles vinham trabalhando ativamente em propostas de aceleração dos pagamentos digitais. Dois meses depois o Relatório Taylor, do governo britânico, defendeu uma operação contra o uso de dinheiro vivo no pagamento de comerciantes, citando como desejável um registro digital das transações, para monitorar irregularidades fiscais.

Um elemento-chave da arte de governar é a mensuração, em que as agências nacionais de estatísticas e instituições como os bancos centrais reúnem dados para avaliar políticas e fazer projeções macroeconômicas. A ideia de poder reunir microdados de transações de toda a economia é, sem sombra de dúvida, tentadora — ainda que um tanto assustadora — para os macroeconomistas governamentais. No nível internacional, o FMI usa abertamente o termo "vigilância" sem conotação negativa: "Uma responsabilidade central do FMI é supervisionar o sistema monetário internacional e monitorar as políticas financeiras e econômicas de seus 189 países-membros, atividade conhecida como vigilância".

As palavras do FMI não causam alarme aqui, porque no passado essas atividades não acarretavam analisar os pagamentos individuais de bilhões de pessoas. Estamos caminhando, porém, para um mundo em que a capacidade técnica de fazer esse monitoramento econômico em grande escala é um pressuposto.

De forma talvez mais óbvia, no entanto, autoridades policiais gostam de vigiar os pagamentos. Tive uma visão privilegiada disso em 2007, quando fui convidado a participar do Simpósio de Cambridge sobre Crimes Econômicos, ao qual operadores da comunidade mundial de inteligência compareceram em massa, desde a Interpol e agentes do FBI ao esquadrão de crimes financeiros das Ilhas Cayman. O assunto principal, naquela ocasião, era o Patriot Act americano, a lei aprovada depois dos atentados terroristas de 11 de Setembro, ampliando o escopo da espionagem financeira do governo americano. A seção 314(a) da lei permitia monitorar as contas dos indivíduos investigados, enquanto diversos esforços conjuntos viabilizaram o rastreamento transfronteiriço de indivíduos. Os bancos também foram autorizados a compartilhar dados entre si para rastrear pessoas que dividem o próprio dinheiro entre várias contas.

Quando autoridades de segurança governamentais investigam uma pessoa específica, podem recorrer a todo tipo de meio de acessar seus dados financeiros. Em 2010, vazou um documento do FBI que descrevia seu sistema chamado de *hotwatch*, criado para "rastrear data, hora e localização de transações em contas, no momento que ocorrem". O método preferencial de criação de um *hotwatch* é intimar uma empresa de cartões, como a Visa e a Mastercard — solicitando dados em tempo real sobre o alvo —, e ao mesmo tempo obter uma ordem judicial impondo sigilo sobre essa intimação.

Tudo fica mais estranho, porém, quando as autoridades não sabem *quem* estão procurando, mas sabem *que comportamento* procurar. Há muito tempo elas incentivam os cidadãos a "denunciar atitudes suspeitas", enquanto regimes autoritários levam isso à forma mais extrema, montando redes de informantes acovardados, que deduram uns aos outros. Mas, ao contrário do informante patriota que marcha até a delegacia para apresentar evidências contra um possível herege, os bancos consideram esse monitoramento e essa denúncia uma atividade dispendiosa, para não dizer passível de perda de clientela. São, por isso, forçados a informar comportamentos considerados suspeitos. Nos Estados Unidos, por exemplo, exige-se que os bancos entreguem SARs (Relatórios de Atividade Suspeita) à FinCEN, a Rede de Investigação de Crimes Financeiros. Em muitos países, as financeiras são obrigadas a fazer uma varredura de todas as transações e emitir alertas às autoridades, caso apresentem determinados padrões. Isso quer dizer que o histórico de transações do cliente fica sujeito a análise, sem um mandado de busca que o identifique como alvo específico.

Apesar da narrativa oficial, que apresenta o dinheiro vivo como um canal para pagamentos do crime, quase todas as autoridades policiais dispõem de equipes inteiras dedicadas ao rastreamento de transferências bancárias digitais para transações criminosas e terroristas. Em 2017, compareci a um encontro de segurança em que um diretor do FBI contou como sua equipe baixa diariamente a base de dados da FinCEN, na qual todos os relatórios de atividade suspeita são registrados, e faz buscas por palavras-chave, peneirando-as antes de redigir relatórios sobre os casos merecedores de investigação, enviados a 56 agentes de campo. No entanto, apenas cerca de 10% dos SARs acabam sendo investigados, e um número ainda menor gera ações na Justiça. Na verdade, um dos maiores defeitos dos sistemas de alerta em massa é a incapacidade dos oficiais humanos de investigar os casos levantados. É por isso que sistemas de espionagem automática — que encontraremos de novo em um capítulo posterior — estão se tornando a próxima fronteira a ser conquistada.

Os sistemas descritos até aqui são, todos, sujeitos ao devido processo legal, mas as redes de pagamentos também estão sujeitas à infiltração não autorizada de espiões. A Visa garante que apenas entrega dados quando há uma ordem judicial, e que não dá livre acesso às agências de inteligência, mas mesmo assim é possível obter tal acesso. Na esteira dos vazamentos de Edward Snowden, a revista alemã *Der Spiegel* publicou uma reportagem exclusiva sobre o programa "Follow the Money" [Siga o dinheiro] da National Security Agency, a Agência de Segurança Nacional. A revista mostrou como operadores da NSA visavam regiões inteiras, coletando cerca de 180 milhões de registros de transações — 84% delas de cartões de créditos — e subindo-os para uma base de dados privada chamada Tracfin, na qual eles podiam ser analisados. A rede SWIFT também está sujeita a esse tipo de espionagem. Embora algumas agências de inteligência, como a GCHQ britânica, tenham supostamente expressado dúvidas em relação à coleta de dados em massa, essa e outras operações são, muito provavelmente, a ponta do iceberg da espionagem.

As muitas faces do Grande Irmão

O termo "vigilância" traz à mente, de forma inevitável, imagens de espionagem em massa, mas existem variantes muito mais sutis dessa prática. A mais destacada é a vigilância de pessoas de uma *categoria* específica. Ela pode ser, por exemplo, uma minoria étnica ou um grupo religioso, político ou socioeconômico. A acadêmica Nathalie Maréchal faz esse relato no artigo "Primeiro buscaram os pobres: a vigilância dos beneficiários de auxílios sociais como prática incontestada". Como sugere o título, o artigo retraça a história da espionagem dos recebedores de benefícios, ou seja, as pessoas de baixa renda. Caso você seja um banqueiro de investimentos que salvou seu enorme salário graças ao socorro do governo, suas despesas não são monitoradas, mas, se você for um ex-trabalhador das minas que adoeceu devido às más condições de trabalho e agora recebe um benefício, pode estar sujeito a verificações daquilo que gasta.

O potencial paternalista da espionagem dos pagamentos vem sendo vendido aos pais. Antigamente, os adolescentes conseguiam fugir do olhar de seus responsáveis para alguns momentos de exploração sem monitoramento. Hoje, porém, os pais têm como monitorar não apenas sua localização, através de um smartphone, mas também suas despesas, via apps de mesada. Todo mundo pode ganhar uma fatiazinha do bolo da espionagem, até você: apps de orçamento e bancos digitais, como o Monzo, automaticamente classificam suas despesas em históricos rastreáveis. Às vezes, essas tecnologias são chamadas de "autorrastreamento", mas na verdade quem está rastreando são as empresas — que lhe concedem um acesso limitado aos resultados.

Todos esses exemplos recaem até certo ponto na categoria do Grande Irmão. Implicam uma figura autoritária — seja uma empresa, um governo ou um parente — usando dados de pagamentos para monitorar alguém (ou, então, para você monitorar a si mesmo). O simples monitoramento, porém, não gera necessariamente informações utilizáveis. Por exemplo, caso eu seja visto comprando uma pasta para documentos e um cavalo de porcelana no eBay, ao mesmo tempo enviando três pequenos pagamentos da Bulgária para a Espanha, o que isso revela a meu respeito? Um detetive humano pode tratar algo assim como pistas intrigantes de um mistério de Sherlock Holmes, mas o desafio para as grandes empresas de tecnologia e finanças é encontrar sentido nisso sem recorrer a um detetive humano. É por isso que sistemas de IA estão sendo desenvolvidos: em vez de tentar costurar à mão essas pistas em uma narrativa, um sistema automatizado pode comparar esse padrão com enormes conjuntos de dados coletivos, casando-o com padrões similares registrados, de modo a classificá-lo e a produzir previsões automáticas.

Isso quer dizer que os dados reunidos através de processos típicos do Grande Irmão podem ser usados para produzir dois novos arquétipos. O primeiro é o da Grande Segurança, representado pelas empresas que usam os dados para decidir o *acesso*. Por exemplo, os sistemas de detecção automática de pontuação de crédito e de detecção de fraudes analisam os dados para decidir se as pessoas que desejam um serviço serão autorizadas a entrar. O segundo é o Grande Mordomo, representado pelas empresas que usam os dados para perfilar os consumidores que desejam abordar. Apresentando-se como serviçais prestativos, usam o conhecimento íntimo que têm do seu comportamento passado para sugerir coisas que você pode fazer ou peneirar informações "irrelevantes". Os Grandes Mordomos são especialistas em *direcionar* ou incentivar comportamentos.

Vamos reencontrar Grandes Seguranças e Grandes Mordomos mais adiante, mas eles já estão se proliferando pelo mundo, muitas vezes em conjunto com os sistemas estatais do tipo Grande Irmão. Por mais que teçam loas à tradição liberal clássica — que valoriza a privacidade —, os investidores de *venture capital* americanos despejaram recursos no financiamento de gigantes da tecnologia invasores de privacidade, para que dominem o mundo em nome do lucro. Ao mesmo tempo, o Estado chinês despejou recursos no apoio a seus próprios gigantes campeões do setor de tecnologia, focando a expansão externa. Duas dessas empresas são a Alibaba e a Tencent, e ambas têm colossais departamentos de pagamentos — AliPay (Ant Financial) e WeChat Pay. Esses sistemas de pagamentos por celular deram enormes passos dentro da China, onde hoje são onipresentes. O app da WeChat é como um Facebook multiúso com pagamentos embutidos. A mídia ocidental ficou obcecada com o fato de que até os mendigos em Xangai andam com QR codes, para receber pagamentos do WeChat, demonstrando até que ponto isso chega aos confins mais marginalizados da sociedade.

Porém, o que acontece quando apenas duas empresas se apoderam do setor de pagamentos por celular na China? Elas se tornam imensos potes de mel de dados pessoais cruciais? A resposta é... sim. O banco central chinês — o Banco Popular da China — consegue acessar os dados de pagamentos online dos usuários de ambas as plataformas, e criou a Nets Union Clearing Corp para obter maior supervisão dos pagamentos por celular: em geral, as empresas de pagamentos se conectam ao sistema bancário em segundo plano, mas nesse sistema elas se plugam diretamente no banco central.

O aumento da dependência dos pagamentos digitais móveis coincide com os estágios iniciais do Sistema de Créditos Sociais chinês, uma tentativa de unificar uma constelação de sistemas hoje fragmentados de monitoramento dos cidadãos (de pontuações de crédito a registros de infrações de trânsito), em um conjunto totalizante. Existem muitos relatos de chineses sendo impedidos de viajar e de receber outros "privilégios" quando suas notas caem.

Sistemas ostensivos de "controle de acesso" como esse costumam ser encontrados apenas em organizações formais e empresas, que concedem privilégios àqueles de maior nível (o presidente da empresa anda de jatinho, enquanto o empregado inferior tem que andar de ônibus). A ideia de sistemas de ranqueamento, promoção e rebaixamento sendo formalmente aplicados a pessoas em escala nacional, porém, vem se tornando tecnicamente viável. Embora o Sistema de Créditos Sociais paire como um exemplo em destaque, muitas das tecnologias que o tornam viável surgem das atividades de empresas do setor privado, atuando dentro de um ambiente capitalista corporativo padrão. Não apenas a virada global rumo ao pagamento digital contribui para a criação desse sistema, ao fornecer dados altamente sensíveis, mas também propicia a estados e empresas um vetor pelo qual podem impor restrições. Banir pessoas de um sistema de pagamentos se torna uma maneira de enquadrar ou constranger.

Censura de pagamentos e "panópticos"

Banir pessoas de sistemas digitais de pagamentos — ou limitar-lhes o acesso — não é um fenômeno novo, mas tem tudo para se tornar muito mais poderoso à medida que o dinheiro vivo é cada vez mais marginalizado. Uma das versões atuais mais conhecidas desse fenômeno ocorre no setor de pagamentos internacionais, quando os bancos tomam a decisão comercial de bloquear transações de regiões específicas. Com a ascensão de regulamentos contra a lavagem de dinheiro, alguns bancos optaram por impor uma exclusão geral sobre transações para e de algumas regiões mais pobres. Por exemplo, os bancos britânicos pararam de processar pagamentos da Somália, o que criou graves restrições ao envio de dinheiro a suas famílias pela comunidade somali em Londres. A Dahabshiil, importante empresa somali de envio de dinheiro, processou o banco Barclays em 2013, protestando contra o que considerou um bloqueio arbitrário de sua conta, necessária para facilitar transferências internacionais. Ela conseguiu uma liminar contra o Barclays, mas a ameaça de exclusão do sistema global de pagamentos continua a assombrar muitos países pobres.

Enquanto o Barclays e outros bancos caracterizam esse tipo de bloqueio como "comercial", o uso dos bancos para bloqueios políticos sempre foi implementado por meio de sanções. Estados-nações podem exercer seu poder impedindo seus bancos de processar transações de empresas ou indivíduos-chave de outros países, ou obrigando-os a congelar suas contas (como as de ex-líderes, a exemplo de Hosni Mubarak, no Egito). Em países como a Índia, as contas bancárias do Greenpeace foram submetidas a congelamento, para impedi-las de continuar seu ativismo político, enquanto o Wikileaks, em um caso famoso, foi submetido a um "bloqueio bancário". Neste último caso, a Visa, o PayPal e a Mastercard passaram a se recusar a processar doações para o site, sem que ninguém lhes tenha pedido isso.

Embora as técnicas descritas acima sejam eficazes no âmbito dos pagamentos internacionais, e eficazes contra indivíduos e instituições abastadas, não é tão fácil utilizá-las contra pessoas mais pobres, que operam com dinheiro vivo em ambientes mais locais. Essa é uma razão pela qual o *cash* pode servir como escudo para aqueles na base da pirâmide, dando-lhes espaço para respirar. Em um mundo em que o dinheiro em espécie não existir mais, isso muda. Dois anos depois da publicação do artigo de David Chaum, foi publicada a obra-prima de ficção distópica de Margaret Atwood, *O conto da aia*, situada em um mundo onde as mulheres são submetidas a um jugo brutal. Um dos principais meios de subjugá-las é a abolição do dinheiro vivo e sua substituição por um sistema chamado Compubanco, que permite às autoridades monitorar e controlar remotamente as vidas das mulheres:

> Todas aquelas mulheres empregadas: difícil imaginar, hoje, mas milhares tinham empregos, milhões. Era considerado normal. Agora, é como relembrar o dinheiro em papel-moeda, quando ainda existia. Minha mãe guardou algumas notas, coladas em seu livro de lembranças, junto com as fotos antigas. Naquele tempo já era obsoleto, não dava para comprar nada com ele. Pedaços de papel, grosseiros, sebosos de tocar, de cor verde, com uma foto de cada lado, um velho qualquer de peruca e do outro lado uma pirâmide com um olho acima dela. Dizia *Em Deus confiamos*. Minha mãe dizia que as pessoas colocavam cartazes ao lado das caixas registradoras, para uma piada: *Em Deus confiamos, todos os outros pagam em espécie*. Isso seria uma blasfêmia agora.
>
> Era preciso levar consigo aqueles pedaços de papel quando ia fazer compras, embora, na época em que completei 9 anos, a maioria das pessoas usassem cartões de plástico. Não para compras de mercearia, contudo, isso só veio depois. Parece tão primitivo, totêmico até, como usar búzios. Devo ter usado aquele tipo de dinheiro eu mesma, um pouco antes de passarem tudo para o Compubanco.
>
> Imagino que tenha sido assim que puderam fazê-lo, da maneira como fizeram, tudo ao mesmo tempo de uma só tacada, sem que ninguém soubesse com antecedência. Se ainda existisse dinheiro vivo, que se pudesse ter em mãos, teria sido mais difícil.
>
> *Trecho de* O conto da aia

Imagine um Estado teocrático que bloqueia a possibilidade de comprar bebidas alcoólicas, ou um Estado autoritário que pune adversários políticos impondo limites a suas despesas. Se você acha que isso parece improvável, já existem pilotos de sistemas assim — por exemplo, o "cartão de benefício social *cashless*" da Austrália impede recebedores de auxílio social de gastar em lojas não autorizadas com bens não autorizados. É um exemplo perfeito do tipo de controle social que pode ser exercido por meio dos pagamentos digitais. Segundo o Índice de Democracia da Unidade de Inteligência da revista *The Economist*, mais da metade dos países do mundo tem governos que exibem tendências autoritárias e desrespeito ao império da lei. Na Austrália, os ativistas de direitos civis têm como protestar contra o cartão de benefício social *cashless*, mas tamanha indignação pode não ser possível em muitos outros países.

Quando a questão é a espionagem dos pagamentos, as pessoas podem se sentir divididas entre a perspectiva de uma segurança um pouquinho melhor contra terroristas imaginários e a ansiedade do que poderia acontecer se estivessem do lado errado da censura distópica de pagamentos. A essência do debate sobre privacidade, porém, reside em uma questão mais sutil: imagine uma situação em que dois agentes do governo batem à sua porta, acompanhados de dois vendedores de uma empresa que oferece tecnologia de monitoramento remoto por vídeo. Os agentes dizem:

— Trouxemos esses homens para instalar câmeras na sua sala de visitas, no quarto e na cozinha.

Você questiona:

— Por quê?

Eles sorriem e dizem:

— É para sua própria segurança. Se você não tem nada a esconder, não tem nada a temer.

É um exemplo tosco, mas que vai ao âmago da questão. Para uma cabeça patriota, o argumento exposto na porta de casa pode fazer sentido, superficialmente, mas mesmo assim a situação nos desperta um incômodo intuitivo. E não porque temos "algo a esconder", mas porque isso representa uma invasão maciça da nossa vida privada, tratando adultos como se fossem criancinhas. É ao mesmo tempo infantilizante e desrespeitoso.

Quando esse roteiro imaginário se desenrola na vida real, no entanto, quem costuma dar as cartas são os *players* comerciais, e não as autoridades governamentais. Os sistemas privados de pagamentos digitais expõem seus usuários a diversas formas de vigilância, porém — quando cobrados a respeito — já vi os promotores do setor de pagamentos usarem o mesmo argumento enganoso acima: afirmam que são cidadãos de bem, sem nada a esconder das autoridades, e que você também deve ser. Implícita está a afirmação de que o desejo de privacidade é o mesmo que um desejo de ocultar algo, e não um desejo de ser tratado como adulto. Eu posso respeitar um Estado que tenha legitimidade para me investigar, mas esse Estado tem que mandar seus agentes para cumprir essa tarefa. Não cabe a mim fazer o serviço por eles, sendo voluntário para um monitoramento constante.

Infelizmente, as tecnologias de microvigilância vêm se proliferando por toda parte. Deparei-me com um exemplo disso quando estava cuidando do pequenino estúdio de uma amiga, em São Francisco. Depois de um dia no apartamento, descobri que a proprietária tinha uma pequena câmera *smart-home* escondida numa cornija para monitorar remotamente o gato em sua ausência. Fiquei branco. Estava andando pelado pelo apartamento, ouvindo música em alto volume. Ao me dar conta subitamente de que tudo que estava fazendo no estúdio dela podia ser observado, imediatamente mudei de comportamento, andando em silêncio pela casa, totalmente vestido, e chegando a me abaixar, quando passava pela câmera, para ter momentos de privacidade.

Isso recebeu o nome de *efeito panóptico*. Assim que você se dá conta de que seus atos privados *podem* estar sujeitos a um monitoramento oculto, sua atitude se inibe. A capacidade técnica de monitorar os pagamentos — aconteça ou não o monitoramento — tem o mesmo potencial. Se as coisas que você compra podem afetar tudo, de sua nota de crédito à franquia do seu seguro, passando pelo seu ranking de bom cidadão, isso afeta a psicologia dos seus gastos, deixando-o atento a si mesmo. Hoje em dia não vivenciamos esse tipo de autocensura com muita força, porque nossos sistemas de pagamentos continuam fragmentados e divididos entre os métodos físicos e digitais, mas isso vem mudando. Uma consolidação está a caminho.

7

O progresso artificial de um "mundo em rápida transformação"

O termo "Síndrome de Estocolmo" designa um transtorno em que reféns criam um apego a seus captores, passando a defendê-los. Foi cunhado em 1973, depois que reféns trancados no cofre de um banco por seis dias durante um assalto na Suécia se recusaram, posteriormente, a testemunhar contra seus sequestradores.

Quase cinquenta anos depois, porém, as coisas mudaram na Suécia. Muitas agências bancárias não têm mais cofre, porque mais da metade não trabalha com dinheiro vivo. Hoje, em vez disso, a população sueca está presa em um novo tipo de cofre, de pagamentos digitais, e ficando cada vez mais apegada ao setor financeiro que zela por ele.

Mas os suecos não são os únicos sendo aliciados para sistemas corporativos que oferecem serviços atraentes na aparência. Todos nós somos. É ilusão acreditar que essa mudança ocorre antes de tudo em nosso benefício, e não em benefício dos acionistas. Em particular, os *insiders* do mercado financeiro tendem a simpatizar com minha opinião, e de vez em quando até me mandam e-mails reconhecendo isso, mas essa é uma questão que agora vai muito além das fronteiras deste ou daquele país e de seu setor bancário. O cofre dos pagamentos digitais está crescendo internacionalmente, sem respeitar fronteiras.

Nos capítulos anteriores, lancei dúvida sobre a veracidade da narrativa do *cashless*, analisei a dinâmica de classes em jogo e chamei a atenção para os perigos da espionagem e da censura que a acompanham. Por si só, já seria motivo suficiente para fazer as pessoas refletirem se isso é realmente desejável. Mas, quando eu vou a programas de TV e apresento esses argumentos, os apresentadores muitas vezes me olham como se eu fosse um louco tentando impedir um rio de fluir montanha abaixo. "Não é simplesmente inevitável a passagem à sociedade sem dinheiro?", perguntam.

Mas deixemos essa pergunta de lado por enquanto. Mais reveladora é a premissa por trás dela. É inegável que temos a *sensação* de que o fim do dinheiro físico é inevitável. Mas de onde vem essa sensação?

Futurologia fake news

Imagine o apresentador de TV supracitado redirecionando a pergunta a um futurólogo, em vez de a mim, indagando: "Não é inevitável que todos passemos ao *cashless*? E, caso seja, por quê?". Nove em cada dez vezes, a resposta será algo mais ou menos assim: "É, sim, os consumidores estão adotando o pagamento digital porque todos queremos praticidade".

Dois elementos figuram constantemente nesse tipo de resposta. Primeiro, atribui-se a nós o estímulo para a mudança. Segundo, a inevitabilidade é descrita como originada por nosso desejo de conveniência. A premissa é que não estamos satisfeitos com a situação atual, e que buscamos um futuro em que essa conveniência seja cada vez maior. Até aqui, parece bem lógico.

Para tirar do prumo essa premissa, vamos supor o oposto. Imagine um mundo onde tenhamos a opção de fazer uma pausa, observar o entorno e nos contentarmos com aquilo que já existe. É possível promover um mundo assim? Bem, com certeza alguém pode tentar, mas vai se chocar com uma realidade formidável: isso é a antítese da estrutura da economia capitalista, que depende da expansão constante para não ruir. O crescimento econômico tem que ser incentivado em toda e qualquer oportunidade, mesmo para aqueles que já têm mais do que o necessário. Em nosso mundo, é praticamente impossível propor algum tipo de economia "em estado de repouso".

Essa exigência de expansão constante do nosso sistema econômico raramente é verbalizada, talvez por ser dada como um pressuposto. Mas ela se revela em clichês, como a eterna frase de que vivemos em "um mundo em rápida transformação". Uma das frases favoritas dos políticos e CEOs ("Neste mundo em rápida transformação, precisamos...") é usada para incentivar as pessoas a "tomar a dianteira", "persistir" ou "adaptar-se". É a imagem de uma esteira que vai nos derrubar se ousarmos desacelerar.

Perguntar, portanto, se as pessoas *desejam* novos sistemas de pagamentos digitais passa longe da verdadeira questão. Talvez você goste de correr em alta velocidade na esteira da economia, mas aqueles que não gostam vão ter que correr também. Cada indivíduo é um pequeno elo em um poderoso sistema que o transcende, e, gostando ou não do passeio, a trajetória do capitalismo corporativo não vai mudar tão cedo só porque um ou outro não quer acompanhá-la. Estamos presos a uma estrutura que precisa se expandir, o que, por sua vez, exige que as pessoas produzam e consumam mais. Isso significa que tudo que é mais lento, mais simples, não automatizado ou não conectado precisa ser deixado de lado, como uma pele apertada que tem que ser trocada. O dinheiro físico, nesse contexto, é uma barreira à expansão e aceleração ainda maiores de nossos sistemas, impedindo a esteira de atingir velocidades cada vez mais rápidas. Aquilo que os futurólogos do setor descrevem como "o consumidor optando pelo pagamento digital" são na verdade pessoas sendo *sugadas* em uma direção específica pelas forças do capitalismo global.

A glorificação da inércia

Ao dizer isso, vou no sentido oposto da narrativa tradicional da economia de mercado, que tende a afirmar que o mundo é impulsionado pelos processos decisórios ativos e informados de indivíduos livres. Lembro-me de um debate em que me contrapus a um economista alemão, que desdenhou de minha afirmação de que as pessoas são sugadas para o pagamento digital por forças acima do controle delas. "Quem é você para dizer o que determina a decisão das pessoas?", bradou, irritado. "Deixe o mercado decidir!"

Minha resposta foi perguntar por que ele tinha *decidido* usar um paletó. Ele ficou espantado, porque só um diminuto percentual de pessoas que coloca paletós toma a decisão consciente de utilizá-los. A maioria dos usuários de paletós se adequa à convenção cultural, por força do hábito e por medo da condenação de seus pares. Implicitamente, é *dito a eles o que querem* pelo grupo a que pertencem. Eles vão à loja e compram. A única decisão pessoal envolve personalizações superficiais, como a cor do paletó ou o padrão. É assim que os escritórios acabam cheios de gente que decidiu comprar paletós. Mas descrever essa inércia como "escolha" pouco nos informa, para não dizer que é totalmente enganoso.

A antropologia é uma disciplina dedicada ao estudo desses campos de força culturais coletivos dentro dos quais as pessoas vão parar. A ciência econômica *mainstream*, em compensação, tem o mau hábito de supor que somos indivíduos autônomos que tomam decisões em um ambiente de liberdade. No entanto, não apenas somos presos a culturas, mas essas mesmas culturas também se formam dentro de redes econômicas muito mais amplas, que nos puxam da mesma forma que uma malha puxa cada um dos nós que a constituem. Os maiores nós dessa malha unem-se em poderosos oligopólios — pequenos grupos com *players* importantes — com poder muito maior que o nosso para estabelecer precedentes e colocar em movimento transformações.

Quando o mercado é dominado por esses oligopólios, deixar "o mercado decidir" não é muito diferente de deixar o oligopólio decidir. Os oligopólios são como designers de cardápios que apresentam alguns pratos com uma luz melhor e uma letra maior. Reflita sobre este fato: a Apple é, supostamente, uma empresa privada; seus atos, porém, são noticiados na primeira página dos jornais (como se fossem acontecimentos políticos fundamentais), o que lhe proporciona publicidade gratuita e hegemonia automática no mercado. Não há nada no uso do app Apple Pay que dê a entender que o pequeno consumidor está moldando o futuro. É exatamente o contrário, e mesmo assim a notícia dirá que "os consumidores optam pelos pagamentos com celular", sem menção a quem criou o cardápio.

Reportagens sobre "o consumidor", portanto, precisam ser lidas com um pé atrás. Assim como uma pessoa arrastada pela correnteza pode ter cinco caminhos possíveis a escolher entre as pedras, nós podemos ter opções dentro de uma viagem cujo rumo geral não tenhamos como controlar. Por exemplo, você escolheria o Apple Pay, o Google Pay, o cartão por aproximação do banco, um app de pagamento via celular ou outro tipo de *cloudmoney*? O dinheiro vivo não faz parte desse cardápio, mesmo sendo usado por muita gente, porque não estimula a aceleração econômica e não viaja na direção que é estimulada. Essa direção é posta em movimento pelos grandes *players* que mais tendem a lucrar com ela dentro dessa rede econômica.

Assim, enquanto muitos comentaristas econômicos focam o aspecto de *escolha ativa* dos mercados, é mais revelador analisar o elemento *passivo*, em que as pessoas são apenas arrastadas. Uma metáfora útil para dar conta dessas ambiguidades é a da *corcunda*. Manter uma boa postura física exige uma atitude ativa, enquanto ficar curvado é um processo passivo, em que, sem raciocinar, eu deixo a gravidade tomar conta do meu corpo. O sentimento de um usuário de pagamentos digitais em Estocolmo é bem mais parecido com este último caso do que com o primeiro. A "atração gravitacional" do pagamento digital vai aumentando rapidamente, à medida que um número cada vez maior de pessoas perde a força de vontade para evitar ceder às instituições financeiras. Todas as cadeias invisíveis de dependência que existem no interior da malha de interdependência econômica puxam as pessoas e distorcem a estrutura da economia. Como essa nova situação vai ficando arraigada como o padrão de todos os sistemas — por exemplo, os parquímetros de estacionamento repentinamente "viram *cashless*" —, tentar usar dinheiro vivo nessa situação passa a parecer uma atitude *ativa*, como tentar manter uma boa postura: o usuário de *cash* se sente cada vez mais fora de sintonia, como se resistisse a uma maré. Isso é desgastante, então fica muito mais fácil se deixar levar e aderir. Este último é um processo *passivo*, mas que vai ser apresentado como uma escolha ativa do consumidor.

Catalisando uma baixa

Essa dança entre ativo e passivo é um ciclo que se repete no capitalismo, e nem todos acham bem-vinda essa exigência constante de se adequar. Os avós, por exemplo, não ficam muito empolgados com os mesmos produtos que deixam seus netos adolescentes obcecados, porque também já se sujeitaram a onda após onda de setores econômicos dizendo a eles quais coisas novas deveriam desejar. Quando eram adolescentes, provavelmente também sentiram a ansiedade de ter que se adequar, e, nos anos 1970, estar por dentro da economia de ponta significava ser o obediente consumidor de TVs e micro-ondas. Depois de décadas assim, a infindável mensagem dos novos produtos começa a soar oca. Uma vez instalado esse sentimento, é dito a eles que devem "abrir caminho para o futuro". Para os gigantes atuais do digital, o velhinho comerciante de uma cidadezinha da Inglaterra ou o vendedor de tecidos tradicional de Mumbai não passam de ruído em forma de gente atrapalhando o caminho dos lucros de grande escala que só farão crescer com a automação de grande escala.

Muitas dessas pessoas ainda representam uma parte importante da economia, porém, e sua resistência se torna um obstáculo à tendência expansionista do sistema. A elas, é dito que devem aspirar a mais velocidade e digitalização. Mas o ser humano é um ser lento, tátil, e uma das principais razões da preferência das pessoas pelo dinheiro vivo é sua fisicalidade tangível, as peças visíveis e com textura que ajudam a fazer contas intuitivamente. Vários estudos mostraram que o pagamento digital estimula gastos descuidados e impulsivos, o que leva mais facilmente ao endividamento, mas essa é apenas parte da questão: em seu site sobre os "benefícios de virar *cashless*", a Visa informa que "o consumidor típico americano gasta 25% a mais com o cartão na pizzaria, 31% a mais na lanchonete e 40% a mais em um restaurante familiar". Os termos associados aos pagamentos digitais ("sem contato", "por aproximação") apregoam uma situação em que você caminha pelo mundo consumindo coisas, exigência de um sistema em expansão que não tem tempo para seus momentos de pausa.

Compreensivelmente, muita gente resiste com teimosia a aceitar essa situação, mas — como indicado na seção anterior — aqueles que não concordam também acabam sendo forçados, desde que o entorno seja alterado a tal ponto que não resta opção. Isso pode ser acelerado por intervenções cuidadosamente planejadas. Em 2019, conheci Badal Malick, do movimento Cashless Catalyst, um programa financiado pela Usaid para converter pessoas na Índia ao pagamento digital. Badal explicou o "problema de coordenação" que ele enfrenta: fazer os indianos aderirem ao pagamento digital exige conseguir um número suficiente de comerciantes que o aceitem e um número suficiente de consumidores que o utilizem. O Catalyst faz, então, experiências com mecanismos *catalisadores*, como fazer grandes empresas remunerarem seu pessoal com moeda digital, ou oferecer crédito a pequenos comerciantes para "prendê-los" em pagamentos digitais. São ações originadas em pesquisas do Laboratório de Desenvolvimento Global da Usaid, que tem quatro objetivos oficiais: promover a segurança nacional dos Estados Unidos, atacar as causas fundamentais da imigração e do terrorismo, criar oportunidades econômicas para americanos e, por fim, "dar apoio aos interesses das empresas americanas". Para este último fim, fecha parcerias com — entre outros — a Visa e o Google. Ela criou um manual sobre como digitalizar o sistema monetário americano, e agora financia o Catalyst.

Badal me contou isso tudo em Londres em 2019, ano em que os resultados buscados por ele na Índia estavam se tornando cada vez mais comuns na classe média de Londres, que se curvava aos pagamentos digitais em um ciclo retroalimentado, em que lojas *cashless* descoladas floresciam. Quando uma parte de uma rede interdependente começa a se curvar, pode ser usada para arrastar o restante. Os descolados, hoje em dia, são usados para dar a impressão de que as comunidades onde o dinheiro vivo predomina parecem em descompasso. As cafeterias *cashless* que pipocam no meu antigo bairro, Camberwell, no sul de Londres, destacam-se em forte oposição ao salão de barbeiro ganês, que só aceita espécie, ou às lojinhas mantidas por imigrantes da Eritreia, na mesma rua. A ascensão dos pagamentos digitais anda em paralelo com o processo de gentrificação, em que as lojas "simples", de jeitão informal, estão sendo substituídas por butiques, que abrem caminho para as redes padronizadas.

A gentrificação dos pagamentos

Depois que você passa a enxergar a economia como uma rede transnacional, torna-se possível ver como as tendências estabelecidas nas metrópoles globais dos países mais poderosos podem induzir mudanças na forma de pagamentos em pequenas comunidades rurais de países mais pobres. Para quem foi criado em um país periférico, como a África do Sul, Londres e Nova York se parecem reinos mágicos da sofisticação. Quase todo sul-africano de classe média sente vontade, em algum momento, de fazer a peregrinação para conhecer essas cidades de patamar mais alto. Os aeroportos do mundo inteiro estão apinhados de gente assim, de todos os lugares do planeta. O sul-africano que os outros aspiram a ser está na sala de embarque do aeroporto *cashless* de LaGuardia, em Nova York, à espera do voo *cashless* da British Airways para Londres, onde os ônibus não aceitam dinheiro vivo, e depois completam o tour em Amsterdã, onde os bondes não aceitam dinheiro vivo. A mensagem que eles absorvem é clara: *o fim do dinheiro vivo é apoiado por países muito mais importantes, internacionalmente, que o meu.*

Em qualquer país, muitos empreendedores locais surgirão a partir dos quadros dessa classe média internacionalizada. Eles captam as tendências que encontram em suas viagens, e isso cria pontes culturais entre cidades como Nova York e, por exemplo, Joanesburgo ou Nairóbi. Essas cidades, por sua vez, influenciam cidades menores dentro de seus países, e os pagamentos digitais vão se disseminando por essas pontes e se infiltrando nas economias de dinheiro físico. Por exemplo, a minúscula cidade andina de

Pisac, no Peru, é lar de mulheres indígenas quéchua que ficam sentadas na praça vendendo verduras para a população local usando dinheiro em espécie; mesmo assim, quando entrei na cidade, em 2018, fui saudado por um outdoor gigante da Visa, visto que Pisac também é uma meca de viajantes estrangeiros boêmios, que gostam de se debruçar nos balcões dos cafés turísticos montados por ricos do local, usando Wi-Fi e cartões enquanto contemplam o velho mercadinho informal.

Cada um desses novos negócios representa mais um círculo na teia de pagamentos digitais que está sendo tecida. Isso tem um efeito-dominó para comerciantes bem mais humildes, cujo alvo é outro grupo demográfico. Pucallpa, por exemplo, é um vilarejo empoeirado na Amazônia peruana, uma região que costumava ser de floresta tropical nativa até as madeireiras, as mineradoras e as fazendas de óleo de palma se espalharem. Os trabalhadores malpagos dali usam dinheiro vivo, mas a cidadezinha também se tornou um centro de pequeno porte do crescente turismo da ayahuasca, em que estrangeiros chegam para tomar o chá psicodélico. Para algumas pessoas da comunidade indígena Shipibo-Conibo, essa evolução das coisas é curiosa, e também cria novas oportunidades comerciais. Porém, com o entusiasmo xamânico, esses estrangeiros trazem cartões (ou Apple Pay). Quando estive lá, entrei em uma loja caindo aos pedaços na hora que um atendente suava para entender uma série de instruções enviadas por fax explicando-lhe como instalar um novo terminal de PDV para cartões. A maquininha ficava ao lado dos pratinhos de plástico do balcão, usados para guardar as moedas que ele dava como troco aos clientes locais. Ele estava se conectando ao sistema global de *cloudmoney*.

Esse homem será louvado pelas instituições oficiais — está se adaptando a um mundo em rápida transformação. Se você olhar para todos os terminais PDV e apps de fintech no contexto da economia global, eles são como agentes da linha de frente em um processo de gentrificação global, preparando o terreno para as empresas de cartões, a Big Finance e a Big Tech suplantarem as economias informais. A gentrificação é apenas a ponta de lança da *infiltração corporativa*, o processo pelo qual relações econômicas antes informais e diretas entre as pessoas são substituídas por outras, mediadas institucionalmente.

É nesse contexto que a "inclusão financeira" precisa ser analisada. Já afirmei que a inclusão se parece mais com uma *absorção*, pelo menos nos círculos predominantes. O grupo de poupança "Chama", pequeno e informal, gerido por idosas quenianas, é visto como pitoresco, porém inferior a um app de grande escala apresentado no TechCrunch Disrupt por empreendedores chamativos. A prosperidade de milhares de cooperativas de mulheres quenianas não é vista como inclusão financeira. Em vez disso, a ideia é dissolver esses sistemas informais e fazer essas mulheres aderirem a sistemas corporativos de grande escala que substituam suas cooperativas. Dar uma busca por imagens de "África inclusão financeira" é um jeito tosco mas rápido de confirmar isso: gera imagens do site da Mastercard, todas com moradoras de zonas rurais sorrindo para as telas de seus celulares, supostamente consultando um aplicativo conectado a um *data center* distante (administrado por pessoas que não se parecem nem um pouco com elas).

Nem todo profissional da área de inclusão financeira concorda com essa infiltração corporativa, mas muitos estão cientes de que — em um mundo cada vez mais dominado por esses poderes — quem não for absorvido por ela pode acabar sofrendo discriminação. Voltamos à Síndrome de Estocolmo. Quando o predomínio dos seus captores é evidente demais, você passa a querer ver o lado bom deles, em vez do ruim. É mais fácil refugiar-se na ideia de que eles são benevolentes provedores de benefícios ao consumidor. Com essa mentalidade instalada, tanto os liberais centristas quanto os conservadores tradicionais podem concordar que, quando as empresas de cartões chegam ao interior da Zâmbia, o "progresso está chegando" a essas pessoas.

É uma ideologia onipresente. É por isso que tantos grandes grupos ocidentais, como Gap, Unilever e Coca-Cola, aderiram à Better Than Cash Alliance, comprometendo-se a remunerar seus trabalhadores terceirizados em países pobres com pagamentos digitais. É por isso que grandes ONGs humanitárias como CARE, Mercy Corps e Save the Children também aderiram. Em frente a um hotel de Atenas, filei um cigarro de um membro da Charitas, uma instituição de caridade católica. Ele estava em um encontro para discutir como digitalizar ajuda econômica antes enviada em dinheiro vivo a pessoas necessitadas (em zonas de guerra ou de desastres). Em frente ao mesmo hotel, um membro da comunidade caritativa veio falar comigo, com ares conspiratórios, e me mostrou um cartão com a marca da Mastercard, emitido pelo Halkbank, da Turquia, em nome do Crescente Vermelho turco, que entregava esses cartões a refugiados. Segundo ele, esse acordo tríplice ajudou o banco a aumentar a clientela. Sugeriu que eu fizesse uma investigação jornalística do acordo. Mas parcerias como essa — em que a Mastercard se alia à Mercycorp, ao Programa Mundial de Alimentação e a vários governos e bancos — são tão onipresentes hoje em dia que mal são consideradas dignas de atenção.

Na verdade, a "crítica" mais comum que se vê a esse movimento em direção a um redemoinho de pagamentos digitalizados é *ainda não ter sugado todo mundo*. Em um debate na mídia, fiquei frente a frente com um executivo do Citigroup. Quando lhe perguntaram que problemas poderiam ocorrer com uma sociedade sem dinheiro, ele respondeu: "Assegurar uma inclusão total". Na cabeça dele, o problema principal é que nem todo mundo embarcou ainda nos sistemas do seu setor. Ele concluiu: "Garantir que isso aconteça será uma responsabilidade em comum do setor bancário e dos governos". Traduzindo: o Estado precisa nos ajudar a atrair novos clientes.

Essa mensagem corporativa é, muitas vezes, reforçada sem querer por assistentes sociais bem-intencionados, mas equivocados, que explicam como temos que ser sensíveis ao fato de que algumas pessoas não estão preparadas para a transição para a economia digital. Alegam que as pessoas mais lentas para se *adaptar* precisam ser salvas, devido ao risco de serem *deixadas para trás*. São apresentadas como se estivessem perdendo o bonde, e não como se não estivessem de acordo com a direção da viagem.

Assim, em 2019 apareceu no Reino Unido uma série de reportagens sobre pessoas sem teto, pessoas sem conta bancária e idosos (que podem até ter conta bancária, mas preferem o dinheiro físico) ameaçados pela falta de dinheiro físico e pelo fechamento de caixas eletrônicos e agências. Essas reportagens são acompanhadas de histórias otimistas de "salvamento", em que governos, instituições de caridade e startups de tecnologia "do bem" tomam atitudes como distribuir leitores de cartões a sem-tetos. Interesses do setor corporativo são apresentados como caridade.

É mais fácil aderir à infiltração corporativa do que resistir a ela, mas alguns governos locais estão tentando, mesmo assim. Em 2019, por exemplo, as prefeituras da Filadélfia e de São Francisco aprovaram leis exigindo que o comércio aceite dinheiro vivo. Esse tipo de atitude costuma ser apresentado pelos ideólogos do crescimento incessante como um desses atos "luditas" e inúteis. De forma significativa, porém, surgiram histórias de lobby da Amazon nos bastidores contra essas leis. A empresa queixou-se de que a lei atrapalharia suas lojas 100% automatizadas Go Cashierless, sem caixa. O *Wall Street Journal* questionou se a lei impunha "limites à inovação", mas seria bem mais preciso traduzir isso como "limites à automação".

Até aqui, apresentei o movimento anti*cash* como benéfico às instituições financeiras, mas estas têm uma relação simbiótica com grandes grupos privados digitais: para a Amazon, o tempo que eu passo procurando uma peça de dinheiro em minha carteira é uma eternidade de incerteza e inadequação, que atrapalha o sistema. Um pagamento em *cash* não pode ser iniciado, monitorado, coordenado ou interrompido remotamente, enquanto a infraestrutura de dinheiro digital existe em total harmonia com seu *ethos*. O dinheiro físico é um *bug* que trava a fusão emergente entre as finanças e a tecnologia. Considerando que ambas são os principais atores da nossa rede econômica, tentam se afastar conjuntamente dele, arrastando muita gente consigo. É por isso que o *cash* está sendo esmagado, ou, colocando em termos mais tradicionais, é por isso que *os consumidores estão se convertendo aos pagamentos digitais neste mundo em rápida transformação*. Vamos olhar mais de perto essa fusão emergente.

8

Como trocar de pele

Ao longo dos séculos, os banqueiros acumularam dinheiro redigindo e negociando contratos que tratavam de dinheiro — e ao longo dos séculos isso escandalizou a sociedade. Um banqueiro dos Médici na Florença de 1416 só precisava de capital para lastrear contratos e absorver prejuízos, e de uma pena e nanquim para escrever os contratos. Não era necessária muita energia física, e sim energia mental para pensar nos detalhes, além de energia emocional para aguentar o risco de prejuízo. Para uma pessoa acostumada ao trabalho físico daqueles tempos, uma atividade assim poderia parecer misteriosa — até mesmo demoníaca.

Porém, por mais demoníacos que parecessem, os primeiros banqueiros eram integrantes visíveis de uma comunidade. Os agiotas japoneses da Quioto medieval montavam banca em destilarias de saquê, enquanto os financistas da Square Mile londrina do século XVII se refestelavam em cafeterias. Com o passar do tempo, à medida que esses investidores esparsos foram juntando forças e formando associações maiores, estabeleceram uma série de entrepostos em diferentes locais — uma *rede de agências*.

O Barclays PLC, gigante do setor bancário, por exemplo, originou-se de uma parceria de *quakers* do século XVII, e cresceu no século

XIX a partir do amálgama de uma série de pequenos bancos Quaker regionais. À medida que o banco se centralizou, a caminho de sua atual configuração corporativa, suas agências continuaram a manter certos aspectos de descentralização: uma cidade agrícola da década de 1880 podia ter uma agência administrada por um gerente local, com seus próprios poderes, prestando contas à sede, em Londres (que, por sua vez, supervisionava a rede de agências como um todo, atuando como um ponto central de consolidação de risco e levantamento de capital). Embora a sede estivesse longe de seus olhos, ainda era possível apertar a mão de um homem do local, que avaliava seu crédito e lhe entregava o contrato para assinar. Cada vez mais, porém, não dá para ver os financistas nem apertar suas mãos. Em vez disso, a única coisa que podemos tocar é a interface de um app de finanças digitais. Neste capítulo, vou mostrar-lhe essa trajetória, e como ela se mistura com a trajetória paralela da Big Tech.

A linha de frente federada

Muitas grandes organizações, ao longo da história, funcionaram em um modelo centralizado-descentralizado, em que a sede enviava representantes à linha de frente: nomeava-se um xerife para uma cidade de fronteira, um embaixador para uma embaixada, um missionário para uma distante aldeia rural. Esses representantes estendiam o poder da organização central, ao mesmo tempo que realizavam suas próprias modificações na missão principal. Alguns se corrompiam, violavam a lei ou se tornavam santos. Da mesma forma, o gerente da agência bancária local pode ser um racista incompetente e mesquinho; um capitão frio, porém justo; ou um membro amado e sensível de uma comunidade local. Dessa forma, a mesma entidade central se transformava, nas pontas, em uma "linha de frente federada" com nuances.

Porém, à medida que os paletós do século XX substituíram os fraques do século XIX, as tecnologias burocráticas — como sistemas postais e de telecomunicações mais velozes — foram juntando cada vez mais às sedes centrais essas agências que lidavam com os clientes. Em vez de confiar no conhecimento local dos gerentes de agências, as corporações bancárias puderam contratar estrategistas em suas sedes para estudar os dados da linha de frente e elaborar instruções formais para a tomada de decisões. A linha de frente federada começou a ficar com uma cara mais uniformizada, enquanto seu pessoal foi perdendo pouco a pouco a autonomia, sujeitando-se a níveis cada vez maiores de padronização. Se no começo as agências eram como chefs de cozinha recorrendo a uma grande despensa central, foram se tornando mais como garçons fazendo a intermediação entre nós e um chef central.

À medida que se padronizam, essas instituições de grande escala perdem o desejo ou a capacidade de se adaptar à situação específica de cada pessoa que as procura. Em vez disso, é o consumidor que precisa se adaptar diante de uma série de menus e regras padronizados: *para falar sobre W, preencha o formulário X e apresente-o ao balcão Y, que vai enviá-lo ao departamento Z da sede.* A única coisa que impede o cliente de sentir-se alienado é o atendente da agência, que pode orientá-lo a fazer a aplicação com um sorriso e uma palavra amigável.

Sob a imperiosa necessidade de corte de custos e expansão do capitalismo, as empresas precisam não apenas padronizar seus processos, mas também automatizá-los. Fomos nos resignando cada vez mais a essa ideia, mas já nos anos 1950 essa sensação insidiosa de burocratização tecnológica inquietava muita gente. Na edição de julho de 1958 da revista *New Scientist*, o Barclays Bank sentiu a necessidade de pagar um anúncio que dizia: "Nada de robôs no balcão":

NADA DE ROBÔS NO BALCÃO

No Barclays, nos orgulhamos de uma compreensão humana das necessidades e dos problemas financeiros dos nossos clientes. A ciência proporcionou a nosso pessoal uma ampla variedade de auxílios mecânicos, abrangendo desde simples máquinas de franqueamento postal até a última palavra em calculadoras e computadores eletrônicos.

Porém, elas não atrapalham. São simplesmente uma garantia da precisão e rapidez que residem por trás de um serviço amigável e gentil.

BARCLAYS BANK

Dinheiro é o nosso negócio

Sessenta anos depois, porém, os bancos entraram com tudo na montagem de "balcões" não humanos para acabar com as agências e conectar-nos diretamente com seus sistemas centrais. Se fosse preciso reescrever esse anúncio hoje, o texto seria algo assim:

NADA DE SERES HUMANOS NO BALCÃO

No Barclays, nos orgulhamos de uma compreensão tecnológica das necessidades e dos problemas financeiros dos nossos clientes. A ciência proporcionou à nossa empresa uma ampla variedade de auxílios mecânicos, abrangendo desde o aprendizado de máquina até a tecnologia de reconhecimento facial. Nosso pessoal não atrapalha. Está lá apenas para cuidar das máquinas que estão por trás de seus aplicativos self-service.

A mudança de pele da Big Finance

O balcão da agência era a "interface do usuário" original dos bancos, um ponto de ligação entre o usuário e o sistema utilizado. Neste mundo burocrático atual, estamos cercados por interfaces de usuário que nos conectam em distantes sistemas técnicos, confusos demais para lidarmos diretamente com eles. Assim como uma tomada elétrica esconde um gigantesco sistema de energia baseado em energia fóssil, as interfaces ocultam o que está acontecendo nos bastidores, a tal ponto que jamais precisamos compreender, ou sequer saber que existe.

Por exemplo, nos bastidores do setor bancário existe um mercado interbancário que permite aos bancos realizar negócios privados entre si. Isso fica invisível ao público em geral, que se "conecta" ao entrar em uma agência, onde um atendente lhe apresenta um prospecto vistoso propondo uma hipoteca a juros fixos. Essa equipe de atendimento presencial representa um filtro, protegendo a equipe técnica e a gerência no coração do banco, ao mesmo tempo que lhes canaliza as informações, processo que, por sua vez, desembocará em acordos privados no mercado interbancário.

Esses atendentes, porém, geram imprevisibilidade. Podem passar tempo demais batendo papo com o cliente, podem se indispor com as pessoas, rebelar-se contra os chefes, cometer erros, passar horas almoçando ou desacelerar os negócios ao tentar ser humanos e sensíveis. Também precisam ser pagos. É inevitável que os bancos queiram se livrar dessa interface nas agências, substituindo-a por uma linha mais direta. Entre as tentativas iniciais de fazer isso estavam o *phone banking* — fazer as pessoas telefonarem, em vez de irem às agências — e os cartões de crédito e débito, formas de pedir transferências bancárias sem ter que visitar diretamente o banco. O que tinha verdadeiramente que ser feito, porém, era uma forma de materializar uma agência bancária na casa das pessoas.

Essa revolução foi possibilitada pelo Vale do Silício. A Big Tech tem um exército de engenheiros nos bastidores, elaborando seus sistemas centrais, mas essas empresas se notabilizaram por levar esses sistemas diretamente para o *espaço privado* das pessoas, por meio de aplicativos abrigados em seus equipamentos — inicialmente nos PCs domésticos. Enquanto a rede de telecomunicações estiver funcionando, é possível montar em seu computador caseiro a ilusão de uma "porta de agência".

No começo, os bancos cooptaram lentamente essa tecnologia para seu próprio interesse. Na década de 1980 começaram a fazer experiências com o que chamavam de *home banking*, que, no final dos anos 1990, ficou conhecido como *online banking* ou *internet banking*. Na década de 2000, o Vale do Silício começou a converter sua tecnologia de conexão para os smartphones, aparelhos que moram no seu bolso. Na era dos smartphones, a "porta de agência" fantasma anda com você aonde você for.

Os gigantes do setor bancário global, porém, têm várias prioridades simultâneas, e só conseguem dedicar uma atenção limitada à questão de como eliminar sua rede de agências. Nas reuniões de direção, há várias questões a debater, como a melhor forma de gerir portfólios multibilionários de hipotecas em um ambiente de incerteza, ou como lidar com os riscos geopolíticos do financiamento da exploração de gás na Rússia. Falando de forma eufemística, é preciso fazer malabarismo com muita coisa de uma só vez e cuidar de milhões de clientes à moda antiga. Isso exige avançar de forma relativamente lenta.

Essa lentidão deu oportunidade a uma nova classe de empreendedores como responsáveis pelos bancos. Embora os bancos já usassem novas tecnologias havia décadas, uma nova palavrinha da moda — fintech — começou a se destacar nos anos 2000. Fazia referência a toda empresa que tentasse importar interfaces do tipo do Vale do Silício para o setor financeiro, desde que não fosse atrapalhada pelos negócios à moda antiga. As equipes de fintech eram pequenas e especializadas, e em suas reuniões não tinham que cuidar de questões como o financiamento da exploração de gás na Rússia. Isso ocorria porque eles não eram financistas. Eram os construtores das "portas de agência" digitais.

Por exemplo, o acelerador fintech do Level 39 (por onde começamos o Capítulo 1) sediava a Revolut, uma startup que brincava com a palavra "revolução". Na verdade, porém, o aplicativo Revolut original não passava de uma fantasia colada a outras firmas financeiras — uma "frente de loja" de terceiros que pegava o seu negócio e o encaminhava a instituições financeiras em segundo plano.

Na esteira da crise financeira de 2008, porém, esses sistemas comandados por aplicativos passaram a ser cada vez mais caracterizados como um "ataque" aos velhos bancos, à medida que as empresas fintech buscavam associar a imponente fisicalidade das grandiosas agências bancárias a uma lentidão ultrapassada e a um inchaço corrompido. As startups fintech podiam — pelo menos no começo — assumir o papel heroico de "disruptores". Apresentavam-se como os paladinos da juventude, clamando pelo "novo". Assim como ocorreu com os pagamentos digitais, assentou-se uma narrativa de que a digitalização é impulsionada pelas "expectativas em transformação do consumidor", citando-se constantemente os *millenials* e a Geração Z como quem "exigia" essas novas portas de agência das finanças digitais.

A mídia engoliu a maior parte dessa narrativa, e — assim como ocorreu com os pagamentos digitais — houve pouca reflexão crítica sobre a construção dessas expectativas. A Geração Z cresceu como adolescentes desajeitados em um mundo já dominado pelas empresas de tecnologia, e não teve voz no estabelecimento desses gigantes onipresentes. Considerando que os sistemas do Vale do Silício estavam em pleno processo de distorção da estrutura da economia — e acelerando esse processo —, as fintechs podiam afirmar que a falta de aplicativos que oferecessem acesso instantâneo ao sistema financeiro era uma injustiça. A "revolução" deles era levar o evangelho da "aplicativação" para qualquer elemento do mundo financeiro ainda não plenamente "aplicativado", fossem os pagamentos, os empréstimos, a compra e venda de ações, os investimentos ou a gestão de patrimônio.

Esse chamado às armas, inicialmente, funcionou, fazendo os bancos sentirem a necessidade — real ou imaginária — de se atualizarem vestindo essa estética do Vale do Silício. Os comentaristas se aproveitaram desse breve momento de insegurança do setor para prever o fim dos bancos. Quase toda conferência de tecnologia, na década passada, incluía um painel sobre "A tecnologia vai tomar conta das finanças?" ou "Ainda precisamos de bancos?". Não apenas se supunha que as fintechs iam revolucionar as finanças, mas que também iam *democratizá-las*: levariam o acesso ao mundo financeiro a uma base de usuários mais ampla, e ao mesmo tempo romperiam o domínio da antiga classe dominante.

A pseudorrevolução

No entanto, essa história sempre foi ambígua. Pense em um app qualquer de um iPhone — por exemplo, um aplicativo de treino em academia — e pergunte a si próprio: "Isso ajuda ou atrapalha a Apple?". Evidentemente, uma infinidade de pequenos apps independentes, instalados no sistema operacional iOS ajudam a Apple, porque, quando estamos usando esse app, acabamos usando o sistema operacional da Apple.

De forma semelhante, ao usar pequenas empresas fintech, muitas vezes acabamos usando o mesmo "sistema operacional" financeiro subjacente, controlado pelos poderosos do momento. Isso ocorre porque, na média, as fintechs não *substituem* o sistema financeiro atual, e sim conectam-se a ele. Usam o ecossistema controlado coletivamente pelos grandes bancos e empresas de pagamentos, como a Visa, como uma base sobre a qual constroem suas ferramentas de finanças pessoais, plataformas de poupança e assim por diante. A PayPal foi um dos primeiros exemplos disso — começou falando grosso sobre revolucionar as finanças, mas no fim das contas mostrou-se um simples "transmissor" de dinheiro conectado a contas bancárias.

Assim como a Apple não vai destacar seus engenheiros para criar apps de treino em academia, mas se contenta servindo de ambiente para hospedá-los, os oligopólios bancários ficam bem contentes abrigando contas para as fintechs em seus nichos. O banco, em vez de tentar lidar com o gerenciamento de dezenas de milhares de micropoupadores, pode dar uma conta a uma fintech que agregue esse público, automatizando as interações através de um app que o torna mais lucrativo, para então conectar-se ao "sistema operacional" central subjacente.

Esse "sistema operacional" é sustentado — em última análise — pelos estados. Se a fintech se baseia no acesso automatizado ao mundo financeiro; se esse mundo trata de contratos de dinheiro; e se o sistema monetário é sustentado por oligopólios bancários nacionais, isso quer dizer que as empresas fintech muitas vezes precisam *aliar-se* aos bancos, simplesmente para poder operar. É por isso que muitos "neobancos" digitais, entre os quais, na Europa, estão o Monzo, o N26, o Revolut e o Fidor, eram originalmente apenas interfaces coladas por cima dos antigos bancos, o que se refletia no fato de que no começo não tinham licença para operar como bancos. Os bancos tradicionais começam como bancos de verdade para só então criar interfaces que atraiam o público; os neobancos *nascem* como interfaces.

Muitas dessas fintechs têm uma probabilidade tão grande de revolucionar o mundo financeiro quanto um desenvolvedor do iOS tem a probabilidade de revolucionar a Apple, e elas não têm como tirar o sistema monetário das mãos dos bancos, tanto quanto uma empresa de aplicativos pode tirar da Apple o controle do iPhone. A única ambiguidade surge quando as fintechs tentam fazer diretamente algo que os bancos normalmente fazem. Porém, depois de anos e anos de falatório das fintechs, no geral vimos pouca revolução no sistema bancário. O suposto combate mortal entre bancos e fintechs se parece mais com uma parceria simbiótica, que só reforça o poder total da Big Finance, estendendo seu alcance por meio de novos participantes.

A ilusão de uma insurreição revolucionária, porém, pode perdurar muito tempo, porque é uma narrativa que serve ao mesmo tempo como um slogan de marketing atraente para as fintechs e um disfarce para os bancos, que podem justificar o próprio desejo de automação como uma "luta pela sobrevivência contra as fintechs". De qualquer forma, os bancos sempre buscaram a automatização, mas tiveram uma "lista de tarefas" maior, e por isso foram mais lentos. Ainda estão por aí, maiores do que nunca, absorvendo o tempo todo novas tecnologias das fintechs para seus próprios sistemas, comprando essas empresas. Deixam o setor das fintechs cuidar das experiências arriscadas — financiadas pelos fundadores e pelo capital de risco — e, quando elas são bem-sucedidas, compram-nas, copiam-nas ou oferecem-se para cuidar da estrutura básica exigida por essas plataformas. A dez minutos de caminhada de sua colossal torre em Frankfurt, o Commerzbank alemão montou sua própria incubadora fintech — batizada Incubadora Principal — para ser o "laboratório do banco de amanhã".

O setor fintech opera em um estado quase permanente de dissonância cognitiva, e é por isso que uma atmosfera peculiar paira no ar na Level 39. A *estética* dos aceleradores fintech é diferente da dos bancos tradicionais — realizando *hackathons* sobre o futuro do dinheiro e eventos promocionais repletos do jargão disruptivo —, e mesmo assim há uma sensação insidiosa de que as pessoas estão representando papéis. Afinal de contas, os capitalistas de risco querem ter certeza de que as startups que estão bancando vão trabalhar em conjunto com os grandes bancos — ou ser compradas por eles — se isso lhes garantir retorno.

Ao longo dos anos, tanto os bancos quanto o setor fintech vêm, de forma lenta e silenciosa, reconhecendo sua simbiose. Depois de milhares de reportagens setoriais e previsões de comentaristas sobre o iminente desaparecimento dos bancos, vêm surgindo artigos mais moderados, sobre como bancos e fintechs podem "trabalhar juntos". Esses artigos sempre são apresentados como uma espécie de momento "eureca", em que um líder intelectual do setor ou um analista percebe que vinha apresentando como uma batalha aquilo que na verdade era uma série de complicados encontros entre futuros cônjuges.

Linha direta

Em 1987, quando eu era menino, minha mãe, artista, levou-me a uma exposição de William Kentridge, um ilustrador em ascensão. Seus comoventes esboços estão entre as primeiras obras de arte que eu me lembro de ter visto. Estavam expostos no Festival Nacional de Arte da África do Sul. O festival era patrocinado pelo Standard Bank sul-africano, e Kentridge tinha acabado de ganhar o Prêmio de Jovem Artista do Standard Bank. Esse fenômeno, o patrocínio impessoal das artes por empresas comerciais, foi batizado de *artwash* por Mel Evans, artista e militante político. Mas os bancos não estão mais simplesmente se associando a artistas. Estão *contratando-os* para tornar mais atraentes suas novas interfaces digitais.

Em 2019 pude ver outra apresentação da obra de Kentridge, mas desta vez ela estava projetada na tela de uma conferência no 17° andar da sede do Lloyds, o segundo maior banco do Reino Unido. Um responsável da equipe de design do banco estava fazendo um streaming de uma animação de Kentridge em vídeo, intitulada "Second Hand Reading" ("leitura de segunda mão"), em que silhuetas contemplativas caminhavam, tendo ao fundo uma edição do *Dicionário Oxford de inglês* e uma trilha sonora de jazz africano. Ele deu uma palestra emocionante sobre como aquela obra exemplificava a relação entre texto e imagem, fusão que era importante para o banco, que precisa criar textos e imagens elegantes para seus aplicativos de fintech.

Os integrantes da equipe à qual o responsável dirigia a palavra eram jovens e com formação em arte e design. A função deles era ajudar na "transformação digital" do banco, que consistia no processo de fechamento de agências e de transição da clientela para os aplicativos. No passado, os bancos contratavam arquitetos para criar as agências, mas a tarefa de direcionar as pessoas para os apps exige *design de experiência de usuário* (o equivalente digital dos projetistas de corredores de supermercados). O chefão dessa equipe é o *chief design officer*, um ex-diretor do Google recrutado exatamente em função de sua expertise em sistemas digitais self-service. A missão dele é simples: afastar os clientes dos serviços mais dispendiosos e forçá-los a optar pelo self-service barato.

Mais acima, comentei que as agências bancárias viraram garçons que fazem a intermediação entre nós e um chef de cozinha central. Um garçom bom de verdade faz de seu serviço uma obra de arte, o que exige combinar ou adaptar as competências do chef de cozinha às demandas ou aos desejos dos fregueses, por exemplo, permitindo que se tomem certas liberdades com o cardápio, ou fazendo suas próprias sugestões. O "self-service", por outro lado, é o *touch screen* do McDonald's que substitui o atendente por opções fixas, comunicadas diretamente à cozinha. Ser insensível ao freguês não é apenas um subproduto desse sistema — é o objetivo dele.

As empresas justificam o self-service alegando que é mais rápido, mas, no longo prazo, substituir pessoal por máquinas permite à direção não apenas cortar custos, mas também padronizar e obter controle direto sobre as opções e a experiência do consumidor. Os apps de self-service também permitem arrancar uma quantidade bem maior de dados a respeito dos usuários. Dessa forma, por mais que algumas pessoas gostem de apps e outras não, os bancos vão empurrá-los para você do mesmo jeito, porque fazer isso tornou-se uma obrigação comercial para eles. E, assim como eles mudaram de atitude em relação ao dinheiro vivo, precisam achar formas de dissuadir os desobedientes de recorrer ao atendimento físico. Trabalhei com equipes de design de experiência de usuário em Londres que receberam dos bancos ordens explícitas para ajudar a resolver o "problema" dos clientes idosos que ainda têm a expectativa de ser atendidos assim.

Os *insiders* do setor financeiro usam todo tipo de eufemismo para se referir a esses recalcitrantes: uma frase como "existem obstáculos à transformação digital" pode ser traduzida como "estamos sofrendo para forçar as pessoas a usar nosso app". A decisão, porém, já foi tomada, e vimos no capítulo anterior como essa fórmula se dá na prática: são os grandes *players* que decidem a direção da viagem. Em 2019, por exemplo, o banco Nationwide lançou no Reino Unido a campanha de outdoors "Aqui hoje. Aqui amanhã". Ela surgiu em resposta a reportagens de jornais alertando sobre cidades pequenas sofrendo com a falta de agências bancárias à medida que os bancos as fechavam. "Prometemos", diziam os outdoors, "que toda cidade e distrito que tiver uma agência Nationwide hoje continuará a tê-la por pelo menos dois anos". Traduzindo: *Você tem dois anos para aderir ao nosso* app.

Depois de pastoreadas para os apps, porém, as pessoas podem se sentir confusas e excluídas. O Lloyds tem mais de 20 milhões de clientes; por isso, qualquer pequeno equívoco ou layout confuso em suas interfaces de self-service tem o condão de colocar milhões de pessoas no caminho errado. Uma interface básica precisa apenas de uma lista de opções e uma forma de escolher entre elas, junto, talvez com um FAQ para responder as perguntas mais frequentes, mas pode ser uma experiência solitária. Hoje em dia nos deparamos com máquinas de autosserviço que tentam falar conosco — como os caixas self-service dos supermercados que dizem roboticamente "Coloque o item na área de empacotamento" —, mas a sensação dessa experiência é oca, porque não passa da transmissão de instruções inegociáveis.

Um jeito de dar a essa experiência mecânica uma roupagem humana é programar os sistemas self-service para usarem pronomes como "Eu", "me" e "meu/minha" ("Coloque o item na *minha* área de empacotamento"). Uma técnica ainda mais avançada é acrescentar a ilusão de uma interação de mão dupla. É aí que entra em campo o Processamento de

Linguagem Natural (PLN): ele converte a fala humana verbalizada por você (ou palavras escritas por você) em uma linguagem que o computador é capaz de entender, permitindo adivinhar o que você talvez esteja pedindo, um pouco como uma lista de FAQs dinâmica, capaz de se autorreorganizar. Quando isso é somado à prática recente do uso de pronomes em primeira pessoa, nasce o *chatbot*, a interface digital que é apresentada como um ser vivo.

As instituições financeiras andam obcecadas com esses *chatbots*. A primeira que eu conheci foi Cleo, que mora nos confins de um aplicativo de iPhone. Conheci-a em um concurso de *pitch* de fintechs, em que "ela" estava sendo demonstrada a investidores de risco, que podiam observar o sistema respondendo a demandas.

Oi, Cleo. Qual é o meu saldo?

Oi, Alex! Mastercard: menos 760 libras. Conta corrente: 1.048 libras. Poupança: 1.700 libras.

Legal! Quanto eu gastei na Pret este mês?

Você gastou 44 libras na Pret desde que recebeu o salário, no dia 15 de dezembro.

Essa "IA assistente financeira" não é o primeiro *bot* a receber um nome feminino (existem, por exemplo, a Amy, assistente de agenda, e a Alexa, da Amazon), mas todos esses sistemas tentam criar uma intimidade ao nos fazer chamá-los pelo primeiro nome. Considerando que um bot é uma interface interativa de uma empresa, seus pronomes devem se referir a essa empresa. É curioso, porque, antes, aceitaríamos uma frase como "Você gostaria que *nós*, do Bank of America, lhe oferecêssemos uma hipoteca?", achando absurdo se o Bank of America fingisse ser uma pessoa de *verdade* dizendo: "Você gostaria que *eu* lhe oferecesse uma hipoteca?". Hoje, porém, o Bank of America, pode fazer isso, porque conta com uma interface digital com nome de gente — a Erica.

Essas interfaces digitais em transformação, com nomes, são uma evolução da *personificação corporativa*: instituições financeiras estão mudando de pele, criando uma concha mecânica que nem se refere mais a seus funcionários, mas a *si própria*. Essa tentativa de conferir à automação uma personalidade ultrapassa a questão visual: o HSBC, por exemplo, está chamando seus *chatbots* de "o som do HSBC".

A fase seguinte dessa transformação é uma maior personalização, em que a interface se modifica para imitar seu sotaque, seu jeito de falar e seus emojis favoritos, como uma pele de camaleão que vai mudando a depender de quem a toca. Ao longo da história, os gerentes de agências podiam recorrer à lembrança das interações passadas com você como subsídio para novas interações; da mesma forma, esses sistemas automatizados podem criar um histórico do seu comportamento para decidir de que forma dirigir-se a você no futuro. A diferença fundamental, porém, é que a "linha de frente" federada desapareceu. No passado, se o gerente da agência local lhe recusava um empréstimo, você podia convencer o gerente de outra a confiar em você. Com os bancos destruindo essa interface humana variada e substituindo-a por outra, uniforme (por mais superficialmente personalizada que pareça), a diversidade se torna uniformidade. Esse efeito é reforçado quando diferentes bancos começam a compartilhar seus sistemas de segundo plano, como os sistemas de pontuação de crédito comuns.

Essa mudança de pele vem ocorrendo em todas as frentes. Uma das principais áreas que os bancos vêm automatizando são as linhas diretas com o cliente. O consumidor sempre odeia o jeito robótico com que os operadores humanos nas centrais são obrigados a interagir. Portanto, não causa surpresa que as grandes instituições gostem de investir em sistemas robóticos que imitam o ser humano. O problema, porém, é que, por mais que aceitemos interagir com um *chatbot* que mimetiza o ser humano em situações de pouco estresse, nos momentos de fortes emoções (como ligar para o banco para informar que seu pai ou sua mãe, cliente, faleceu), a falsa emoção do *chatbot* deixa uma má impressão.

Assim, enquanto todos os bancos decidem se livrar de suas agências, trocando-as por uma concha digital, os gerentes exprimem reticências eventuais em relação a essa quebra do contato humano. Eles prometem manter alguns "pontos de presença", nome que dão a empregados de verdade, capazes de ter empatia. De maneira mais ampla, porém, esses poucos remanescentes vão contra a trajetória efetiva do capitalismo corporativo, que não se deixa atrapalhar por sentimentalismo, e busca apenas eficiência, velocidade e escala.

A fusão

Porém, se o setor bancário importou as técnicas transformativas do Vale do Silício (por meio do setor de fintech), acabou proporcionando a ele uma porta de entrada às finanças, via processos. Ao adaptar-se às competências digitais, os bancos tornaram seus sistemas cada vez mais compatíveis com os da Big Tech, porque ambos giram em torno do mesmo conceito: sistemas centrais conectados via apps a milhões de correntistas, que, por sua vez, usam esses apps para enviar bilhões de mensagens aos *data centers* das instituições. Faz sentido que essas instituições conectem seus *data centers* para desenvolver sinergias.

Por exemplo, se o "cérebro" do Uber são seus *data centers*, seu "pensamento" envolve o processamento das milhões de comunicações que recebe de smartphones. Mas isso não se traduz em atividade humana a menos que esteja casada com um sistema de pagamentos. O motorista do Uber não receberá ordens do cérebro do Uber a menos que acredite que será pago. Por isso, o Uber faz uma parceria com instituições financeiras, no que a partir daí passa a parecer um "córtex cerebral", a parte do cérebro que traduz pensamento em ação. Fundir esses elementos em um só torna-se um passo óbvio, e é por isso que quase toda grande empresa de tecnologia está fechando parcerias com instituições financeiras.

Considerando que as pessoas estão conectadas tanto à Big Finance quanto à Big Tech por contas, linkar essas contas torna-se o passo inicial para a fusão dessas instituições: eu associo minha conta Amazon à minha conta bancária, dando a elas permissão para se tornarem sócias. Os velhos dias em que entrávamos anonimamente em uma loja com cédulas de dinheiro em papel transformaram-se em uma porta de loja que se materializa em minha tela, com um simples clique gerando tanto uma transferência bancária quanto a entrega de mercadorias. É por isso que a Amazon faz lobby contra leis pró-dinheiro físico: porque o *cash* atrapalha essa integração.

Se a Amazon continua a exigir que eu clique manualmente em "comprar", outros estão sendo pioneiros em integrações que possibilitam pagamentos automáticos. Por exemplo, ao encerrar uma corrida no Uber, os *data centers* da empresa automaticamente vão aos *data centers* do seu banco, via *data centers* da Visa ou da Mastercard, para dar início ao pagamento. A tendência é a consolidação de sistemas antes separados em agregados, que podem iniciar com um clique processos de vários estágios e entre diferentes setores.

À medida que esses estilos de integração se tornam cada vez mais avançados e multidirecionais, também se tornam menos visíveis. Toda grande empresa de tecnologia já anunciou interesse oficial em fazer uma incursão no mundo financeiro, mas, quando o fazem, é através de parcerias com instituições-chave do *cloudmoney*, o que dificulta ver de quem é o sistema em uso. O Uber, por exemplo, anunciou o Uber Cash, construído sobre a base da Green Dot, grande empresa de cartões pré-pagos, que se conecta ao sistema bancário. A Alexa está integrada à Amazon Pay, que está integrada aos bancos, enquanto a Apple lançou o Apple Card, lastreado pelo Goldman Sachs. O Google anunciou o Google Cashe, em parceria com o Citigroup, enquanto o Facebook continua com seus projetos de pagamentos (voltaremos a esse caso mais adiante). O J. P. Morgan dá apoio ao AirBnB e à Amazon para proporcionar novas conexões ao sistema bancário, enquanto na Índia o Paytm integra pagamentos ao *e-commerce*, e na China o WeChat e o Alibaba fazem o mesmo.

Mas, se o impulso inicial é criar agregados corporativos, o seguinte é conectar as pessoas a eles de formas cada vez mais avançadas, via biometria, por exemplo. Na China, o Alipay e o WeChat lançaram o pagamento por reconhecimento facial — olhar para a câmera desencadeia uma movimentação de dinheiro entre instituições. Todas as instituições estão empolgadas com essa iniciativa de fusão do seu corpo com a estrutura geral delas. É algo que a ficção científica previu há muito tempo: no livro *Body of Glass* [Corpo de Vidro] (1991), de Marge Piercy, os pagamentos são realizados por impressão digital (gerando um tipo de criminoso que rouba o acesso a contas bancárias cortando as mãos das vítimas).

Até mesmo objetos podem ser conectados a esse agregado pela infraestrutura da Internet das Coisas (IoT, na sigla em inglês). As empresas estão empolgadas com a ideia de conectar objetos a contas, de modo que esses objetos possam atuar como agentes entre as pessoas e as empresas. Esse princípio entra em jogo quando *tags* são colocadas em carros para fazer pagamentos ao passar pelas estações de pedágio, ou quando a Alexa inicia pagamentos entre seu banco e a Amazon. Toda espécie de híbrido pode ser imaginada, como geladeiras capazes de comprar o leite de drones de passagem.

O que aconteceu com os banqueiros?

No nível térreo, o setor fintech pode se expressar como um pipocar de apps, *chatbots*, aparelhos, "vestíveis" e biometria, com integrações à Big Tech, mas tudo isso leva ao mesmo "sistema operacional" central. Conectam-se ao setor bancário subjacente, em vez de driblá-lo, e muitas vezes conectam-se em vários pontos: apps *new-wave* que oferecem uma série de serviços bancários, de câmbio internacional e gestão patrimonial, conectando-se a várias instituições financeiras em segundo plano. Assim, o modelo em que se falava com um gerente de agência, que decidia um empréstimo, é substituído por um modelo em que eu preencho dados em um app de smartphone que se conecta — em algum momento do processo — nos sistemas de *back-end* de TI dos diversos integrantes do oligopólio bancário.

Isso nos leva a uma nova pergunta. Estamos vendo o nascimento de interfaces self-service que imitam a personalidade humana, mas onde essas interfaces nos levam? No jargão do setor, essas diferentes interfaces são chamadas de "canais" — elas canalizam as pessoas para dentro, colocando em marcha uma "jornada do usuário" específica. A jornada do usuário do século XV era caminhar rua abaixo até um edifício onde um assistente o encaminhava a um agiota de semblante austero, que lhe apresentava suas condições. A "jornada" do século XXI, porém, começa a se parecer com a entrada em um salão de espelhos que se reorganizam a depender de quem bate na porta. Nesse mundo, você nunca apertará a mão do financista no coração do banco porque, assim como você não pode tocar dinheiro digital, não tem como ver ou falar com financistas digitais. Vamos conhecer essa nova geração.

9

Sherlock Holmes e o estranho caso dos dados-fantasmas

O Centro de Pesquisa Ames, da NASA, em Mountain View, no Vale do Silício, é uma curiosa interseção entre o poderio militar americano e o capitalismo tecnoutópico. Meu dormitório é um alojamento com fotos autografadas de astronautas na parede e abastecida com exemplares da revista *Cônjuge de Militar*. Do lado de fora, do outro lado de um terreno para desfiles, fica a Moon Express Inc. Ela se apresenta como uma "empresa de serviços de transporte lunar e dados, de financiamento privado, que implanta novas avenidas para atividades comerciais no espaço, além-Terra". Mais adiante, está o esqueleto de uma enorme estrutura que outrora abrigou o dirigível USS *Macon*, e um antigo McDonald's que hoje serve como centro de digitalização de fotos do pouso na Lua de 1969. Espio pela janela e vejo imagens da Apolo 11 em cima de uma grelha de hambúrguer aposentada, enquanto caças F-16 aterrissam atrás de mim no aeródromo de Moffett, parcialmente alugado pelo Google junto à Nasa.

Nesse imenso complexo também fica o campus da Singularity University, fundado pelo empreendedor espacial Peter Diamandis e por Ray Kurzweil, o profeta do Google da vindoura "Singularidade" tecnológica. Trata-se da ideia de que, por meio de nossas inovações entrelaçadas, o ser humano vai provocar uma "automação da automação": um "ponto de mutação" em que máquinas inteligentes criarão outras máquinas, dando à luz uma imensa "superinteligência" tecnológica com a qual podemos nos fundir, tornando-nos deuses do nosso entorno. Esses tecnoutópicos me advertiram de que a Terra está sob ameaça de asteroides, o que exige acelerarmos nossa transformação em uma espécie interestelar. A ideia de que nos tornaremos superseres que transcendem a Terra tem ecos do pensamento cristão. Meghan O'Gieblyn, uma ex-evangelista cristã, afirma que a narrativa da Singularidade espelha com exatidão quase total as histórias bíblicas de salvação, só que com a Tecnologia no lugar de Deus.

O "McLua" e o hangar de dirigíveis

É uma visão que me dá arrepios, mas, para algumas pessoas no Vale do Silício, ela proporciona uma narrativa utópica em que a tecnologia resolve todos os problemas terrenos. É uma cobertura atraente, porque os investidores de risco patrocinam sobretudo negócios que têm como alvo "problemas de Primeiro Mundo" (como "Meu táxi levou quinze minutos para chegar" ou "Ir às compras é desconfortável"). A Singularity University foi criada para focar como tecnologias "exponenciais", elaboradas por startups, poderiam pular todos esses obstáculos para resolver problemas mais graves — entre eles a pobreza, a fome, as doenças e... a própria morte (um membro do corpo docente me informou que a organização congregou-se a partir de pesquisas sobre a imortalidade). Aspirantes a empreendedor do mundo inteiro são escolhidos a dedo para ir a esse lugar, financiado pelo Google, para fazer brainstormings sobre como salvar o mundo através da tecnologia.

Essa visão é uma característica fundamental do estilo libertário do Vale do Silício, que enxerga o esforço dos empreendedores como a fonte de progresso da sociedade. Para alguns, é uma imagem agradável de si próprio, mas uma imagem que se choca com a tradição marxista. Os marxistas enxergam as elites empreendedoras como bonecos que monopolizam os holofotes, e que nada seriam sem os verdadeiros e ocultos exércitos de trabalhadores que executam o trabalho pesado. Isso com certeza se aplica aos industriais do século XIX, cujo pavor dos movimentos sindicais levou-os a promover a filosofia do conservadorismo tradicionalista, ideal para obrigar os operários a ficarem presos à sua pequena fatia do bolo sem questionar a hierarquia de classes como um todo. As empresas de tecnologia do século XXI, porém, conseguem ter uma aparência mais contracultural, porque tentam se livrar completamente dos exércitos de trabalhadores. Dependem, em vez disso, de brigadas bem menores de profissionais remunerados como reis — cuja obediência é obtida com *stock options* e outros benefícios — para montar plataformas automatizadas com bilhões de usuários.

Apesar da autoimagem de seus fundadores, essas plataformas têm uma capacidade gigantesca de escanear e monitorar as classes inferiores da sociedade. Quando estive na Singularity University, Joe Lonsdale, da Palantir, veio compartilhar dicas de empreendedorismo com os alunos. Sua empresa — cujo nome vem de uma bola de cristal do *Senhor dos Anéis* — fornece tecnologias de espionagem de dados para as Forças Armadas americanas, a CIA, a NSA e o FBI, e foi fundada por Lonsdale em parceria com Peter Thiel, cofundador do PayPal. A Palantir originou-se do

PayPal, porque o gigante dos pagamentos digitais desenvolveu sistemas de varredura automática de seus milhões de clientes para automatizar a detecção de fraudes. Thiel, então, financiou Lonsdale e alguns outros para aplicar o mesmo modelo à segurança nacional. Além de prestar serviços para as autoridades do governo, a Palantir trabalha sob demanda para grandes corporações financeiras, como o J. P. Morgan.

No final de sua visita, Lonsdale comentou que tanto ele quanto Thiel também estavam muito envolvidos com o Seasteading Institute, um projeto libertário de construção de cidades sem Estado, no mar. Pode parecer em conflito com o propósito da Palantir, mas o Vale do Silício está repleto de contradições assim. Seu tecnoutopismo de mercado sempre esteve profundamente entrelaçado com o apoio estatal e militar, sob a forma de subsídios, pesquisa e desenvolvimento financiados pelo Estado e contratos de fornecimento. E as tecnologias de IA de inspiração militar sendo elaboradas aqui vêm sendo aproveitadas em favor de instituições financeiras.

Substituindo os urinóis

Os banqueiros que fazem uso dos urinóis da Commerzbank Tower, citados no Capítulo 1, não dispõem de uma maneira de se conectar a absolutamente todas as pessoas que veem lá embaixo, na rua. Ao longo da história, os banqueiros nas sedes das empresas só puderam lidar com as massas de forma indireta, por meio da linha de frente federada de agências. No capítulo anterior, porém, vimos como essa linha de frente federada vem sendo substituída por interfaces digitais que conectam milhões de clientes *diretamente* ao coração do sistema bancário.

A maioria dos leitores já teve experiência com as diversas opções automatizadas que esses sistemas proporcionam, mas enquanto isso esses sistemas vão coletando enormes quantidades de dados refinados sobre nossas interações. Por exemplo, as interações do HSBC com seus

39 milhões de clientes geraram cerca de 150 petabytes de dados. Para ter uma ideia do que é isso, imagine se seu computador de 1 terabyte fosse um armazém físico: suas fotos são como mil pinturas empoeiradas empilhadas em um dos cantos, enquanto seus seiscentos documentos de Word são manuscritos empacotados em uma caixa, em uma estante solitária. Levaria anos para encher esse armazém, porque ele seria capaz de abrigar centenas de milhares de arquivos. Cento e cinquenta petabytes são como 153,6 mil armazéns iguais, lotados até o teto.

Não faz sentido acumular dados, porém, a menos que seja possível entendê-los e agir a partir deles, mas os empregados dos arranha-céus não teriam capacidade de peneirar milhões de registros individuais. É para isso que existem empresas como a Palantir. Elas são especializadas em automatizar esse processo de chafurdar nos dados e tomar decisões de acordo com eles, levando isso a uma escala muito além da capacidade de analistas e decisores humanos. Essas empresas buscam criar sistemas de IA e aprendizado de máquina preditivo que possam entender os dados sobre as pessoas, antes de agir conforme aquela meta específica (por exemplo, "vender", "excluir", "incluir" ou "eliminar").

As equipes de atendimento nas agências bancárias tradicionalmente encaminhavam informações aos gerentes nas sedes, mas, à medida que os bancos automatizam as agências, ao mesmo tempo precisam investir em tecnologias para dar mais poderes aos gerentes — ou até substituí-los. Os bancos descobriram que podem lucrar mais substituindo os urinóis por prateleiras de processadores, e estão na corrida para criar seus próprios sistemas internos de IA para tomada de decisões. O Royal Bank of Canada, por exemplo, tem uma equipe de cem PhDs pesquisando IA.

Os grandes bancos de investimento estiveram entre os pioneiros do uso de algoritmos para substituir pessoal-chave. Em 2019, cheguei a ver uma diretora de tecnologia do Goldman Sachs dizer em uma conferência sobre IA: "Temos 11 mil engenheiros de software, dos quais 4 mil há décadas focam [...] aprendizado de máquina [...]. Quando entrei para o Goldman

Sachs, vinte anos atrás, tínhamos 200 operadores da Nasdaq executando ordens. Agora temos três, e essa evolução nos parece bastante natural".

Os operadores a que ela se referia são aqueles que ficam gritando, com o rosto corado, nos pregões do mercado, notórios pela análise de informações e tomada de decisões rápida sobre os mercados, em cenários dramáticos cheios de testosterona. O número desses operadores foi dizimado pelo advento das plataformas de *trading* eletrônico (desenvolvidas pelos engenheiros de software). A história desse processo foi contada no documentário *Floored*, de 2009, que acompanha a vida de lendários pregoeiros da Bolsa de Mercadorias de Chicago e como eles se tornaram obsoletos devido a uma categoria de pessoas que chamam de *computer boys*. Esses operadores que falavam grosso foram, em certa época, incensados pelas megacorporações financeiras, passando a se sentir como heróis. Agora, têm o jeito de veteranos de guerra jogados na rua.

Players como o Goldman Sachs são bancos de investimentos que ficam nos bastidores, sem ter que lidar com os clientes da linha de frente do varejo. Não precisam criar narrativas sobre os lindos apps para o consumidor produzidos com a ajuda da tecnologia, porque já empregam essa tecnologia no âmago das finanças globais. Os bancos comerciais de varejo, porém, investiram bastante energia para alardear que se automatizaram pelo bem do cidadão comum. Porém, por mais que um cliente não veja problema em enviar pedidos a um banco por meio de um aplicativo digital, pouquíssimos clientes pediram alguma vez — ou tiveram essa expectativa — que suas demandas fossem tratadas posteriormente por um banqueiro não humano. Cada vez mais, porém, os bancos comerciais vêm elaborando sistemas automatizando tudo, das decisões de empréstimo às reivindicações de seguros, e já conhecemos o final dessa história: o setor segue em frente sem se importar com as expectativas do consumidor.

A evolução dos robôs financeiros

Para ajudar a entender a evolução desse processo interno, imagine que estou dedilhando as cordas de um violão acústico, tocando para você na fogueira de um acampamento, usando o instrumento para transformar a energia do meu corpo em som enquanto toco. Agora imagine a si mesmo a 40 metros de um palco, onde eu plugo uma guitarra elétrica em um amplificador e aumento o volume. Desta vez, meu dedilhar produz um som muito mais alto. O rock and roll depende, como se vê, de gás e carvão, queimados para produzir eletricidade.

Agora imagine a si mesmo a centenas de quilômetros de distância de mim. Eu plugo um sintetizador, via um amplificador, em um computador, e coloco no modo "guitarra elétrica", de modo que apertar as teclas gera sons de guitarra sem que eu tenha que dedilhar. Gravo uma canção com a guitarra sintética com a ajuda de um software e, com um clique no mouse, posso ouvir a composição inteira sem ter que tocá-lo de novo. Em seguida, posso fazer o streaming dela para você, e muitos outros, pela internet.

Por fim, imagine um programa hipotético de "autocomposição" que, com um único clique da minha parte, compõe e grava canções com a guitarra sintética enquanto me afasto por completo do processo, e em seguida esse programa faz o streaming delas para você e muitas outras pessoas. As músicas podem não ser muito boas, e talvez soem um pouco sem graça, mas é com certeza um sistema muito eficiente.

Essa progressão do violão acústico na fogueira ao robô-músico autocompositor ilustra uma sequência de automações. Perceba como esse processo leva a uma produção cada vez maior a partir do meu insumo. Em uma ponta, eu coloco muita energia e paixão numa apresentação para uma plateia de uma pessoa só, e, na outra, um simples movimento de um dedo pode criar um álbum inteiro, que milhões de pessoas ouvirão ao mesmo tempo. Quanto mais subimos na cadeia da automação, mais distante eu fico do processo criativo, e mais você, o ouvinte, se distancia de mim, o suposto "criador".

Podemos usar isso como uma metáfora da automação que está ocorrendo com os bancos. O equivalente financeiro do "dedilhar na frente da fogueira" seria um banqueiro florentino do século XV redigindo contratos de empréstimo em papéis de linho, usando um ábaco para acelerar os cálculos (obtendo assim uma espécie de "amplificação acústica", permitindo que o financista atenda mais pessoas durante o dia). O ábaco é uma ferramenta manual, mas para transformá-lo em máquina é preciso acrescentar energia não humana. A calculadora eletrônica é um desses ábacos automatizados, e essa "amplificação elétrica" permitiu que o banqueiro britânico dos anos 1960 trabalhasse muito mais rapidamente que o florentino medieval, alcançando mais pessoas. Em 1990, a máquina financeira mais onipresente era a planilha eletrônica, que acelera enormemente a consolidação e análise de dados.

Quando trabalhei com derivativos da alta finança, tínhamos planilhas complicadíssimas, entre elas uma que recorria a dados demográficos detalhados para definir os termos contratuais de um "derivativo de longevidade" (uma aposta obscura, feita pelas empresas de seguros de vida, para proteger-se de mudanças na expectativa de vida média da população). Essa planilha fazia em poucos minutos o que exigiria dias para uma pessoa fazer manualmente. Da mesma forma, um modelo de pontuação de crédito leva em conta *inputs* sobre gente — como local de residência e renda familiar — e entrega uma nota única e quantificada em questão de segundos. Em nossa metáfora, esses modelos são um pouco como as teclas do sintetizador, que replicam de forma artificial o esforço físico humano.

O "streaming" de longa distância, porém, exige tecnologia de comunicações. Os operadores podem usar complicadas planilhas para ampliar sua capacidade de tomar decisões rápidas, mas são os canais de telecomunicações que, na base, permitem a transmissão a outras pessoas distantes. Esse "streaming" tem uma restrição, em razão das limitações humanas. O número de chamadas que uma pessoa pode fazer é limitado, assim como o número de cliques no mouse antes de uma pausa para um cigarro ou para o banheiro. É por isso que a tarefa está sendo transferida para máquinas originalmente utilizadas para ampliar esse esforço, para criar *robôs financeiros* com capacidade de tomada de decisões. Um *bot* operador automatizado, por exemplo, é equivalente a uma planilha de Excel alimentada com dados do mundo exterior que faz cálculos e devolve-os ao mundo em forma de ordens. Da mesma forma, um sistema de empréstimos automatizado pode atribuir crédito automaticamente a alguém que supere determinada nota.

Esses sistemas-robôs não precisam de pausas para o banheiro. Além disso, podem sofrer melhorias no âmbito da "autocomposição" se receberem a capacidade de *aprender*. Isso leva à IA: sistemas digitais que aprendem com as experiências anteriores para criar suas próprias estratégias. Como na autocomposição musical, podem não ser especialmente talentosos, mas os bancos enxergam neles grande potencial para ganhos de eficiência. E para esse sistema a "experiência anterior" com a qual aprendem não passa de um histórico de dados registrados.

Eu, robô-banqueiro

Um retrato precoce da inteligência artificial pode ser encontrado no clássico da ficção científica *Eu, robô* (1950), de Isaac Asimov. No primeiro capítulo conhecemos Robbie, um robô simples, de primeira geração, incapaz de falar, mas, já no terceiro capítulo, avançamos no tempo para conhecer Cutie, um robô de fala arrogante capaz de administrar uma estação espacial. Todos os robôs de Asimov têm um cérebro "positrônico" — um computador complexo, construído a partir de uma massa de circuitos — inserido em um corpo mecânico. No último capítulo, porém, os robôs mais avançados já não têm um corpo: cérebros positrônicos extremamente poderosos (batizados como "As Máquinas") ficam estáticos, como sábios em meditação, analisando gigantescas quantidades de dados em escala global, onde o ser humano seria incapaz de enxergar padrões.

Essa visão da IA — em que poderosas "máquinas pensantes" recebem dados e tentam enxergar padrões neles — encontra um paralelo mais realista em nossa vivência. Quando eu era adolescente, por exemplo, gostava de observar pássaros, e tinha um caderno no qual anotava onde e quando eu tinha visto determinadas espécies. Os próprios pássaros não guardavam um histórico de sua atividade, mas, na presença de um observador como eu, seu comportamento gerava um subproduto constante de dados, e gradualmente comecei a enxergar padrões. Podemos imaginar que um sistema de IA realiza algo semelhante, fazendo uma varredura permanente do mundo para aprender em escala muito maior, como os "sábios" de Asimov.

A diferença-chave, porém, é que eu coletei os dados para minha própria curiosidade pessoal. Não tentei utilizá-los para influenciar os padrões alimentares dos pássaros, ou para alterar suas preferências de migração bloqueando acesso ao espaço aéreo. A observação sistemática das pessoas, por outro lado, costuma ter uma *pauta*. Embora os cientistas sociais possam ter o propósito de observar as pessoas por mera curiosidade intelectual, grande parte de nossa observação diária está associada a juízos que informam nossos atos, como: "Aquele cara é meio suspeito, evite-o". É a combinação de uma *classificação* ("suspeito") com uma *meta* ("mantenha-se em segurança") que gera uma *ação* ("evitar"). Esse "combo" muda de acordo com as pessoas envolvidas — para um policial, "suspeito" pode gerar a ação "aproxime-se", porque sua meta é diferente. Cada elemento pode ser questionado: foi feita a classificação correta? Decidiu-se pela ação correta? E a meta é válida (esta costuma passar sem questionamento)? No caso dos banqueiros, a meta é o lucro, o que por sua vez afeta outras perguntas, como: "Que tipo de pessoa você é?", "Vale a pena lhe dar uma conta?", "Deveríamos lhe dar um empréstimo, e em que termos?", "Você está tentando me enganar?", "Como posso fazer mais negócios com você?" ou "Que produto é mais adequado para você?".

No passado, os financistas respondiam a essas perguntas observando você de perto, reunindo informações a seu respeito através de redes, pistas investigativas e entrevistas. Poderiam até julgá-lo pelas roupas e pelos comportamento quando você fosse vê-los. Você podia ser julgado por um passado que poderia ser usado para prever seu comportamento futuro, ou por seus vínculos com outras pessoas. Padrões podiam ser percebidos de forma subconsciente, e vir à tona como intuições ou "palpites" no fundo da cabeça. Imagine se Sherlock Holmes tivesse mudado de meta: do combate ao crime para a busca do lucro. Provavelmente ele conseguiria avaliar o crédito ou o potencial de lucro de uma pessoa pela cuidadosa observação de detalhes pequeninos, como seus maneirismos ou o tom de voz. Ele daria um excelente financista no século XIX.

Quando um banqueiro está distante da pessoa que observa, contudo, e recebe apenas dados, é mais difícil gerar palpites em relação a quem é aquela pessoa e como ela vai se comportar. Um Sherlock moderno continuaria capaz de fazer isso, chafurdando em milhares de registros digitais, por exemplo, sobre os pagamentos feitos por aquela pessoa, mostrando o que ela fez, quando, onde e com quem. Mas é caro contratar um Sherlock. Pode valer a pena recorrer a ele em investigações de grande importância, que envolvam, por exemplo, rastrear a rede financeira offshore de um chefão da Máfia, mas não para decisões de baixo valor como "Devemos conceder um cheque especial à conta número 2337569?". Para usar um exemplo semelhante, o YouTube quer aumentar a receita publicitária fazendo seus usuários assistirem a mais vídeos, mas — considerando quanto a empresa ganha com cada usuário — seria caro demais contratar um Sherlock de verdade como curador de sugestões de vídeo. Também seria impraticável: é limitado o número de Sherlocks no mundo para cobrir todos os usuários. É melhor o YouTube criar Sherlocks automatizados, de modo similar aos bancos.

Mas como se cria esse investigador automatizado? Bem, um jeito é fazer os investigadores montarem um modelo mecanicista de si próprios, com base na experiência geral. Se pedissem a um banqueiro experiente que codificasse seu conhecimento, ele poderia tentar criar uma fórmula, do tipo "pessoa de tal lugar + esta renda + este histórico + crédito nestes termos = provavelmente pagará o empréstimo". Nos primórdios da computação, isso poderia ser escrito sob a forma de um algoritmo, uma receita dada a um computador por um especialista que a elaborou. Assim como a máquina de fazer pão entrega pães se lhe derem os ingredientes, um algoritmo básico de pontuação de crédito pode entregar previsões de probabilidade de restituição, caso alimentado com os ingredientes corretos. Instituições financeiras podem recorrer aos dados proporcionados por firmas de crédito, como a Experian (que reúne dados compartilhados por outras instituições) para obter os ingredientes dos algoritmos particulares de avaliação de crédito.

Mas, se tais sistemas nasceram como receitas seguidas pelos computadores, estão sendo levados cada vez mais longe pelo aprendizado de máquina — o ramo da IA que busca permitir aos computadores solucionar problemas, em vez de apenas seguir ordens. Existem muitos estilos diferentes de aprendizado de máquina, assim como existem muitos estilos diferentes de aprendizado humano. Pense nos padrões intuitivos de aprendizagem, como "A Pessoa X exibe características semelhantes às de pessoas que, no passado, fizeram Y; logo, também pode vir a fazer Y", ou "Na última vez que encostei em um fogão quente aconteceu X, e eu prefiro Y, então não farei novamente". Para as pessoas, isso costuma ser intuitivo — você não precisa dizer a uma criança que ela tem um especificação para evitar a dor, e não precisa explicar a ela que enxergamos padrões no mundo. Ao computador, porém, é preciso dizer como ele vai aprender. Ele não tem como sentir dor e não é capaz de avaliar o que é sucesso ou por que ele iria querer descobrir e agir em função de alguma coisa. O computador é um seguidor de ordens natural; por isso, é preciso dar a ele uma ordem para que ele se torne um solucionador de problemas, processo que exige uma programação bastante avançada.

Uma experiência de raciocínio pode trazer uma aproximação de um desses tipos de aprendizagem. Uma máquina tradicional de fazer pão é programada com uma receita fixa, mas imagine que lhe pedissem para programar uma máquina que "aprenda" a fazer pão. O primeiro passo seria programar uma *metodologia de aprendizagem*. Mas aprender sempre exige *experiência*; por isso, o segundo passo seria alimentá-la com dados. Essa metodologia de aprendizado de máquina é, portanto, projetada para receber dados relativos à aparência geral de pães finalizados, com dados sobre possíveis ingredientes (por exemplo, farinha, abacaxi, aspargos, fermento, água, arroz, sal etc.) e processos (por exemplo, aquecimento, congelamento, mistura etc.). O objetivo é encontrar uma fórmula que conecte o produto desejado com os possíveis insumos e, em seguida, testá-lo e retroalimentar os resultados como sendo informações novas. Misturar a farinha com os aspargos e congelar pode não dar certo, mas com o tempo uma máquina de pão capaz de aprender, treinada com base em centenas de anos de dados, pode ser capaz de deduzir padrões sutis sobre o pão que os seres humanos só conseguiriam intuir vagamente.

A ideia acima é fantasiosa — não existe uma máquina de pão assim —, mas é uma forma de captar a ideia de como são "treinados" os sistemas de aprendizado de máquina. Para os pioneiros da fintech empolgados com esse processo, ele é visto como uma estratégia para a criação de máquinas financeiras capazes de extrair informações práticas a partir de uma pilha de dados existentes, e uma forma de extraí-las de novas e surpreendentes fontes de dados: com poder computacional suficiente, centenas de variáveis podem ser testadas para extrair padrões que um financista humano seria incapaz de ver.

Um elemento famoso dos antigos livros de Sherlock Holmes era sua capacidade de fazer deduções a partir de pequenas informações que pareciam totalmente sem relação com a questão investigada. Isso sempre envolvia a observação detalhada de pessoas específicas. Imagine Sherlock observando determinado habitante de Londres, viajando do bairro de Tottenham, mais pobre, para o descolado Moorgate, no bairro financeiro londrino. Ele supõe que possa se tratar de um faxineiro de escritório, mas essa hipótese muda quando vê que naquela mesma noite ele foi para outro lugar, e não voltou a Moorgate no dia seguinte. As novas pistas sugerem que a pessoa não tem nem endereço, nem emprego fixos. Quanto mais ele junta informações desconexas, mais refinada se torna sua hipótese sobre aquela pessoa. Grandes instituições, porém, não têm interesse em rastrear indivíduos específicos assim. Em vez disso, os sistemas de IA são elaborados para trabalhar como cães farejadores estatísticos, descobrindo correlações em meio a dados *em massa*, para gerar hipóteses como "Pessoas que viajam dessa área para essa área neste horário têm baixo risco de calote". Isso pode ser testado, e os resultados retroalimentados com o passar do tempo para refinar as hipóteses.

Um empregado de uma startup fintech de detecção de fraudes me disse que sua empresa utiliza mais de 500 fontes de dados vindas de um celular para avaliar alguém. Isso pode incluir, por exemplo, a velocidade com que a pessoa digita. Na verdade, nossos celulares enviam todo tipo de dados a nosso respeito a *data centers* institucionais, que podem ser agregados a dados de outras instituições e peneirados em busca de pistas que gerem hipóteses. Isso nos faz voltar ao tema do capítulo anterior, em que aplicativos hospedados em celulares "grudam" em nós como espiões. O app pode perguntar ao seu aparelho que outros apps ele tem, investigar sua lista de contatos em busca dos contatos das pessoas ligadas a você, e esquadrinhar mapas de seus padrões de caminhada. E, mesmo quando os bancos não têm um acesso tão direto assim ao seu mundo, podem buscar dados em outros lugares: afinal de contas, todo clique em site e pagamento por aproximação é registrado. São essas as fontes de informação que estão construindo a nova geração de sistemas de robôs-banqueiros.

É mesmo, Sherlock?

O verdadeiro Sherlock gosta de duas coisas. Primeiro, de resolver um caso, e segundo, de ser capaz de contá-lo a você como uma história. Imagine, por exemplo, que ele descubra uma pessoa no Quênia com dois perfis no Facebook. Após estudar o caso, ele conta a você que é uma pessoa gay que, em um perfil, apresenta-se como hétero para a família conservadora e, no outro, se assume diante dos amigos que o aceitam. Os "Sherlocks robôs", por sua vez, não são tão bons em *storytelling*. Não conseguem digerir as sutilezas do caso de cada indivíduo nem montar uma narrativa passo a passo de como chegaram àquela avaliação. O sistema pode ter descoberto uma correlação entre vários perfis do Facebook e fraudadores que criam perfis *fake*. Por isso, assim que o Sherlock robô "resolve o caso", diz simplesmente "essa pessoa é uma vigarista", em vez de "essa pessoa criou uma vida dupla para ocultar seu verdadeiro eu de sua família conservadora".

Embora os velhos sistemas de algoritmos tenham uma receita conhecida, não dá para perguntar a um sistema de IA multidimensional "por que" ele acha algo. Imagine perguntar ao Spotify ou ao YouTube por que eles sugeriram uma música ou um vídeo específico para você. Seus sistemas não têm como "ouvir" as canções ou "ver" os vídeos. Em vez disso, coletam dados de milhões de usuários e cruzam referências para criar aglomerados estatísticos de canções e pessoas com tendência a se sobrepor. No campo das sugestões musicais, eles podem gerar algumas belas sinergias (ou talvez deixá-lo preso em uma bolha), mas, no campo das finanças, ir parar em um círculo vicioso sem fim de classificações erradas pode realmente fazer diferença.

E existem incontáveis possibilidades de categorizações erradas. Para usar um exemplo bem-humorado, descobri que os Sherlocks robôs do Twitter me classificaram — entre outras coisas — como uma possível "mãe da classe operária". No caso do Twitter, isso pode fazer com que me mostrem anúncios de descontos em férias com a família, mas no caso de um banco poderia significar negarem-me crédito ou até o contrário — ser atraído para um superendividamento. Seja como for, se uma classificação automatizada insensível pode auxiliar um banco a ganhar dinheiro, ajudando-o a digerir muito mais clientes a um baixo custo, é isso que o banco tentará fazer. Assim como o YouTube não se importa se as sugestões de vídeos forem erradas para 20% das pessoas, os bancos ignoram aqueles clientes que se veem punidos pela imprecisão de seus sistemas. A motivação para a automação da "inteligência" não é buscar a verdade e a sutileza de cada caso: é otimizar os lucros em grande escala. Desde que não prejudique os resultados, as instituições financeiras não descartarão um sistema só porque descobriram que ele tem a eficiência de um estagiário temporário preguiçoso.

Mas imagine que esse "estagiário preguiçoso" automatizado tivesse pais preconceituosos, o que, no caso da IA, significa modelos que embutem em seu código os vieses ocultos de seus criadores, ou modelos que são alimentados com dados de aprendizado moldados no contexto do racismo estrutural. As taxas de recusa de empréstimos nos Estados Unidos, historicamente, são muito mais altas para negros, e, quando um conjunto de dados distorcido como esse é usado para calibrar a mente da inteligência artificial "infantil", existe um risco de automatização dos vieses do status quo. Por outro lado, as instituições financeiras cada vez mais afirmam que os sistemas de IA podem ser usados para a inclusão financeira, ao ajudá-las a reduzir os custos e riscos de tratar de grupos mais marginalizados. Nos capítulos 6 a 8, argumentei que a inclusão financeira seria mais bem definida como "absorção"; e à medida que os pagamentos digitais se disseminam na periferia, são acompanhados pelas tecnologias de IA.

A inclusão pela vigilância

Em 2016, assisti a uma palestra de um homem de uma grande instituição de inclusão financeira em um evento patrocinado pelo FMI em Singapura. Empolgado, ele explicou que sua organização vinha fazendo experiências com a ideia de espionar os dados de viagem dos celulares dos ugandenses mais pobres, para avaliar sua pontuação de crédito. Perguntei se regimes autoritários podiam se apoderar desse sistema de espionagem para punir opositores políticos. Afinal de contas, a organização Privacy International relatou em 2015 que o governo de Uganda vinha adotando todo tipo de nova técnica de espionagem para monitorar os dissidentes políticos. O palestrante balbuciou um mantra sobre a necessidade de crédito das pessoas. Se as instituições financeiras tiverem que espionar para obter lucro, que assim seja.

Desde os anos 1980, está cada vez mais na moda afirmar que é possível tirar as pessoas da pobreza concedendo-lhes acesso ao crédito. Isso gerou o setor das microfinanças, que se baseia em um grande número de clientes pobres recebendo créditos diminutos. A base dessa estrutura sempre foi frágil, porque os mais pobres do mundo costumam ocupar os degraus mais baixos em países produtores de *commodities*, administrados por governos débeis, subservientes a nações industriais avançadas, mais poderosas. Nesse contexto, a falta de renda de uma pessoa advém da fragilidade de sua posição em uma economia transnacional, e não há garantia alguma de que conceder-lhe crédito fará sumir num passe de mágica a realidade de sua situação. O crédito é empoderador quando a pessoa está em posição de força para gerar retornos futuros, que possam ser usados para ressarcir um empréstimo, mas não é empoderador apenas em si mesmo.

Existem, evidentemente, casos positivos de microfinanças, mas em geral eles têm levado a superendividamento. Em vez, porém, de questionar o quadro geral, os tecno-otimistas buscam empregar a tecnologia digital e a IA para refinar a pontuação de crédito, expandindo os empréstimos. Costuma-se negar acesso ao crédito por uma das três razões seguintes: a nota de crédito não é suficiente; não existem dados suficientes; ou não há registro da pessoa para que se atribua uma nota. O primeiro passo, em qualquer projeto de expansão de crédito, é lidar com a terceira razão. É por isso que o governo da Índia, por exemplo, implantou o programa Aadhar de identificação. Esse programa coleta os detalhes biométricos das pessoas, como as impressões digitais e o reconhecimento da íris, e alimenta-os em uma base de dados central, que pode ser usada por uma série de instituições para verificar a identidade de alguém. Isso, por sua vez, permite a terceiros começar a montar dossiês sobre gente que antes não tinha documentos.

Uma série de startups agora foca como obter informações de forma pouco convencional sobre os clientes ditos *no-file* ("sem arquivo") ou *thin-file* ("com pouco arquivo"). Os bancos compram, por exemplo, os serviços de empresas como a Lenddo, que analisa a "pegada digital" deixada pelo uso do celular. Podem peneirar a atividade da pessoa nas mídias sociais, seu histórico de navegação, dados de localização, contatos, histórico de chamadas, apps instalados, agenda eletrônica e modelo de celular. A empresa se gaba de utilizar o aprendizado de máquina para analisar até 12 mil variáveis, calculando uma nota de crédito em menos de três minutos, que é então enviada ao sistema de pontuação de crédito do próprio banco para enriquecê-lo. Empresas como a Tala, no Quênia, analisam 10 mil pontos de dados do celular de um potencial cliente, inclusive a frequência com que ele liga para a mãe e se gosta ou não de corridas de carros e joguinhos de celular com zumbis. Startups mais recentes, como a Neener Analytics, aplicam técnicas de testes psicométricos para avaliar pessoas "indecisionáveis" (jargão do setor para aqueles em relação aos quais os bancos têm dificuldade para decidir). Criado por dois homens, o sistema de "psicólogo automatizado" do Neener se manifesta sob a forma de um *chatbot* de sexo feminino chamado Aria, que faz perguntas sutis para perfilar psicologicamente as pessoas, avaliando-as "não com base naquilo que a pessoa fala, e sim em como ela fala sobre aqueles assuntos".

Esses sistemas de Sherlock robô são atraentes para as instituições financeiras na área da baixa renda porque a margem de lucro para cada cliente é bem menor. Em consequência, a inclusão financeira vem se tornando fortemente associada à automação digital. Os mais pobres não são lucrativos quando as instituições financeiras precisam gastar muito tempo servindo-os ou pensando neles; por isso, a solução é automatizar o processamento de ambas as coisas.

A volta da Grande Segurança e do Grande Mordomo

Em *Eu, robô*, de Isaac Asimov, as inteligências artificiais são criadas de tal modo que não têm como cumprir ordens que façam mal a seres humanos, ou que gerem resultados que façam mal a seres humanos. São programadas para ter intenções nobres e aplicá-las à humanidade em geral, e não em benefício de grupos específicos. Os sistemas de IA financeiros, porém, não apenas embutem um potencial para incompetência, preconceito e irresponsabilidade, mas também são utilizados para estar a serviço de instituições, e não da humanidade em geral. No Capítulo 6, usei os conceitos de "Grande Segurança" e "Grande Mordomo", e a IA é usada para ambos. Os bancos utilizam a IA no papel de Grande Segurança, para decidir quem tem acesso a que, e, no contexto de qualquer sociedade *cashless* — em que a participação digital se torna obrigatória —, ser excluído dos sistemas compartilhados de pontuação de crédito ou detecção de fraudes pode fazer com que você seja banido da vida econômica.

Mas os sistemas de Grande Mordomo também assomam no horizonte. Se eu passar uma hora assistindo aos vídeos de surfe que o YouTube acredita que eu gosto, o sistema não me interrompe com um pop-up dizendo: "Você parece gostar de surfe! Por que não dar uma saída e nadar no mar?". O objetivo do sistema é vender publicidade, o que significa que a "solicitude" do YouTube é projetada para me manter preso com mais vídeos (é como a solicitude de servir álcool a um alcoólatra depois de observar seu hábito de ingerir bebidas alcoólicas). De forma parecida, as instituições financeiras não gastam bilhões investindo em sistemas que analisam seus dados de pagamentos como uma ação altruísta para nos ajudar a atingir objetivos de vida holísticos. Em vez disso, a análise do comportamento é usada para impulsionar a venda de produtos e manter as pessoas encerradas em seus ecossistemas. Essa é a função Grande Mordomo dos sistemas de IA.

Os sistemas de Grande Mordomo são perturbadores porque podem gerar estranhos círculos viciosos de retroalimentação. Imagine se eu, como observador de pássaros, alimentasse meu caderno com dados através de modelos que, por sua vez, informassem a localização de aviários fechados. Imagine que esses dados fossem usados para posicionar dentro desses aviários comedouros para aves e para acionar alto-falantes que imitam os chamados dos pássaros, de modo a induzir aves selvagens a entrar; depois disso, eu continuaria a observá-las. Todas as anotações do meu caderno feitas dali por diante seriam contaminadas pelo fato de que eu reorganizei o ambiente. Passei a observá-los em cativeiro.

No mundo digital, esses aviários fechados estão se tornando reais, ainda que difíceis de discernir. Você pode achar que está navegando em um site público quando ele, na verdade, é privado: tudo o que você vê nele é influenciado por seus atos anteriores, e essa influência vai se agravando à medida que você a retroalimenta, em um círculo de autorreforço. As instituições que controlam esses dados podem enfraquecer certos elementos e reforçar outros, leiloando ao mesmo tempo os direitos de tudo isso a terceiros que queiram alterá-los.

A mudança de pele exterior das finanças e sua integração com os sistemas de TI faz surgir o fantasma de ambientes artificiais assim, dentro dos quais clientes sob micromonitoramento podem ser induzidos a mudar de comportamento financeiro e de padrões de consumo e empréstimo. Por exemplo, as companhias de seguros estão empolgadas com a *precificação dinâmica*, em que os preços deixam de ser padronizados e passam a ser adaptados a quem consulta o bem ou produto em questão, pondo fim ao antigo princípio da *mutualidade* nos seguros, em que as pessoas se juntavam em grupos coletivos para reduzir o risco que cada um corria sozinho. Na velha economia de mercado, supõe-se que o "preço de mercado" seja um reflexo publicamente visível da vontade média de compradores e vendedores — todos veem o mesmo preço —, mas, se formos conduzidos a bolhas administradas de forma privada por instituições que dispõem de dados íntimos sobre nós, isso começa a ruir.

Somos cada vez mais assombrados pelos dados coletados a nosso respeito por "observadores de gente" automatizados, que os utilizam para alterar a paisagem que vemos, os preços que nos são apresentados e até a voz do agente cobrador de dívidas automatizado que ouvimos (quando o empréstimo automatizado dá problema).

Nas mãos de um filósofo, esse conjunto de dados pode ser usado para refletir sobre a multifacetada natureza do ser humano. Mas, quando são detidos por instituições com pautas próprias, esses dados acumulados passam a ser "possuídos" por uma intenção singular e pairam sobre nós como dados-fantasmas bloqueando nosso caminho ou empurrando-nos rumo a ele. E, embora possam ter usos legítimos, à medida que esses dados-fantasmas proliferam sentimos a presença deles e nos percebemos inquietos. Em situações nas quais o acesso se baseia em conjuntos invasivos de microdados dinâmicos, o "panoptiquismo" pode infiltrar-se em sua vida. Que dados novos vão emergir daquilo que você compra, com quem sai ou com que velocidade caminha? Em breve, você pode estar preocupado a respeito de aquela decisão espontânea de tirar um dia de folga para ficar sentado na praia poder surgir sob a forma de um ponto de dados, em uma malha incompreensível de relações que leve, no fim das contas, a uma queda da sua pontuação de crédito.

10

O confronto dos leviatãs

A antiga visão do capitalismo como um sistema econômico no qual pessoas comuns negociam em mercados começa a parecer pitoresca e obsoleta. Pode até parecer romântica. Pense em clássicos como o romance *On the Road*, de Jack Kerouac, de 1957, situado em uma economia industrial de meados do século XX, em que pessoas solitárias trabalham em empregos precários em grandes cidades. Elas lutam por dinheiro na economia de mercado, gastam esse dinheiro em carros usados e aceleram pelas rodovias americanas. Na estrada, cruzam com outras almas desesperadas pelo caminho, para breves momentos de intimidade antes de seguir em frente.

O mundo desse romance tem pouquíssima relação com a realidade atual. Na sociedade que retrata, pode-se pagar em dinheiro vivo a um revendedor de usados por um Pontiac empoeirado cujo único elo com o distante mundo real é um rádio. As grandes instituições existem, mas não interferem em cada aspecto da existência. Os personagens sabem consertar um carro e não se importam com o fato de seus atos não angariarem likes nas redes sociais. Suas aventuras são registradas apenas na memória pessoal e não se acumulam em uma base de dados que forme dados-fantasmas usados para personalizar seu entorno ou influenciar sua nota de crédito.

Quando analisamos a situação, a impressão é que o capitalismo do futuro não quer deixar você usar dinheiro vivo ou sair dirigindo por conta própria. Em vez disso, as corporações estão invadindo seu espaço privado, pois seu carro informa seus movimentos à nuvem. Os personagens de um *On the Road 2030* teriam carros que pagam o pedágio de forma automática, corrigem a rota quando cometem um erro e estão conectados a um onipresente mercado coletor de dados: quando eles pisam fundo no acelerador, ou o carro automaticamente reduz a velocidade, ou automaticamente o valor do seguro aumenta. Não há rota imprevisível, não há encontro com o acaso na estrada da vida.

Talvez nosso motorista do futuro tenha um empréstimo automatizado no banco, usando o carro como garantia, em cuja apólice consta um botão de parada remoto que imobiliza o carro caso o saldo esteja muito baixo. Sejam como forem os detalhes, o impulso esmagador do capitalismo moderno é arquitetar sistemas que funcionem no piloto automático, em que as pessoas se comportem cada vez mais como observadoras passivas.

Inovações que facilitam um futuro assim são vendidas para capitalistas de risco todos os dias, e todos os dias recebem financiamento. O papel dos investidores é financiar o desenvolvimento de pequenas peças de um complexo geral de controle. Durante dez anos recebi atualizações diárias de *mailing lists* com notícias sobre fintechs, e vi milhares de startups passarem pela minha caixa de mensagens. No dia a dia, a evolução dessas histórias parece imperceptível, mas, em um espaço de muitos anos, ela se torna óbvia: aquilo que começa como uma história sobre uma startup que obtém capital inicial se transforma na história da aquisição da mesma empresa por um banco ou da sua nova parceria com a Visa ou a Amazon. Aquelas que não conseguem se integrar assim no capitalismo corporativo desaparecem, transformando-se em e-mails arquivados que somem lentamente da consciência.

Pode haver rearranjos ocasionais do poder relativo entre os atores e o surgimento de alguns novos nomes — como Square ou Stripe. Porém, quando deixamos de lado a narrativa promocional e os nomes atraentes das startups, o padrão é o mesmo: os gigantes financeiros estão ganhando uma nova pele por fora, enquanto o núcleo interno é substituído por máquinas inteligentes em busca de lucro, e, à medida que o processo avança, dá lugar a ideias ainda mais "de ficção científica". Os empreendedores precisam estar o tempo todo estendendo as fronteiras daquilo que é considerado aceitável, porque estão canalizando o desejo de investidores desesperados para encontrar a próxima grande aposta dentro de uma economia que precisa sempre se expandir. Se houver promessa de lucro, eles não hesitarão em jogar o bebê fora com a água do banho.

Porém, por mais que as tendências que descrevo sejam reais, elas não se expressam da mesma forma mundo afora. Trabalhei em regiões rurais da África do Sul que se parecem com o faroeste — a rede elétrica cai o tempo todo, não há sinal de celular, o Estado parece distante e decanos tribais e clãs têm mais poder que a Justiça local. Nesses lugares, não há capitalistas de risco nem redes de lojas com terminais de pagamento por aproximação. Em vez disso, dinheiro físico desgastado é passado de mão em mão em lojas isoladas, enquanto a agricultura de sobrevivência e o pastoreio de gado continuam. Na verdade, na África do Sul rural daria até para imaginar o mundo de Jack Kerouac nos anos 1950, quando você está consertando o radiador do carro em um trecho de estrada esburacada, sem internet no celular para ajudá-lo.

A lenta absorção da África do Sul rural ao capitalismo de vigilância transnacional é um processo que vai levar algum tempo, mas também vai conduzir o mundo de Kerouac naquela região. Esse processo contínuo é a versão mais recente de um ciclo repetitivo, em que os sistemas capitalistas se livram de suas versões anteriores, a fim de se expandir. Vimos uma versão anterior disso na época colonial, quando as potências europeias tentaram absorver regiões inteiras e forçá-las a aderir à economia global. Isso criou zonas desiguais de interseção, cujo legado permanece até hoje. Na África do Sul, por exemplo, o encontro entre o cristianismo europeu monoteísta e o culto espiritual panteísta xhosa produziu religiões sincréticas híbridas, que misturam ambos; da mesma forma, a expansão da economia global deixou um legado de "sincretismo econômico", em que economias mais antigas, informais e localizadas misturam-se com as transnacionais. É isso que um turista dinamarquês experimenta quando atravessa os ruidosos mercados de rua de Pucallpa, na Amazônia, onde imitações de marcas internacionais podem ser encontradas em barracas de camelôs, em meio a vendedores de ervas medicinais e filés de jacaré grelhados ao ar livre. A imagem por excelência de um "país em desenvolvimento" é uma imagem de misturas sincréticas entre o tradicional e o moderno. Existem lugares onde as instituições formais são pouco disseminadas, obrigando-nos a lidar diretamente com as pessoas ou negociar pechinchas, em vez de curvar-nos ao preço ditado por um diretor de supermercado. Subentende-se que o pleno "desenvolvimento" seja alcançado quando esse sincretismo desaparece, e os mercados de rua são integralmente substituídos por shopping centers vendendo marcas transnacionais.

Isso dá a entender algo importante. Até aqui, este livro concentrou-se nas atitudes expansionistas das grandes empresas, mas os mercados capitalistas são construídos com base em um substrato de estados conectados em complexas teias geopolíticas que remontam à época colonial, e até antes. Vamos recuar um passo para analisar certas interações entre estados e mercados em escala global, à medida que essas potências formam o pano de fundo contra o qual se forma uma nova rebelião transnacional — capitaneada pelas criptomoedas.

Os leviatãs e suas conflituosas alianças

A relação entre estados e mercados — local e internacionalmente — é complexa e cheia de contradições. Por isso, vamos traçar nossa rota com cuidado, através de pontos-chave. O primeiro deles é que os *mercados informais* podem encontrar formas de operar com sincretismo à sombra de seus próprios Estados, servindo-se ao mesmo tempo da infraestrutura desse Estado, como o sistema monetário físico. É essa a imagem que descrevi anteriormente, de vendedores ruidosos apregoando mercadorias clandestinas em mercados de rua.

O segundo ponto é que as instituições estatais formais começam a infiltrar-se pelos mercados informais para criar mais mercados modernos e semi-informais. Por exemplo, o mercado de Brixton, em Londres, sempre foi um local onde gente originária de minorias étnicas ganhava a vida na surdina no Reino Unido. Mas hoje o camelô jamaicano desse mercado tem uma licença para comercializar bebidas alcoólicas e um certificado da vigilância sanitária afixados na parede. Isso ocorre porque esse mercado vem sendo cada vez mais submetido à regulamentação centralizada. Isso, por sua vez, pode ajudar as atividades descentralizadas de mercado a proliferar, porque essas regulamentações neutralizam ou enfraquecem os aspectos de nossas relações que são obstáculos ao comércio, como a falta de confiança ou a falta de padronização. Se um camelô me vende produtos defeituosos, posso processá-lo por meio da Justiça estatal, mas se eu fugir sem pagar ele pode invocar a fúria da polícia contra mim.

Em consequência, estranhos podem fazer negócios entre si sem que uma das partes receie a outra, o que permite que os mercados ganhem *escala*, atingindo dimensões muito maiores. A ideia de que as instituições estatais formais catalisam *mercados maiores* já havia sido proposta em 1651, por Thomas Hobbes, no *Leviatã*. Um Estado "leviatã" é um conjunto de instituições que se abaterá sobre você caso você desrespeite os direitos de propriedade ou descumpra contratos, e serve como um corpo central por intermédio do qual grandes grupos de pessoas resolvem suas diferenças. Sua existência propicia o capitalismo corporativo, porque mercados empresariais de grande escala dependem de sistemas amplos e poderosos de leis que regulem as empresas, os contratos e a propriedade privada.

O terceiro ponto é que o poder do Estado faz nascer o poder corporativo. Na verdade, os poderosos leviatãs estatais sustentam um *complexo de leviatãs* mais amplo, que vai além do Estado: sociedades modernas nos sujeitam a sistemas monetários comuns, público-privados, geridos pelos bancos, com empresas de telecomunicações, concessionárias de serviços e — cada vez mais — megacorporações, como a Amazon e o Uber, que passam todas a agir como leviatãs de segundo nível. Essas instituições se posicionam como árbitros de forma explícita, e se colocam entre nós para facilitar e regular as interações. Esses *players* de grande escala não podem ser considerados entes à parte dos Estados, e são mais bem compreendidos como peças diferentes de uma coalizão de governo. Um elemento fundamental da política moderna diz respeito a até que ponto a parte estatal do complexo de leviatãs deve auxiliar, combater ou controlar a parte corporativa. Na variante chinesa, por exemplo, o Estado tem uma ascendência maior sobre as empresas, enquanto a variante americana concede a estas maior autonomia.

O quarto ponto é que essa expansão corporativa não pode ser analisada separadamente da geopolítica internacional. Há muito tempo isso ocorre: o colonialismo, por exemplo, girava em torno de corporações bancadas pelo Estado, como a Companhia das Índias Orientais, em busca de novos mercados e usando seu poder para arrancar vantagens em terras estrangeiras. De forma semelhante, todas as inovações descritas neste livro — dos pagamentos digitais às fintechs, passando pela IA — são lançadas e incentivadas por poderosas empresas financeiras e de tecnologia, fincadas em Estados fortes. Os gigantes comerciais americanos, europeus e chineses são apoiados, em sua expansão no exterior, por seus governos, que os auxiliam no acesso a cadeias transnacionais de abastecimento e mercados globalizados. É uma observação em total contradição com a ideia de que os Estados enfrentam "o mercado". A verdadeira tensão não é entre um Estado qualquer e um mercado qualquer: é, por exemplo, entre o Estado americano e o mercado informal queniano. Aos olhos do primeiro, a resistência do segundo à aceitação da Mastercard representa o risco de que seja "capturado", em vez disso, por uma empresa de pagamentos chinesa. Como vimos, a Usaid, agência de desenvolvimento dos Estados Unidos, preocupa-se tanto com a digitalização das economias quanto com a parceria com Visa e Google para que isso ocorra. Ela não está interessada em trabalhar com Alibaba, Tencent, Huawei ou Baidu.

Passemos ao último ponto. No Capítulo 1, esbocei como Wall Street capitaliza grandes empresas, que por sua vez enviam dinheiro, provocando um efeito-cascata no sistema internacional de pagamentos, como impulsos nervosos. Quando essas empresas internacionais tentam obter acesso a mercados e cadeias de abastecimento local, esbarram numa zona de "baixa condutividade" nesses bolsões de informalidade, onde o dinheiro vivo é usado. Por isso, para fazer negócios em Nairóbi, o Uber tem que permitir que seus motoristas quenianos aceitem pagamentos em dinheiro, mas o sistema queniano de dinheiro físico atrapalha as ambições planetárias da empresa. Se o Uber pudesse apertar um botão que o substituísse por transferências da Mastercard, sob controle dos Estados Unidos, faria isso. O que eles querem ver são pagamentos digitais caindo automaticamente, vindos das ruas de Nairóbi, por intermédio dos leviatãs dos pagamentos digitais, para as ruas de São Francisco. E assim, por exemplo, o Estado americano acaba se confrontando ao mercado informal queniano, via Usaid.

O mesmo pode ser dito da infinidade de parcerias comerciais sendo estabelecidas pelo governo chinês, entre outros. Todos eles têm interesse em dissolver as relações informais interpessoais, e às vezes tentam fazer isso através de legislação estatal de abertura ao exterior. Por exemplo, os sistemas *hawala*, utilizados por camelôs de religião muçulmana, são uma espécie de sistema internacional informal de pagamentos, por meio de redes com base na confiança e no boca a boca: um imigrante da diáspora somali em Londres entrega dinheiro vivo a um agente *hawaladar* em Streatham, que liga para seu sócio em Mombasa, mandando-o entregar xelins ao destinatário. Esses arranjos, tradicionalmente regulamentados por códigos de honra, e não por sistemas jurídicos, vêm sofrendo pressão de leis como o Patriot Act americano, que tentam torná-los ilegais, em favor de transferências bancárias digitais, ou, em vez disso, incorporá-las ao setor bancário formal.

Porém, embora as grandes corporações utilizem o Estado para sua expansão exterior, essa solidariedade pode se romper em alguns casos. Constatamos, por isso, um complexo leque de tensões que ocorrem entre os antigos leviatãs e os novos "tecnoleviatãs". Max Weber cunhou o termo "jaula de ferro da burocracia" para se referir aos primeiros, em alusão aos grandes prédios governamentais com seus escritórios decrépitos, e as empresas do setor industrial com suas montanhas de salas de arquivos. Os leviatãs do século XXI, porém, querem transformar as barras dessas jaulas de ferro em uma malha digital transnacional. É isso que estamos vivenciando atualmente com a infiltração do capitalismo de vigilância automatizado, que recebe diferentes nomes conforme o local onde se infiltra: nas cidades, dão o nome de "cidades inteligentes"; nas casas, "casas inteligentes"; nos corpos, "autorrastreamento"; nos países desenvolvidos, "inclusão digital".

Uma malha transnacional de contradições

Como devemos nos sentir em relação à complexa teia de relações por trás dessa malha digital cada vez maior que nos envolve? Já comentei que, para muitas pessoas, é mais simples, do ponto de vista psicológico, seguir o fluxo e enxergar os tecnoleviatãs cada vez maiores como uma fonte de enorme progresso. Com certeza, existe uma série gigante de belas coisas que advêm da interconexão das tecnologias digitais: da capacidade de falar com as pessoas amadas por chat de vídeo à possibilidade de descobrir uma música que agrada, através do aplicativo Shazam. As empresas de internet incentivam esse imaginário utópico, recorrendo às visões otimistas de um mundo conectado que acompanharam a internet dos anos 1990. Naquela época, a internet gerava visões de um mundo metaestatal, metassocial e metamercadológico, chamado *ciberespaço*. Isso preparou o terreno para ideologias otimistas, como a chamada *California ideology*, o tecnoutopismo de livre-mercado associado ao Vale do Silício.

Fiz referência a esse espírito no capítulo anterior. Ele vem em conjunto com visões da singularidade e do "transumanismo" — a crença de que o ser humano vai transcender seus limites ao fundir-se com as redes de tecnologia globais, em uma união divina.

A internet moderna não é a internet dos anos 1990, existindo hoje em dia o receio de que ela esteja facilitando a centralização do poder e a vigilância. As pessoas estão percebendo o senso de desorientação, assim como a ansiedade e a polarização, todos acarretados pela sobrecarga de informações. Essa conscientização aumentou na esteira da covid-19, que nos impulsionou ainda mais na rota do reino digital transnacional. À medida que os pacotes da Amazon vão se empilhando, e histórias distópicas de sistemas estatais de reconhecimento facial proliferam, muita gente tem a sensação de vazio e receio ao pensar nessa malha digital aparentemente inescapável.

No entanto, por temerem falhas nessas novas tecnologias das quais se tornaram dependentes, as pessoas têm dificuldade em pensar nelas de maneira crítica. Assim como a "necessidade" do cigarro só ocorre depois que o corpo do usuário foi recalibrado para ficar em um estado de dependência, a suposta "necessidade" de muitas tecnologias novas só ocorre, em geral, *depois* que elas recalibraram nosso ambiente. Como ex-fumante, posso afirmar que o viciado não acende o cigarro para sentir prazer, acende para evitar a dor dos sintomas de abstinência. Da mesma forma, é praticamente um beco sem saída tentar analisar a tecnologia com base na ideia de que o progresso dela torna as pessoas mais felizes. As empresas dependem dessa narrativa para comercializar seus produtos, mas o mais seguro é ignorar essa narrativa e, ao contrário, analisar a constante redefinição das nossas expectativas, que ocorre a cada mudança tecnológica, e as concessões embutidas. Entre essas concessões, no capitalismo de vigilância digital moderno, está a conexão direta das tecnologias às quais estamos cada vez mais viciados a poderosos governos e corporações.

À medida que se dissemina o processo de aprisionamento das pessoas às plataformas e aos sistemas de dinheiro digital, aqueles que não concordarem em ser conectados às instituições centrais de mercado irão sofrer. Eles podem entrar para o grupo dos "desbancarizados", sendo tratados como se necessitassem ser salvos, e — considerando que a capacidade de interagirem com a sociedade pode ficar comprometida por essa falta de conexão — podem até sentir gratidão por serem finalmente incluídos no setor bancário. Mas são essas megainstituições que, a princípio, forjaram as conexões que levaram à nossa dependência da economia digital transnacional, e o que as torna tão úteis nessa escala também é o que as torna tão poderosas e perigosas. Em termos de escala, é mais inteligente ter cinco grandes bancos que dominam o sistema de pagamentos nacional do que 5 mil bancos pequenos. De forma similar, esses agregados nacionais de bancos acham mais eficiente passar por um ou dois *hubs* internacionais — como o sistema do dólar americano ou o sistema do yuan chinês — do que ter que construir centenas de relações diretas entre si. Quanto maior a escala, maior o tamanho das instituições que podem brotar, e maiores elas ficam em relação aos indivíduos.

Quanto mais os bancos se tornam o ponto de contato para a entrada de dezenas de milhões de pessoas no sistema transnacional, maior seu poder e sua responsabilidade. Um banco pode ter 30 milhões de correntistas diferentes, controlando 60 milhões de aparelhos, que enviam, coletivamente, milhões de mensagens por dia tentando acessar seus servidores centrais. É um número colossal de demandas, motivo pelo qual os bancos estão se voltando a essas tecnologias de IA militaristas para monitorar as pessoas. Isso exige uma infraestrutura robusta, para garantir que as mensagens enviadas não sejam ignoradas, corrompidas, mal-interpretadas, fraudulentas ou prejudicadas. É preciso checar se o remetente é mesmo o correntista, o que é feito através de um pedido de identificação e criação de perfis pessoais, que dá aos bancos acesso à nossa vida privada.

Considere o dilema seguinte: digamos que eu seja um vigarista, com um saldo de mil libras na minha conta. Eu bolo um esquema para enganar meu banco. Abro dois aplicativos de *e-commerce* em dois celulares, e seleciono dois produtos que custam mil libras. Em seguida, clico simultaneamente "comprar" em ambos os produtos, na esperança de que os dois sinais cheguem ao *data center* do banco no mesmo instante, para que ele seja enganado e autorize ambos. Para impedir essa tentativa de "gasto duplo", supostamente, o banco tem que checar qual pedido chegou primeiro e aceitar apenas esse, rejeitando o outro. Mesmo que eu consiga enganá-lo por algum tempo, o banco faz checagens de sua base de dados particular e pode retroativamente desfazer um pagamento e mandar o segundo vendedor interromper a entrega. A estrutura é inteiramente baseada em sistemas centralizados de controle de acesso ostensivo, em que os bancos atuam como pajens. Pode ser tranquilizador saber que seu banco usa esse poder para reverter uma transação fraudulenta que prejudicou você, mas essa mesma característica gera todos os receios em relação a vigilância, censura, exclusão e centralização do poder.

Existe um jeito de resolver esse conjunto de contradições e regular essa centralização de poder? O jeito tradicional passa por militantes que fazem lobby junto a instituições governamentais para regulamentar as corporações e o mercado financeiro, mas e se você não acredita nessas instituições? É aí que nossa narrativa toma o rumo do mundo dos *cypherpunks*, cujas tecnologias vêm criando novas e fascinantes possibilidades de reorganização dos nossos sistemas monetários.

A ciber-resistência

Nos primeiros dias da internet, o receio do advento de leviatãs corporativos e estatais levou ao surgimento dos chamados *cypherpunks* e criptoanarquistas. A partir do início dos anos 1990, eles anteviram a disseminação da espionagem digital e iniciaram uma busca frenética pelo uso da *criptografia* — a arte militar de envio e verificação de mensagens secretas — para criar comunidades autônomas na internet. Os *cypherpunks* acabaram se tornando líderes de movimentos divergentes (Julian

Assange, do WikiLeaks, pertenceu a eles), mas também se dedicaram ao pioneirismo no dinheiro digital anônimo. David Chaum (que conhecemos na pág. 120), por exemplo, enxergou o potencial distópico de uma futura sociedade *cashless* e propôs um sistema chamado DigiCash como uma camada privada implantada acima do sistema bancário normal.

Os *cypherpunks* se valiam de uma série de tradições políticas e foram precursores da cultura hacker radical. É um termo genérico que descreve pessoas com uma atitude rebelde em relação às tecnologias e aos sistemas associados à burocracia de grande escala. Os hackers gostam de se infiltrar nas interfaces de usuário desses sistemas e de explorar e subverter seus códigos ocultos. Uma representação popular recente dessa cultura foi a série *Mr. Robot*, em que um jovem hacker tenta derrubar uma corporação agressiva, que ele chama de EvilCorp. Os hackers da série são ao mesmo tempo anticorporações e antiestado, orientação política que sempre foi associada ao anarquismo de esquerda. Muitos coletivos hackers atuais têm elementos dessa ideologia em busca de uma internet alternativa, não corporativa. Existem, no entanto, variantes de uma cultura hacker de direita, que combina o sentimento antiestatal com o tecnoutopismo estatal para criar visões "anarcocapitalistas" de mercados livres digitais.

O anarcocapitalismo é uma versão extrema do libertarismo conservador, que, por sua vez, é como um irmão mais velho e esquentado do conservadorismo político tradicional: mais ruidoso, mais incontrolável e de posicionamento mais radical contra o Estado. Os libertários desejam mercados livres com o mínimo absoluto de ingerência estatal, para proteger a propriedade, enquanto os anarcocapitalistas mais radicais acreditam que os mercados capitalistas de grande escala podem sobreviver independentemente de instituições estatais como a polícia e o Judiciário. São filosofias que podem encontrar pontos em comum com os movimentos *cypherpunks*, unidos pela perspectiva da criação de uma "terra de homens livres" no ciberespaço.

O movimento *cypherpunk*, por conta disso, tornou-se politicamente misto, mas tecnologicamente pioneiro. Projetos como o DigiCash acabaram não dando certo, mas as diversas tecnologias que os compõem, lançadas por gente como Chaum, vieram a se tornar peças de um quebra-cabeças à espera de ser resolvido por alguém mais poderoso, que pudesse organizá-lo. Esse alguém surgiu em 2008. Operando sob o pseudônimo de Satoshi Nakamoto, ele postou um documento PDF em uma *mailing list cypherpunk*, no momento em que os leviatãs do mundo dos bancos estavam em convulsão, durante a crise financeira global.

Era um documento sucinto e elegante. Como um quebra-cabeças que leva milênios para resolver, mas, uma vez terminado, parece muito simples, ele combinava décadas de inovações tecnológicas em uma só receita. Era intitulado "Bitcoin: um sistema monetário eletrônico *peer-to-peer*", e, desde então, passou a ser conhecido simplesmente como o Bitcoin Whitepaper. Ele veio a se transformar no documento fundador do movimento da tecnologia blockchain, cuja agenda consistia em um único item: *substituir os leviatãs, a começar pelos leviatãs financeiros*. Em seu lugar, surgiria um novo criptoleviatã, controlado por ninguém e utilizável por todos. Para alguns, soava utópico, mas, como sempre, contradições abundam. É a essa "revolução" convulsa que nos voltaremos agora.

11

O guia do paranormal para o espectro do Bitcoin

O Bitcoin Whitepaper é um documento de nove páginas divulgado na internet em 2008, de autoria de um desconhecido chamado Satoshi Nakamoto. Ele faz um esboço elegante de como uma rede global de pessoas que não se conhecem pode coordenar-se coletivamente e dar vida a um sistema que emite tokens digitais transferíveis. À primeira vista, poderia parecer um plano para um sistema monetário, mas é um *sistema de tokens*, e "token" é um conceito bem mais genérico que "token monetário". O melhor ponto de partida para compreender o Bitcoin é enxergá-lo como um sistema de tokens que algumas pessoas tentam transformar em um sistema monetário. Antes de falar dele, porém, precisamos de uma pequena introdução, porque é fácil se deixar enganar pelas narrativas, pelo marketing e pela promoção em torno dele. Para fazer isso, precisamos de um breve desvio pelo reino encantado dos números.

Uma estranha propriedade dos números é que eles são capazes de servir ao mesmo tempo como adjetivos e substantivos. No cotidiano, a maioria das pessoas usa a forma adjetiva — "Chego em quinze minutos", "Pesa seis quilos", "Quero dois pãezinhos, por favor", "Já te avisei três vezes". Em todos esses casos, o número aponta para *algo além de si mesmo* (minutos, quilos, pãezinhos, avisos). Os matemáticos, em compensação, contam com a singularidade de usar "substantivos numéricos". Em uma frase como "Quinze é maior que seis, que dividido por dois dá três", os números são objetos em si. São como protagonistas, não coadjuvantes.

Qual dessas duas espécies de número existe, então, em nosso sistema monetário? No Capítulo 3, contei a parábola do gigante da montanha. Nela, o gigante dá às pessoas um motivo para querer seus tíquetes, que acabam se tornando a base de um sistema de intercâmbio mais amplo. Esses tíquetes são tokens transferíveis, mas pertencem a um subgrupo específico de token, chamado de "promissória". Uma promissória pode assumir o formato simples de um objeto redondo com o número "1" gravado nele, mas esse "1" significa a garantia de acesso a uma dose da água mágica da fonte, lá no alto da montanha. Ele não é "um simples número". Da mesma forma, o dinheiro moderno pode aparecer para nós como objetos transferíveis com números, ou como números em uma tela, mas esses números são — em primeiro lugar — *adjetivos* que denotam uma quantidade de promissórias estatais, bancárias ou emitidas por empresas.

Enxergar isso pode ser complicado, e é fácil confundir os adjetivos numéricos em um sistema monetário com *substantivos* numéricos. Nunca diríamos que três cães são "apenas números", mas muita gente *diz* isso a respeito de uma quantidade de moeda, como se os números fossem meras ficções, e não registros contábeis com força de lei.

A similaridade na superfície entre os adjetivos e os substantivos numéricos pode levar facilmente à criação de imagens "com cara de dinheiro", bastando escrever números. Se você entrar em uma escola primária e mandar as crianças inventarem do zero um sistema monetário, elas vão cortar pedaços de papel em forma de retângulo ou círculo e decorá-los com números. Os adultos fazem isso também. Eu posso gravar o número "1" em uma tampinha de garrafa achatada e dizer, brincando, "Criei uma moeda", mas o número impresso nessa "moeda" não se refere a nada além de si mesmo. Eu poderia tentar afirmar que se refere ao objeto em que está impresso — é *uma* tampinha de garrafa — ou talvez alegar que é o peso do objeto, mas a realidade é que eu apenas escrevi um número.

E o que isso tem a ver com o Bitcoin? A extraordinária história do Bitcoin é a história de como todo um movimento, que hoje arregimenta dezenas de milhões de pessoas, montou um sistema altamente sofisticado de gravação de números em objetos digitais — o equivalente digital de gravar meticulosamente um "1" numa tampinha de garrafa — e hoje se vê diante da questão de como transformá-lo em um sistema monetário de verdade. Há muita coisa em jogo, porque já faz mais de uma década que se afirma ser essa a chave para escaparmos da vigilância e do controle dos gigantes bancários.

Paranormalidade Bitcoin

Assistir a um dos primeiros encontros do Bitcoin — digamos, em torno de 2010 — dava a impressão de um detetive paranormal entrando em uma sala cheia de testemunhas animadas que afirmavam ter visto um fantasma — todas, porém, com relatos ligeiramente diferentes de sua aparição. Imagine esse detetive fazendo anotações, tentando selecionar as palavras mais usadas pela multidão. As quatro que se destacaram foram *disseminado, descentralizado, digital* e *banco de dados*.

Em alguns casos, "distribuído" se transforma em "compartilhado", enquanto "descentralizado" faz par com "à prova de falsificação", "resistente à censura", "imutável" e "incorruptível". "Criptográfico" aparece com destaque, enquanto "banco de dados" se mistura com "livro-razão" ou "estrutura de dados". Os convertidos gritam esses nomes nos *meetups*, em frases como "banco de dados distribuído com segurança criptográfica!", "livro-razão compartilhado imutável!" ou "estrutura de dados criptográfica descentralizada resistente à censura!". Outras descrições nebulosas, como "sem necessidade de permissão" e "independente de confiança", são atiradas com jargões como "*hashing*", "prova de trabalho" (ou PoW, do inglês *proof of work*), "Árvore de Merkle", mineração, "criptografia de chave pública e privada", "assinaturas digitais" e "algoritmo de consenso".

Todas essas palavras levam a uma metapalavra, que é "blockchain". O Bitcoin é um sistema de tokens erguido em torno de um blockchain, que — segundo as anotações do detetive — é um livro-razão de banco de dados sem necessidade de permissão, independente de confiança, criptográfico, incorruptível, imutável, resistente à censura, à prova de falsificação, descentralizado, compartilhado e distribuído, construído através da interseção de todos esses outros jargões.

Enquanto os convertidos com viés técnico têm dificuldade em descrever o blockchain do Bitcoin em quaisquer termos diferentes desse blá-blá-blá incompreensível, outros gostam de proferir slogans políticos grudentos sobre como esse fantasma representa a liberdade e a inovação. Também fazem questão de dizer ao detetive com o que o fantasma *não* se parece. Comparam-no com os bancos de dados centralizados, os bancos, a corrupção, a politicagem, arquivos imundos guardados em prateleiras imundas, governos, a Mastercard, terceirizados, capitalismo clientelista, ditadores socialistas, inflação, impostos, roubo!

Um dos slogans se destaca muito: *o Bitcoin é ouro digital, lastreado pela matemática*. Impressiona, mas, pensando melhor, o detetive — eu — se dá conta de que não é lá muito informativo. A matemática é uma linguagem abstrata, e, embora eu possa construir equações para modelar a gravidade, essa força antiquíssima não é *lastreada* por um sistema numérico inventado pelo ser humano. É uma expressão que parece mais poética que literal: os convertidos dizem que o Bitcoin obedece a regras — embutidas em uma rede de computadores — com reduzida chance de violação.

Meu relato é irônico, mas é assim que muitas pessoas sentem seu primeiro encontro com o Bitcoin. Deparam-se com um emaranhado de jargão técnico e palavras de ordem políticas, dizendo que os tokens supostamente são "minerados" do ciberespaço e que também são "dinheiro". Esse ponto de partida pode deixá-lo mais confuso do que ilustrado. Mas existe uma coisa que eu aprendi, tendo sido um "criptoparanormal" durante mais de dez anos, e é a seguinte: uma olhadela no espectro da tecnologia blockchain é como montar um cubo mágico dentro da sua cabeça. Para obter a imagem completa, é preciso girar todas as peças dentro da sua cabeça várias vezes, confusamente, até, enfim, adquirir experiência suficiente para entender como elas se alinham.

Um ataque em duas pontas

Antes de começarmos esses giros, porém, precisamos de uma ideia de aonde estamos tentando chegar. Nos capítulos anteriores, analisamos duas características-chave do sistema de *cloudmoney*: em primeiro lugar, que ele é tocado por oligopólios bancários, que — em segundo lugar — presidem um suprimento monetário global *transferível*. É mais fácil entender o Bitcoin como uma tentativa de proporcionar uma alternativa a ambas as características, atacando tanto a centralização desse sistema quanto sua transferibilidade.

O Bitcoin prometia proporcionar uma forma de as pessoas transferirem entre si tokens com valores numéricos sem o envolvimento do setor bancário. Isso, imaginava-se, prepararia o terreno para o surgimento de um sistema monetário *descentralizado* (supondo que os objetos com valor numérico pudessem de fato ser transformados em um sistema monetário, mas ainda vamos chegar lá). Esses tokens com valores numéricos, porém, teriam que ter uma *oferta fixa*. Satoshi Nakamoto — o fundador apócrifo do sistema — não parecia gostar de que os bancos e governos usassem seus sistemas centralizados para emitir, de forma imprevisível, quantias flutuantes de fichas. Por isso, ele desejava um sistema descentralizado, com uma oferta imutável de tokens, liberados lentamente, de forma previsível.

São características que apresentam uma tensão entre si. A *descentralização* é uma demanda historicamente associada a um amplo leque de grupos políticos, de anarquistas de esquerda e comunidades hippie a fazendeiros libertários e povos tribais da Papua Nova Guiné. Na esteira da crise financeira de 2008, foi esse aspecto descentralizador que atraiu tanto os ativistas mais à esquerda — que consideravam os bancos corporações privadas hegemônicas — quanto os mais à direita, que enxergavam os bancos como clientes do Estado. A ambos, agradava a promessa de um sistema projetado para dispensar os bancos, mas a promessa de *oferta monetária fixa* é bem mais polêmica em termos políticos, porque a exigência de uma restrição monetária está tradicionalmente associada a uma posição política mais conservadora. Ao longo da história, são os credores — aqueles com excesso de dinheiro — os mais propensos a considerar a restrição da oferta de dinheiro uma virtude natural. Isso ocorre porque dispor de um reservatório de dinheiro escasso, em um mundo com população ou economia em expansão, coloca seu detentor em uma posição de poder em relação, digamos, a um estudante que precise pedir dinheiro emprestado (a deflação é uma experiência assustadora para qualquer devedor vulnerável).

Embora muitos conservadores em questões monetárias sejam detentores do poder dentro do sistema bancário fiduciário, é politicamente útil para eles afirmar que o dinheiro deveria ser *como uma commodity*, como se fosse uma substância rara que é necessário racionar cuidadosamente. É uma lenda tradicional arraigada no pensamento conservador. Todos nós temos tendência a apresentar nossos argumentos políticos como se estivessem em linha com a natureza humana e, apesar de poder argumentar que o ser humano adora por natureza contemplar fogueiras ou dançar em grupo, os economistas conservadores têm outra preocupação: alegam que os seres humanos são *naturalmente* individualistas em busca de lucro, cujas ações levariam a uma "ordem natural do mercado", caso não houvesse empecilhos. Esse ponto de vista, por sua vez, leva a um ideal monetário natural — papel atribuído ao ouro, que serve de contraponto ao dinheiro "antinatural", "criado do nada" por instituições coletivas.

O ouro surgiu a partir de explosões de estrelas em um passado remoto, e esse reluzente detrito espacial sempre foi, ao longo da história, usado em joalheria. Também tem uma história complicada sendo visto — em certos contextos — como "moeda" ou "quase moeda". Não era visto universalmente como tal, e, mesmo quando chegou a ser, em geral era *emitido* por Estados e coexistiu com moedas que não eram commodities. Quaisquer que sejam as sutilezas, o ouro não é nem um pouco prático, por ser tão escasso: para que os 7,7 bilhões de habitantes do planeta pudessem usá-lo, seria preciso moê-lo em um pó bem fino (e, se começássemos a usar esses microfragmentos, aquele que atualmente detivesse toneladas dele se tornaria imensamente poderoso). Por isso, na teoria econômica conservadora o ouro é considerado algo a copiar, e não a usar, servindo como uma espécie de ideal platônico. Isso foi aplicado até mesmo na era do chamado "padrão-ouro", em que o metal era passado de forma ritualística de um banco central para outro, o que conferia mais seriedade à autoridade monetária e ao mesmo tempo servia de restrição a seu poder institucional, criado pelo homem, como uma espécie de barreira geológica.

O postulado do Bitcoin como "ouro digital" deve ser visto nesse contexto. Quem entrasse em um *meetup* do Bitcoin de 2008 em diante seria, em geral, recebido com uma narrativa de salvação monetária, contrapondo um passado imaginário, o do ouro, com um presente imaginário, o da corrupta moeda fiduciária, "sem lastro algum" a não ser uma alquimia política. Esse presente era, por sua vez, contraposto a um futuro imaginário, em que a criptografia, lastreada em uma matemática pura e sólida, despontaria como a salvadora.

Os participantes dessas conferências iniciais do Bitcoin nem sempre eram conservadores em questões monetárias. Havia os *techies* radicais, os defensores do software de código aberto e até um punhado de anarquistas anticapitalistas e gurus New Age. Muitos foram atraídos pela fascinante inovação tecnológica exigida para realizar a parte de descentralização do sistema. No entanto, isso os deixou vulneráveis a aceitar, pelo valor nominal, a narrativa monetária associada. O pensamento monetário conservador é um tanto fácil de vender para o público, porque se vale da mentalidade do "usuário do dinheiro" (discutida a partir da pág. 65) que muitos de nós possuímos. É simples convencer um pequeno poupador de que a limitação da oferta de dinheiro é do interesse dele, mesmo não sendo, e foi assim que políticos como Margaret Thatcher deram a seus programas de austeridade uma aura de senso comum doméstico nos anos 1980. O sistema do Bitcoin usou essa mesma mentalidade de austeridade, porém tentando embuti-la em uma unidade monetária não estatal, transnacional, com um design engenhoso.

Um esboço grosseiro

Para compreender o fascínio em torno do lado descentralizador do Bitcoin, pergunte a si mesmo o que você faria se o incumbissem de elaborar um sistema que permitisse a pessoas que não se conhecem transferir unidades digitais entre si. De que forma você lidaria com possíveis fraudes e ataques de "duplo gasto", como os enfrentados pelos bancos, sem os sistemas centralizados de controle de acesso que os bancos normalmente utilizam? Onde as contas ficariam abrigadas? Esse trabalho seria assalariado?

Esse é o impasse que a revolucionária "receita" do Bitcoin soluciona. A tarefa de explicar os componentes da receita e o modo de preparo é complicada. Por isso, vamos começar com uma aproximação grosseira do resultado final. Imagine todos os *data centers* dos bancos comerciais e dos bancos centrais que eu descrevi na primeira parte deste livro. Os *data centers* dos bancos são privados, e, quando você solicita uma alteração na sua conta, o banco fica encarregado de fazê-la. Agora imagine, ao contrário, um enorme banco de dados público, visível por qualquer pessoa do mundo. Ele não fica abrigado em um grande *data center*, e sim em vários locais ao mesmo tempo, em uma rede global espalhada de "tecnocaixas" mercenários, incumbidos de fazer as alterações nesse banco de dados. Esse é o impressionante esboço da infraestrutura básica do Bitcoin. Agora podemos preencher mais algumas lacunas.

Nesse banco de dados aberto, você tem algo semelhante a uma "conta". É chamado de *endereço público*. Esse endereço público é um pseudônimo — visível por qualquer pessoa do mundo, mas sem o nomear diretamente como pessoa — e qualquer um no sistema pode enviar tokens para ele.

Para transferir esses tokens a outra pessoa, você precisa digitar uma requisição aos tecnocaixas. Esse processo é análogo a digitar uma carta autorizando uma transferência e depois colocá-la em um envelope digital selado. Antes de enviá-la, ela precisa ser assinada, processo que exige ter uma chave privada, provando que você é o dono, de direito, do endereço público detentor dos tokens.

Para compor e enviar essa mensagem aos tecnocaixas, o usuário comum precisa ter baixado uma "carteira". Esse termo é um tanto enganoso. Pense nela um pouco como um servidor de e-mail de tema único, criado para o objetivo exclusivo de enviar esses envelopes digitais para o ciberespaço. Essa carteira transmite o envelope por meio de uma rede *peer-to-peer*: imagine-o sendo passado "de mão em mão" (ou, para ser mais preciso, de computador para computador) internet afora via uma rede de *peers*, ou pares, em cascata.

Os tecnocaixas estão espalhados pelo mundo inteiro, à espera de apanhar esses envelopes digitais que chegam. Uma vez recebidos, eles são acrescentados a uma fila de pendências de alterações solicitadas ao grande banco de dados público. A tarefa do tecnocaixa é verificar se a solicitação é legítima, e em seguida o objetivo deles será atualizar o banco de dados para efetivar as alterações solicitadas, transferindo, assim, seus tokens para o endereço público de um terceiro. Caso sejam bem-sucedidos nessa tarefa, obtêm uma recompensa.

Essa descrição é prática, mas imprecisa. Utilizei-a para dar uma ideia básica do sistema — e é possível seguir em frente sabendo apenas isso —, mas é uma simplificação metafórica. Para uma compreensão plena, é preciso mergulhar mais fundo em cinco estágios com definições distintas. O primeiro será descrever o conceito de *sincronização*, e o segundo será descrever o conceito de um "blockchain". Vou descrevê-los em termos isolados, como dois conceitos distintos que não dependem um do outro, quase como duas cores em um cubo mágico, com lógica própria, uma sem saber da existência da outra. O terceiro estágio, porém, implica juntar os dois em uma combinação elegante. Os dois estágios finais completam o panorama. A descrição a seguir é voltada para o leitor leigo, pulando os detalhes mais sutis do sistema. Mas até mesmo uma descrição simplificada do Bitcoin pode ser intelectualmente complexa. Caso sinta dificuldade, console-se sabendo que as coisas ficam mais fáceis na página 225, onde vamos retomar a dinâmica monetária do sistema.

1. Como sincronizar a descentralização em algo único

Imagine um teatro ao ar livre, onde uma plateia de mil pessoas assiste a um dançarino. Cada espectador tem um notebook com uma planilha de Excel aberta, e toda vez que o dançarino se mexe é preciso descrever o movimento em uma célula da planilha — por exemplo, "deu um passo para a esquerda". Será difícil manter as descrições da situação *em sincronia*. Caso o dançarino se mova lentamente, os espectadores terão alguma chance de manter seus registros alinhados, mas é quase certo que eles começarão a divergir à medida que a dança ficar frenética. Pode haver mil registros diferentes do que aconteceu.

Esse é o problema central de um sistema digital "descentralizado". Os "tecnocaixas" do Bitcoin são como os espectadores do meu teatro metafórico. Um espectador pode estar na Turquia, enquanto outro mora no estado americano de Washington, mas os dois estão sentados no ciberespaço, como membros da plateia em diferentes partes de um auditório global, tentando manter um registro sincronizado dos movimentos dos tokens.

Manter sistemas digitais em sincronia é um conceito com o qual muitos de nós temos familiaridade, mas somente em um nível pessoal, de pequena escala. Por exemplo, eu tenho instalado no meu computador, mas também no celular, o Evernote, um popular programa de anotações. Posso fazer uma anotação no computador, clicar *sync* e vê-la pipocar no meu computador também. O aparelho envia as notas a armazenar para um servidor central, controlado pela empresa, que replica a alteração em quaisquer aparelhos conectados ao servidor. Posso continuar editando a anotação no computador, apertar *sync* e ver uma nova versão substituir a original no meu computador. Caso eu edite a nota no computador, mas não a sincronize antes de editar o arquivo no celular, o sistema trava, porque os dois aparelhos vão competir para alterar o sistema central e atualizar um ao outro. Nesse caso, o sistema central dá um "sinal de alarme" e cria um *fork* (bifurcação) onde, subitamente, existem duas versões divergentes. Quando isso acontece, o Evernote pede que eu "resolva alterações conflitantes" manualmente para retornar à sincronização.

No Evernote, esse impasse é resolvido de forma relativamente simples, porque eu — como usuário individual — controlo ambos os aparelhos; portanto, essencialmente, estou em conflito comigo mesmo em relação a um registro armazenado no sistema central. Imagine agora, porém, um sistema onde milhões de pessoas passam a depender de observadores do mundo inteiro que não tem coordenação entre si para monitorar a edição das solicitações e convertê-las em um registro sincronizado de alterações que não estão armazenadas em um sistema central. Vai ser *complicado*. A autêntica beleza dos sistemas de blockchains distribuídos é que eles têm um método para fazer isso.

Sistemas como o Bitcoin são projetados para *sincronizar* os bancos de dados distintos, dos observadores distintos, harmonizando-os, de modo que esses observadores — a quem eu venho chamando de "tecnocaixas", mas que são chamados de *miners* pelo sistema — possam dispor do mesmo registro da realidade, mesmo sem se conhecer. O protocolo permite que eles cheguem a um *consenso*, de modo que, se os bancos de dados separados fossem sobrepostos, não haveria divergência, como se fosse um único banco de dados. Voltando ao nosso teatro, imagine nossos espectadores sincronizando suas respectivas planilhas, criando assim uma ilusão de uma única planilha fantasmagórica pairando sobre o palco. Ela tem caráter público, não estando submetida a edições privadas individuais, mesmo existindo em computadores privados separados.

2. Como tecer a escultura de uma linha do tempo

Por mais que a imagem das "múltiplas planilhas sincronizadas" seja útil, ela é imprecisa em outro aspecto. O que está sendo sincronizado e unificado por cada espectador no sistema do Bitcoin é, na verdade, mais complexo que uma planilha. Cada um está montando, e então tentando sincronizar, algo que se parece bem mais com uma complexa escultura digital, costurada em um padrão repetitivo. Precisamos de uma metáfora nova para ilustrar esse segundo conceito: a metáfora das *linhas do tempo*.

Hoje em dia, estamos cercados de linhas do tempo. Ao rolar a tela do Facebook, do Instagram ou do Twitter, vemos uma lista cronológica de coisas que postamos em uma "linha do tempo". Da mesma forma, se você olhar suas mensagens passadas do WhatsApp, verá uma linha do tempo de interações com diferentes pessoas. Também temos diversos objetos físicos que podem ser dispostos manualmente em uma linha do tempo, como antigos retratos de bebê em álbuns fotográficos ou boletins escolares arquivados de forma consecutiva em uma pasta.

Imagine que seu projeto pessoal fosse consolidar tudo isso em uma megalinha do tempo pessoal, começando com sua certidão de nascimento e progredindo cronologicamente através do tempo, empilhando toda mensagem, texto e foto em uma gigantesca planilha contendo um relato cronológico "em tempo real" de cada comunicação, evento e postagem de sua vida inteira.

No momento em que escrevo estas linhas, tenho 13.989 dias de idade. Por isso, se começasse pela minha certidão de nascimento, avançasse pelas minhas primeiras fotos de bebê e terminasse com a mensagem de WhatsApp que enviei hoje, minha planilha teria centenas de milhares de entradas. Feita corretamente, essa "Planilha-Brett" seria uma espécie de escultura digital da minha vida, começando do embrião, do tamanho de uma cabeça de alfinete, e evoluindo em uma linha do tempo até meu eu adulto. Certa noite, porém, eu poderia me sentir incomodado ao ler um poema constrangedor que escrevi na adolescência e impulsivamente *deletá-lo* da minha Planilha-Brett. Eu elimino o espaço em branco, mantendo intactas as entradas logo antes e depois. Só apaguei um pedacinho do meu passado.

Mas e se existisse uma regra, ao criar-se uma Planilha-Brett, que impedisse isso, tornando a planilha mais parecida como uma *Brett-chain*? Imagine se, toda vez que eu adicionasse um registro a ela, eu fosse obrigado a fazer antes uma miniatura do registro anterior, incluindo-o em toda nova entrada que eu acrescentasse. A imagem seguinte é uma representação simplificada dessa ideia. Na primeira entrada eu registro: "Fui à praia". Quero, então, adicionar uma segunda entrada, que é: "Me droguei", mas, antes de poder incluí-la, preciso acrescentar uma miniatura da entrada anterior no cantinho de baixo. Da mesma forma, para acrescentar a entrada seguinte — "nadei pelado" —, eu incluo uma miniatura da entrada anterior, que, por sua vez, contém uma miniatura.

Esse é um exemplo simplificado, mas as miniaturas dentro das miniaturas criam uma espécie de regressão infinita de volta ao ponto de criação. Cada entrada nova embutirá uma memória de todas as entradas que levaram até ela.

Fazer isso cria uma nova propriedade. Imagine, por exemplo, que daqui a alguns anos eu resolva que é prudente remover aquela segunda entrada e limpar meu passado, afirmando simplesmente que a progressão foi "fui à praia" e depois "nadei pelado". Subitamente, deparo-me com um problema que eu não tinha na Planilha-Brett original. A entrada "nadei pelado" contém um traço da entrada que estou tentando remover. No canto inferior há uma miniatura que diz "me droguei". Alguém que inspecionasse essa cadeia conseguiria ver uma *ruptura*. Qualquer tentativa de alterar uma entrada passada criará uma reação em cadeia, de desunião, cadeia acima. Como no filme *De volta para o futuro*, você não tem como alterar o passado sem alterar o presente.

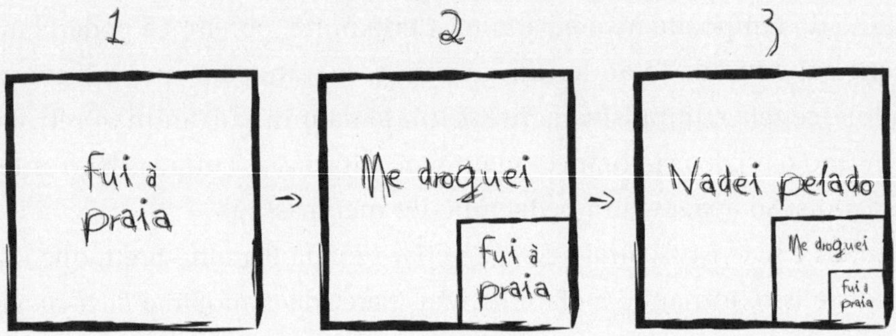

Essa "Brett-chain" é fantasiosa, porque seria um registro da linha do tempo da minha vida. Trata-se, porém, de uma excelente maneira de captar o espírito de um *blockchain*. Em vez de um registro dos acontecimentos da minha vida, criados pessoalmente, um blockchain é constituído por um observador que se apodera desses envelopes digitais enviados pelas pessoas, empacota-os e tenta costurá-los em uma gigantesca linha do tempo, ligando cada pacote novo ao anterior, com uma pequena miniatura do pacote que o precedeu. Tenta-se montar uma escultura digital a partir das solicitações de transferência de tokens digitais.

3. Como juntar os conceitos 1 e 2: a sincronização das esculturas

No exemplo do Brett-chain acima, eu criei a cadeia *individualmente*, e se eu quisesse alterar de verdade o passado poderia alterar manualmente todas as miniaturas, obtendo a mudança desejada (apagando a miniatura "me droguei" do bloco "nadei pelado" e reescrevendo uma nova com "fui à praia"). Se eu tentasse fazer isso alguns anos depois do ocorrido, levaria um tempo gigantesco, porque teria que reescrever um monte de miniaturas, mas seria possível.

Imagine, porém, uma nova regra das Brett-chains. Imagine que, toda vez que eu adicionasse uma entrada nova, eu tivesse que enviar um exemplar novo a cem amigos, que vão acrescentá-la a seus *backups* do meu Brett-chain, que eles vêm compilando gradualmente ao mesmo tempo que eu. Agora, se eu quiser retroativamente alterar um registro de alguns anos atrás, não me bastaria reescrever minha própria Brett-chain: eu também teria, de alguma maneira, que reescrever todas as cópias dela. Se eu não conseguir, descobrirão minha tentativa particular de alterar a história.

É assim que juntamos o conceito de *sincronização coletiva* com o conceito de *esculturas de linha do tempo digitais* montadas individualmente, criando algo mais poderoso que ambos. Na nossa metáfora inicial do teatro, os espectadores estavam obtendo consenso em uma simples planilha, mas a verdadeira alma dos sistemas cripto é que os espectadores obtêm consenso em uma linha do tempo interconectada de forma intrincada, montada em paralelo por cada espectador. Na verdade, o uso do termo "blockchain" constantemente no singular é impreciso, porque ele deveria ser *plural*. Os sistemas blockchains são *distribuídos*, mas isso não significa "uma escultura digital dividida em pedaços guardados em locais diferentes". Significa "muitas diferentes esculturas, erguidas em paralelo em lugares diferentes e sincronizadas como uma só". Através dessa sincronização, cria-se a ilusão de uma única escultura viva de emissão e transferência de tokens, escultura que não pode ser alterada depois que se atinge o consenso (pelo menos em tese).

4. O penúltimo estágio

Precisamos de mais uma alteração nesse quadro. Na nossa metáfora, primeiro o dançarino dança, e depois os espectadores tentam registrar os movimentos em suas esculturas de linha do tempo. Um sistema como o Bitcoin, no entanto, inverte essa ordem, porque — como em qualquer sistema de tokens digitais — é o ato de registrar uma mudança que *a faz acontecer*. Imagine nosso dançarino parado, em pé, como um manequim, mas capaz de proferir solicitações aos espectadores; ele se movimentaria subitamente, como se estivesse possuído, quando o público chegasse a um consenso em relação ao que ele solicitou. O manequim grita: "Posso dar uma pirueta?". Os espectadores tentam costurar isso em suas novas esculturas de linha do tempo, e, tendo êxito, gritam de volta em uníssono: "Ele dá uma pirueta!", o que o faz girar.

Isso nos traz de volta ao "envelope" do começo. No sistema Bitcoin, o usuário comum é um pouco como o dançarino, escrevendo uma solicitação em um envelope digital e enviando-a via rede *peer-to-peer* aos espectadores. Depois do envio da solicitação, nada ocorre em um primeiro momento. Seu endereço continua congelado na mesma posição, enquanto você espera que os espectadores costurem a alteração proposta em suas cadeias. E então, subitamente, você testemunha seu desejo de ganhar vida e realidade. Seus tokens se movem.

5. O estágio final

Até aqui, o espectro do Bitcoin se apresenta como um sistema de criação e sincronização de esculturas digitais diferentes, unificadas por tecnocaixas espectadores distintos, a fim de dar vida a um rastro de transferências de tokens entre pessoas. Uma questão que resta é saber por que esses espectadores perderiam tempo fazendo isso. Caracterizei o Bitcoin como um ataque em duas frentes contra o sistema bancário. Até aqui, minha descrição só tratou da primeira ponta — sua natureza descentralizada —, mas a peça final do quebra-cabeças nos levará à segunda ponta: a promoção de uma oferta imutável de tokens.

No sistema bancário, a *criação monetária* é um conceito distinto da *movimentação monetária*. Como vimos nas páginas 79-96, um banco emite fichas quando, por exemplo, seu setor de empréstimos decide conceder um crédito. Essas fichas podem então ser reatribuídas de uma conta para outra através do setor de compensação, que é uma área separada do banco, com funcionários próprios. No Bitcoin, porém, a criação e a transferência de tokens são fundidas em uma única operação. Isso ocorre porque o sistema tem uma regra que pode ser resumida da seguinte forma: quando um tecnocaixa é bem-sucedido na coleta dos envelopes digitais que chegam, contendo solicitações de movimentação de tokens existentes, e na atualização, com eles, de sua escultura digital, ele ganha o direito a *criar por escrito para si próprio uma quantidade determinada de novos tokens*, acrescentando-a à sua escultura (originalmente essa quantidade era de cinquenta, mas vai se reduzindo com o passar do tempo). Quando todos no sistema chegam ao consenso para aceitar essa nova escultura atualizada, o tecnocaixa se vê em posse de novos tokens.

Isso cria um novo problema. Ao criar essa regra, o sistema simultaneamente cria um incentivo para os tecnocaixas atualizarem suas esculturas com a maior frequência possível, o que faria as unidades que eles recebem como recompensa proliferarem-se descontroladamente. Como contrapeso a isso, o sistema Bitcoin dificulta de maneira deliberada a atualização das esculturas por parte deles. É aí que entra em cena o hoje famigerado sistema de prova de trabalho do Bitcoin.

Na época em que eu ainda usava o Gmail, ativei o (posteriormente descontinuado) "filtro de bêbado". Quando eu clicava "Enviar", aparecia na tela uma charada matemática, que era preciso resolver antes do envio do e-mail. A lógica por trás dessa ferramenta bizarra era impedir pessoas bêbadas de enviar mensagens de que viessem a se arrepender, *desacelerando-as* e dando-lhes, assim, tempo para repensar e cancelar o envio.

Não eram charadas muito difíceis — adicionavam, talvez, dez segundos ao processo de envio de um e-mail. Imagine, porém, se você estivesse tentando mandar um spam para 10 mil pessoas: o filtro de bêbado me forçaria a cerca de 26 horas de cálculos. Opor a alguém tamanho obstáculo de prova de trabalho é uma excelente forma de prevenir o spam.

O sistema de prova de trabalho do Bitcoin se assemelha a uma corrida de obstáculos dificílima que pipoca antes que qualquer tecnocaixa tenha condições de mostrar sua nova escultura ao mundo. O Bitcoin utiliza um algoritmo de *hashing* chamado SHA-256, criando uma charada bem mais complicada que o filtro de bêbado do Gmail. Na verdade, a única forma de resolvê-lo é usando a "força bruta", tentando milhares de respostas aleatórias na esperança de que uma delas esteja certa. Um efeito colateral disso é que os tecnocaixas do sistema precisam gastar uma enorme quantidade de energia. No sistema Bitcoin, tudo isso é automatizado — eles rodam *rigs* de mineração (enormes gabinetes de servidores de alto desempenho) que passam automaticamente por todos os estágios. Se tivéssemos que usar uma metáfora humana, porém, imagine-os, tendo se apoderado de um pacote de envelopes digitais para acrescentar à sua estrutura, precisando fazer enorme esforço para teclar "Atualizar", como se houvesse um campo de força que os repelisse. Por fim, um tecnocaixa consegue, e, cantando vitória, envia uma versão atualizada de sua escultura (com um número definido de tokens novos embutidos nela, para si próprio) a todos os outros, que precisam interromper suas próprias tentativas, sincronizar-se e reiniciar do zero o processo.

Ao desacelerar a atualização, a capacidade de criar unidades como recompensa no processo passa a ocorrer a conta-gotas. É esse mecanismo que dá a sensação de que os tokens de Bitcoin são como "objetos" arrancados — ou "minerados" — do ciberespaço. A árdua ação de registro tanto cria novos tokens de Bitcoin quanto dá vida aos previamente criados, que serpenteiam adiante em longas cadeias de ações registradas.

É por isso que os entusiastas iniciais do Bitcoin usavam camisetas com slogans como "Na matemática confiamos". De forma bem semelhante à de um idioma, que ganha vida da boca de quem o fala e ao mesmo tempo foge ao controle de todo e qualquer falante, o sistema Bitcoin ganha vida de uma rede de pessoas que usam o protocolo comum. Depois de ativado, dá a impressão de existir fora do controle de todas essas pessoas. Isso pode ter um apelo para aqueles que se sentem amedrontados, traídos ou desiludidos com as grandes instituições que parecem ter a capacidade de alterar o tecido da realidade. Isso explica nossas conferências iniciais de Bitcoin, que faziam referência às cadeias inquebrantáveis de ações ao longo do tempo. Esse novo "criptoleviatã" acorrenta as pessoas em um código de honra inquebrantável, em que não se exige honra. Todas as ações passadas estão tatuadas no presente. Tudo tem uma linhagem. Coisa alguma é simplesmente "criada do nada".

O culto do token vazio

Existem muitas perguntas filosóficas e políticas que tal design pode suscitar. Para nossos fins, porém, só precisamos fazer uma: o que *são*, ao certo, os tokens criados e transferidos nesse complicado processo? O Bitcoin Whitepaper original tinha como subtítulo "Bitcoin: um sistema monetário eletrônico *peer-to-peer*". Portanto, Nakamoto acreditava que os tokens eram "dinheiro vivo digital", e o termo "criptomoeda" foi rapidamente aplicado. Eu fui um usuário precoce do Bitcoin, mas achava prematuro o linguajar monetário. Assim como um diretor obscuro pode dar a seu filme desprezado o nome de *O maior espetáculo da Terra* (na esperança de que venha a ser), os entusiastas estavam fazendo pose quando aplicavam aos tokens o linguajar monetário. Estavam na esperança de um tempo em que os tokens *se tornassem* dinheiro, mas grande parte da cobertura da imprensa embarcou nessa narrativa, no presente do indicativo, de uma situação futura: repórteres e influenciadores das redes sociais se referiam aos tokens como "a nova moeda digital".

Isso nos traz de volta ao ponto em que iniciei este capítulo. Ficamos suscetíveis a enxergar esses objetos numerados transferíveis como "dinheiro", porque temos fixação pelos números que acompanham superficialmente um sistema monetário. Não é difícil desmascarar certos objetos numerados: quando vemos uma moeda de chocolate moldada com o número "1" e embalada em papel-laminado, para se parecer com dinheiro, sabemos que é apenas uma brincadeira em forma de chocolate. Mas o que acontece quando lhe apresentam um objeto *digital* numerado, apresentado como se fosse dinheiro? Não existe um corpo físico; tudo que você vê, então, são os números e a imagem.

Algo curioso ocorre, no entanto, quando você ignora essa imagem e olha apenas para o número gravado nas esculturas de linha do tempo do Bitcoin. Imagine, por exemplo, ver isto:

1

O que é esse número? O que ele representa? Se aparecer em uma tela, pode parecer um pouco como um número visível em uma conta bancária. Mas uma conta bancária tem o nome de "conta" por um motivo. Os números em uma conta bancária não são objetos matemáticos isolados: são *registros contábeis* de promissórias com lastro legal que o banco emitiu para você. Portanto, quando um banco "subscreve números" na sua conta, realiza um ato de concessão de acesso, ato esse que o *endivida legalmente*. Esses números são um *passivo* para o banco, e não algo que ele criou e atribuiu como ativo a si mesmo (da mesma forma que um vale emitido por uma cafeteria é um *passivo* para o emissor). A única forma de separar os números da promessa de dívida que eles representam seria a ocorrência de um evento apocalíptico que destruísse o banco e todo o sistema jurídico, transformando esses números, antes com valor de vale, em *meros números* sem poder no mundo real.

No sistema Bitcoin, no entanto, os números têm um significado diferente. Superficialmente, podem ter a aparência de algo que está em uma conta, mas os tecnocaixas que os subscrevem não estão *contabilizando* nada, e esse número com certeza não representa um passivo para eles. Não, eles os subscrevem por terem gastado energia — da mesma forma que eu poderia fazer um enorme esforço para gravar o algarismo "1" numa tampinha de garrafa e afirmar: "Esta é a minha moeda". A diferença crucial, porém, é que a tampinha é um objeto físico que pode ser distinguido do número que eu gravei nele, enquanto no sistema Bitcoin não existe objeto físico. O objeto e o número são uma só coisa.

Dito de outra forma, os "tokens" de Bitcoin são apenas números anotados, registrados no sistema blockchain, numa espécie de sistema contábil sem nada a contabilizar. O sistema estabelece um limite de quantos números podem ser subscritos e permite que os participantes realizem *operações* com eles: assim, uma vez criado, um 50 pode ser fragmentado em pedaços que podem ser enviados em direções diferentes, indo parar em endereços distintos do sistema Bitcoin.

A sutileza-chave, porém, é que a comunidade em torno do Bitcoin criou uma *camada psicológica* separada, que foi sobreposta à realidade subjacente do sistema. Em vez de se ver como movimentadores de um suprimento limitado de números, os participantes do sistema são incentivados a se imaginar movimentando um tipo de "commodity digital". A comunidade Bitcoin faz um enorme esforço para associar os números ao metal, recorrendo bastante, para isso, a metáforas visuais da *marca*. Os números vêm pré-embalados na imagética futurista das "moedas" metálicas, imagem reforçada até pela escolha do nome da marca — Bit*coin*, de *coin*, "moeda" em inglês. É por isso que, nos primeiros dias do Bitcoin, fotógrafos desesperados por uma imagem física para ilustrar as reportagens corriam a tirar fotos de caixas metálicas com a logomarca do Bitcoin gravada.

Mais importante que isso, porém, é que uma comunidade altamente ruidosa de promotores do Bitcoin faz um enorme esforço para criar uma *narrativa* sobre essa "moeda" imaginária. Os tokens podem não passar de números, mas sob certo ponto de vista eles são fruto de um "esforço": o mecanismo de prova do trabalho, que despende tanta energia, pode ser associado à imagem de uma mina de ouro (que lentamente coloca ouro no mundo), e pode ser vendido como uma alternativa ao Estado-feiticeiro que cria "dinheiro do nada". Quando um grande esforço é necessário para subscrever "50", e você só tem permissão para fazer isso algumas vezes, cria-se uma *imagem mental* de "ouro digital". Mas essa imagem continua a ser incerta. Imagine pedir a um atleta olímpico que troque sua medalha de ouro real por uma medalha de "ouro digital". Mesmo que ele escolhesse acreditar na mitologia em torno dos números do Bitcoin, terá dificuldade — como ser tátil — em tentar se empolgar com esse objeto imaginário.

Portanto, enquanto o ouro e as promissórias fiduciárias são, ao contrário do Bitcoin, mais do que *simples números*, o Bitcoin continua se esforçando muito para se associar àquele e contrapor-se a estas. Mas isso suscita uma nova pergunta. Não daria para comprar esse ouro moderno com dinheiro, e possivelmente revendê-lo por dinheiro, sem que ele *seja dinheiro*? Poderia um token digital, baseado em uma (tênue) associação ao ouro, servir como sistema monetário alternativo? Não poderia ele virar simplesmente um colecionável com valor monetário, como o ouro?

A troca compensatória de colecionáveis

As economias nacionais são gigantescas estruturas em rede, interdependentes, em que diversas mercadorias, produzidas por diversas pessoas, são encaminhadas por meio de um sistema monetário em comum. Temos dificuldade em enxergar essa estrutura, mas temos uma amostra dela nos corredores de um supermercado. Supermercados têm diversas mercadorias, produzidas por diversas empresas, mas todas portam etiquetas de preço com o mesmo símbolo, indicando pertencerem a uma teia monetária em comum.

Desde muito cedo, uma criança em um supermercado percebe que *dinheiro* não é o mesmo que *tudo que é precificado em dinheiro* e que a característica crucial do primeiro é permitir pensar no segundo. Se uma criança de nove anos recebe uma nota de 20 libras de mesada, sua mente põe-se a pensar nos doces nas prateleiras, ou em um brinquedinho. Da mesma forma, a mãe da criança, ao consultar o saldo no banco, põe-se a pensar em commodities como a gasolina ou a sopa, ou serviços como creches. De forma inversa, ao olhar para mercadorias específicas, pensa nelas ou em termos utilitários ("Dirijo meu carro"), ou em termos monetários ("Quanto será que ele vale?"). Ela não pensa no carro em termos de sopa. Da mesma forma, ela não pensa em dinheiro em termos de outro dinheiro, a não ser que esteja cruzando uma fronteira geográfica, do sistema da libra britânica para, digamos, o sistema do rand sul-africano, em que os supermercados precificam a sopa com um símbolo diferente.

Os tokens de Bitcoin têm algumas características evidentes que nos permitem classificá-los. Em primeiro lugar, não existe nenhum supermercado do mundo em que a sopa seja precificada em tokens de Bitcoin.* Isso significa que os tokens de Bitcoin não participam do mercado de *câmbio internacional*. Em segundo lugar, os tokens de Bitcoin vieram a ganhar um *preço*, que indica a quantidade de dinheiro que se está disposto a desembolsar para obtê-los (na verdade, há enorme negociação nesse mercado, e o preço do Bitcoin tem sido um dos assuntos favoritos da mídia e das redes sociais nos últimos anos). Considerando que esses tokens não estão no mercado de câmbio internacional, conclui-se que devam ser mercadorias, não muito diferentes daquelas encontradas em um supermercado digital. Isso é confirmado pelo fato de que — ao possuir um desses tokens — as pessoas em geral não pensam em outros bens, e sim no *preço de revenda* em dinheiro.

---

* A situação de El Salvador será explicada na p. 231.

Em terceiro lugar, considerando a imagem de commodity em torno do Bitcoin, os tokens passaram a parecer *colecionáveis* de edição limitada, ainda que não possam ser exibidos como um amuleto de ouro. Em quarto lugar, considerando que não têm corpo visível, e podem ser transferidos digitalmente, são muito mais *transferíveis* que a mercadoria comum que você encontra no supermercado. Pense nos tokens do Bitcoin como objetos numerados transferíveis, embalados em uma imagem monetária, e que se transformaram em colecionáveis com preço monetário. Eles não representam uma ameaça direta ao sistema monetário, mas com certeza se aproveitam de sua imagem, integrando-se com ela através de um fenômeno chamado *troca compensatória*.

A troca compensatória é o processo de escambo de bens precificados em dinheiro. Imagine que eu queira devolver um item ao supermercado: posso pedir um reembolso — eles me devolvem o dinheiro — ou posso pedir para *trocá-lo* por algo de preço equivalente. Nesse caso, pode ser que você me veja entregando o produto velho e pegando o novo, e esse ato — à primeira vista — pode dar a impressão de que eu estou "comprando" o novo item com o bem devolvido. Isso, porém, é uma ilusão. Afinal de contas, eu poderia ter pedido o reembolso em dinheiro no caixa e repassado o dinheiro a ele para comprar o novo produto. O que eu fiz, em vez disso, foi fundir as duas operações em uma só, anulando duas movimentações monetárias compensatórias. Esse processo de "compensação" entre objetos denominados em dinheiro recebe muitos nomes diferentes mundo afora (como "ficar quites"), mas o termo técnico é "troca compensatória".

Quando se imagina uma economia por inteiro como um imenso "supermercado", as trocas compensatórias aparecem sob uma forma mais complexa. Alguém detém uma mercadoria e, em vez de revendê-la e usar essa receita para comprar algo novo, faz um escambo, tomando por base os dois preços em dinheiro. Todo ato de "compra" de algo com Bitcoin é um ato de troca compensatória. Alguém pega um colecionável digital transferível e troca-o por algo de preço equivalente. O melhor lugar para testemunhar isso em ação, atualmente, é El Salvador, país dolarizado, onde um presidente entusiasta do Bitcoin fez aprovar em 2021 uma legislação forçando os comerciantes a aceitar os criptotokens. Isso levou algumas pessoas a acreditar que os produtos passaram a ser precificados em Bitcoin nas lojas de El Salvador. No entanto, o "preço Bitcoin", sempre flutuante, de uma lata de sopa em El Salvador é, na verdade, um preço em dólares americanos, que é recalculado em Bitcoins através de uma taxa de troca compensatória, que muda o tempo todo, conforme muda o preço em dólares do Bitcoin. No tempo que você leva para terminar de jantar em um restaurante salvadorenho, o chamado "preço Bitcoin" da sua conta pode ter mudado quarenta vezes, enquanto o preço real da sua refeição, em dólares, continua constante. Porém, assim como o espelho nos mostra uma imagem daquilo que reflete, impedindo-nos de ver seu vidro, um colecionável invisível, com preço em dólares e imagem de dinheiro, pode facilmente parecer "monetário", levando a pessoa a imaginar que está usando-o para "comprar" o jantar (quando na verdade é o preço em dólares que está realizando a compra).

Quando você troca uma mercadoria no supermercado, não está desafiando o sistema monetário. Da mesma forma, quando você faz uma troca compensatória com cibercolecionáveis, não está pondo abaixo a ordem monetária global. No entanto, se aumentasse em demasia o uso de trocas compensatórias com Bitcoin — uma prática que tem sido limitada, ao longo dos anos —, isso certamente poderia dar uma nova feição à superfície do nosso sistema monetário atual, bagunçando os caminhos normalmente utilizados. No Capítulo 6, vimos que as novas formas paralelas de pagamento podem ter surgido na esteira de uma tentativa exagerada de combater o dinheiro físico. A elevada capacidade de compensação do Bitcoin certamente o torna candidato a esse papel, apesar de sua volatilidade.

12

As tribos políticas da Ciber-Kowloon

Em 2015, fui entrevistado para um documentário holandês intitulado *O evangelho do Bitcoin*, que contava a história do movimento nascente das criptomoedas. Fui entrevistado em um barco no rio Tâmisa, passando em frente aos gigantescos arranha-céus dos bancos do Canary Wharf londrino. Queriam me filmar de pé, à sombra desses edifícios, mas a região inteira é uma propriedade privada com sua própria força de segurança, e os proprietários não deram permissão à equipe de filmagem.

Na frente desse cenário, os diretores me perguntaram se o Bitcoin era uma espécie de "novo Occupy Wall Street", comandando o movimento por um novo sistema financeiro aberto. Afinal de contas, sua ascensão à notoriedade pública ocorreu após o declínio do movimento Occupy, em 2012. Eu respondi que sim, mas fiquei em dúvida sobre minha avaliação. Os participantes do movimento eram um grupo diversificado, que considerava que o Estado se tornara refém de interesses corporativos e precisava ser liberto por uma união popular em prol de uma sociedade mais igualitária. Os promotores do Bitcoin, por sua vez, eram esmagadoramente brancos e muito mais intolerantes em relação aos governos que às corporações. Muitos suspeitavam do conceito de "sociedade", preferindo imaginar um mundo composto por indivíduos rivais.

A cena Bitcoin era — para dizer sem rodeios — muito mais direitista que o Occupy, e fortemente influenciada pelo libertarismo pró-mercado. Os libertários mais radicais defensores do livre-mercado enxergam o capitalismo e seus mercados quase como uma espécie de divindade que concede dádivas a alguns e castigo a outros. Os Bitcoiners libertários tendem a retratar o sistema financeiro atual como uma espécie de Igreja Católica corrompida, em que grandes instituições — governos e bancos — servem de mediadoras do acesso ao Santo Lucro, distorcendo a vontade do mercado. Nesse cenário, eles seriam como a Reforma protestante, buscando comunhão direta com o mercado. Para os esquerdistas do Occupy, céticos em relação ao lucro, reformistas como esses mais se parecem capitalistas corporativos com outro nome, considerando que ambos professam reverência ao mercado. Mas isso seria o mesmo que dizer que Lutero e o Papa têm mais pontos em comum que diferenças.

Estou usando propositalmente as imagens religiosas pois existe uma forte corrente fundamentalista nos círculos Bitcoin — a crença em uma iminente reestruturação do mundo. Roger Ver, um empreendedor libertário que aparece no mesmo documentário holandês que eu, chegou a ser apelidado de "Jesus do Bitcoin" pelo fervor de sua crença. Os apaixonados sermões de Ver sobre o Bitcoin falam de uma história de "destino manifesto", em que os devotos da causa do novo criptomundo serão abençoados, deixando para trás o antigo mundo.

A mesma mensagem pode ser encontrada até na configuração numérica do Bitcoin. O código original estipulava que os tecnocaixas poderiam dar vida a no máximo 21 milhões de tokens (trata-se de um número arbitrário, pois nada impediria que fossem 50 mil ou 100 milhões). Caso fossem distribuídos de forma igualitária entre os 7,5 bilhões de habitantes da Terra, cada um receberia 0,0027, mas o sistema inicial concedeu fatias de 50 tokens (18.333 vezes mais que a distribuição igualitária) para qualquer tecnocaixa que tivesse o equipamento certo na hora certa. Em 2018, Elon Musk ganhou 18.333 vezes a soma de alguém que ganhou 28 mil dólares, mas ele, pelo menos, teve que criar uma corporação global para alçar-se a esse posto. Os mineradores pioneiros do Bitcoin, em compensação, se apoderaram de percentuais desproporcionais de tokens fazendo pouco além de ligar seus supercomputadores.

A comparação acima talvez seja enganosa. Como vimos, os tokens de Bitcoin se parecem mais com colecionáveis de edição limitada, e colecionáveis nunca foram criados para a promoção do igualitarismo. Sua estrutura psicológica depende da sensação de que são difíceis de possuir. Esses colecionáveis, porém, tinham uma imagem de dinheiro, o que dava a entender que *deveriam* ser dinheiro. Mas, à medida que o lucro especulativo com sua compra e venda foi aumentando, muitos Bitcoiners (nome dado aos maiores entusiastas e propagandistas do Bitcoin) desistiram da ideia de que os tokens são "dinheiro" e começaram a enxergá-los como um investimento a ser adquirido com a intenção de revenda para ganhos de capital. Isso criou muita confusão (como cria até hoje), porque o linguajar monetário original começou a entrar em conflito com o linguajar de investimentos: assim, um aumento do preço desses colecionáveis foi chamado de "inflação" por alguns e de "rendimento" por outros (contextualizando, imagine ter uma obra de arte rara cujo preço aumenta e se referir a isso como "inflação"). Outros ignoraram essa dissonância cognitiva, usando ambos os tipos de linguajar simultaneamente, mas era óbvio que os tokens estavam sendo absorvidos como bens a serem comercializados dentro do sistema monetário padrão.

A ideia de que o Bitcoin seria "dinheiro digital", no entanto, colou nesses colecionáveis, e esse rótulo começou a criar problemas para minha campanha do mundo real em prol do dinheiro físico. Toda vez que eu publicava um artigo sobre a necessidade de proteger o sistema de dinheiro físico, era inundado de comentários de entusiastas do cripto dizendo que o Bitcoin resolvia o problema. O setor bancário e as fintechs estavam pisoteando livremente esse sistema de dinheiro, e esses rebeldes depositavam suas esperanças em um cibertoken que ninguém usava nas compras de supermercado (embora, como mencionado no capítulo anterior, pudesse ser usado para trocas compensatórias). Apontar isso, porém, esvaziava a narrativa fundamentalista: *um dia, será dinheiro.*

A especulação com os Bitcoin colecionáveis resultou em um aumento maciço do número de pessoas tentando enviar solicitações de transação no sistema, que começou a ficar sobrecarregado. Isso não era de bom augúrio para aqueles que ainda se agarravam à ideia de que o Bitcoin serviria como moeda. O protocolo do Bitcoin prevê um grupo de mantenedores que o atualiza. Por isso, Roger Ver, o Jesus do Bitcoin, pediu que esse protocolo fosse atualizado, aumentando o número de solicitações de transações que podiam ser processadas. Os mantenedores recusaram, e por isso Roger foi embora com seus seguidores em 2017, "bifurcando" para criar uma versão rival, chamada Bitcoin Cash, transformando-se, assim, no Judas do Bitcoin Cash.

"Bifurcar" (*forking*) é uma prática comum dentro da cultura *open-source.* Imagine-se como um adolescente com vários futuros possíveis diante de você, e que— em um estado de extrema indecisão sobre qual deles seguir — você consiga se dividir em duas versões adultas diferentes. Ambas compartilham a mesma infância, mas seguem um rumo diferente no futuro. É isso que acontece com a criptobifurcação. O Bitcoin Cash compartilha o mesmo código subjacente do Bitcoin e viveu sua adolescência com o mesmo blockchain do Bitcoin, mas se separou desse passado em comum para criar uma realidade paralela, com uma nova marca.

Estranhos aliados na guerra ao *cash*

Roger Ver e seus seguidores começaram a afirmar que o Bitcoin Cash é o "verdadeiro" Bitcoin, uma espécie de seita dissidente que jura manter o espírito de um profeta herege e ao mesmo tempo condena a seita original por ter se deturpado. O Bitcoin original se equiparava ao ouro digital, ao *cash* digital, ao comércio e à poupança, mas a comunidade, dividida, brigava por conta desses rótulos. A comunidade Bitcoin reivindica o ouro digital e a poupança ("O Bitcoin é um ouro digital para entesouramento"), enquanto o Bitcoin Cash ficou com o dinheiro vivo e o comércio ("O Bitcoin Cash é dinheiro digital para o comércio").

O dinheiro físico — que vimos no Capítulo 3 — é a única moeda governamental que podemos pegar, já que a moeda digital que usamos normalmente são fichas bancárias emitidas privadamente. Isso pode colocar os libertários em um dilema em relação ao dinheiro físico: eles gostam do anonimato, mas não gostam do emissor. A perspectiva da criação de um "dinheiro digital" não estatal se torna, assim, um tema de grande interesse, e meu trabalho sobre ele valeu-me um convite para o primeiro grande encontro global do Bitcoin Cash — um evento chamado de Visão de Satoshi, organizado por Ver em Tóquio. Acabei sendo uma espécie de forasteiro ideológico, porém. Meu ponto de vista sobre o dinheiro físico parte de uma crítica ao capitalismo financeiro, mas os libertários têm tendência a enquadrar o mesmo receio em relação ao controle e à vigilância como uma crítica do "socialismo financeiro". Nas paredes dos banheiros, grafitis de frases como "Quem é John Galt?" — uma alusão ao livro *A revolta de Atlas*, obra de referência para os libertários conservadores. No livro, Gait é um brilhante e inventivo empreendedor que se recusa a abrir mão de seus planos em favor do governo, e Rand o apresenta como uma força reluzente que se opõe à tirania socialista coletivista.

Em inglês, o termo "teoria da ferradura" designa a ideia de que os extremos da política, tanto à esquerda quanto à direita, podem acabar tendo mais em comum entre si do que com o centro. Isso explica em parte a resposta hesitante que dei aos diretores do documentário quando me perguntaram sobre o Bitcoin e o Occupy. Muitos participantes do Occupy se basearam fortemente no anarquismo de esquerda, que por sua vez se baseia fortemente no imaginário *pré-estatal* e pré-capitalista de grupos altamente comunitários (pense nos projetos comunitários de jardinagem, nas iniciativas de compartilhamento de utensílios e nas comunas isoladas). Por divergirem do centro político, os criptotokens atraem a atenção desses esquerdistas antigoverno, que aparecem de vez em quando nos *meetups* cripto, dividindo o espaço com os libertários antimercado. Estes últimos, porém, têm uma mentalidade *pós-estatal*. No Capítulo 10, descrevi como os leviatãs estatais rompem a exigência de solidariedade comunitária ao viabilizar a interação entre estranhos. Assim como alguns pais criam adolescentes que os odeiam, esses leviatãs podem catalisar uma visão de mundo individualista, que, por sua vez, volta-se contra eles próprios. Esse antiestatismo dos criptolibertários é apresentado como um desejo de um mundo de empreendedores individuais "faça você mesmo", e não como um desejo de uma comunidade fortemente unida que realize projetos de jardinagem.

Como um adolescente que sonha em ir embora de casa, o imaginário libertário gera imagens de mercados isentos de uma base estatal. Alguns libertários chegam a colocar em prática essas fantasias. Por exemplo, Chad Elwartowski, operador americano de Bitcoin, construiu uma plataforma flutuante a mais de 20 quilômetros da costa da Tailândia, até que foi forçado a fugir, acusado pelo governo tailandês de violação da soberania. Em sua página do Facebook, ele postou: "Por algum tempo, eu fui livre — provavelmente a pessoa mais livre do mundo". Plataformas marítimas foram um dos temas do Satoshi's Vision, quando um promotor do Bitcoin Cash orgulhosamente mostrou-me fotos das casas marítimas flutuantes que ele estava projetando. Depois, me contou a história da Cidade Murada de Kowloon, um espaço outrora sem governo nos arredores de Hong Kong. À falta de regulamentação, os prédios de Kowloon se amontoavam como trepadeiras de concreto sem poda, criando um emaranhado labiríntico. A cidade foi demolida em 1994, mas ele a considerava um símbolo da empreitada humana sem regulamentação, na periferia das zonas governadas.

Imagens como essas pairam como pano de fundo quando os entusiastas do cripto imaginam uma "terra de homens livres" no ciberespaço. Seria possível ser criada uma "ciber-Kowloon", uma realidade digital paralela para a qual você pode fugir? Cody Wilson, ativista libertário, define exatamente assim o Bitcoin, quando proclama que "o Bitcoin é o que eles temem que seja, uma forma de sair... de fazer uma escolha. Existe um sistema que se aproxima da perfeição, na hora certa para desaparecermos; então, façam-se as trevas".

A Cidade Murada de Kowloon

Cody recorre à imagem do *dark market*, o "mercado negro", associado à *dark web*. Ele deu essa declaração para promover um projeto (hoje extinto) do Bitcoin chamado Dark Wallet. A meta *cypherpunk* (discutida nas páginas 120; 203-209) era cooptar a infraestrutura da internet para montar redes clandestinas, e muitos promotores do cripto recorrem a essas imagens "das trevas", aproximando-se da visão de si mesmos como rebeldes subterrâneos (mesmo quando se dividem em facções rivais, como a comunidade Bitcoin Cash). Essa cibereconomia das sombras é em parte real — de fato ocorrem trocas compensatórias com cibertokens em mercados clandestinos reais — e em parte mito: a narrativa dá um toque de intriga e emoção a tokens que são, na maioria, tratados como colecionáveis por gente que vive vidas normais na sociedade capitalista corporativa.

Este último elemento talvez explique por que essa comunidade é esmagadoramente masculina. A imagem de um individualismo bruto e heroico, associado à negociação de mercado, atrai homens que, do contrário, poderiam estar exercendo empregos comuns. Lançar colecionáveis digitais explorando esse imaginário pode ser muito lucrativo, o que faz com que a facciosidade seja, hoje, tão comercial quanto é política. Desde o Bitcoin, centenas de *alt-coins* surgiram, clones parecidos com o Bitcoin, com outras marcas. Esses tokens — como o Litecoin, o Peercoin e o Dogecoin — apresentam a mesma estrutura básica de colecionáveis, emitindo uma edição limitada de tokens numerados, mas variam na logomarca, na quantidade, no mecanismo ou na privacidade. O ciberespaço atual está atulhado de incontáveis criptotokens, negociados em troca de dólares americanos. Muitos desses sistemas da primeira onda devem ser encarados como provas do conceito (ainda que tenham propiciado imensas fortunas a seus promotores), mas prepararam o terreno para versões mais sofisticadas, que vamos examinar agora.

A Ciber-Kowloon se sofistica

Imagine crianças brincando com uma caixa de tokens coloridos de plástico. Durante algum tempo, a variedade de cores garante o interesse, mas logo as crianças começam a soltar a imaginação, reinventando os tokens, dizendo coisas como: "Agora são tanques na guerra!". Um dos primeiros passos rumo a uma maior sofisticação nas comunidades cripto era algo parecido com isso. Os inovadores começaram a conjecturar se os criptotokens podiam fundir-se com coisas do mundo real. Era um desejo de se distanciar dos números-substantivos e se aproximar dos números-adjetivos, criando tokens com a promessa de acesso a *coisas além de si próprios*. Um token genérico podia virar um token específico, por exemplo, transformando-se em um vale para uma commodity física, ou um certificado de ações prometendo retorno futuros.

Enquanto nossos filhos podem criar uma conexão criativa entre um token e um tanque simplesmente afirmando que é assim, o mundo adulto exige algo mais consistente para forjar um elo duradouro. O simples ato de dizer "Este token representa uma tonelada de platina" é uma declaração frágil, a menos que os tribunais a reconheçam. Sem isso, é necessário um elo bem concreto. Para dar um exemplo, imagine uma *chave* para um depósito trancado cheio de platina. A chave, em si, não armazena nada, mas está vinculada à platina pelo fato de que o metal não pode ser acessado sem ela. Transferir a chave transfere o acesso; por isso, pode-se dizer que é uma chave "lastreada em platina". O novo desafio assumido pelos criptoengenheiros foi transformar seus tokens em uma espécie de chave digital de acesso a coisas no mundo real.

Para se ter alguma esperança de proporcionar uma alternativa descentralizada aos bancos tradicionais, porém, o cripto precisaria ir além de sistemas de transferência de tokens de mão única. Uma transação envolve duas partes que têm que cumprir seu lado da barganha, e é aí que nossos leviatãs tradicionais costumam prosperar. Se eu fugir com a mercadoria antes de pagar ao lojista, eles mandam a polícia atrás de mim, e até mesmo na velha Cidade Murada de Kowloon você podia acabar fuzilado pelos chefões das gangues se prejudicasse algum protegido deles. Da mesma forma, os leviatãs da internet, como a Amazon, dispõem de sistemas de arbitragem que garantem a conclusão das transações. Mas no reino cripto não existe criptopolícia (ou gangues) às quais recorrer se alguém não cumprir sua parte do acordo numa transferência de tokens. Os sistemas cripto precisam de uma forma de lidar com processos multiestágios, como "envie tokens e receba mercadorias", ou "envie tokens quando o trabalho for completado", ou "conceda tokens de platina à pessoa que enviar tokens de dinheiro".

De longe, a visão mais cativante disso foi proporcionada por outro pretendente à coroa do Bitcoin. Encontrei-me pela primeira vez com a equipe criadora do Ethereum em um apartamento chique de Londres, no final de 2014, seis meses antes do lançamento dessa rede. Dois de seus engenheiros estavam analisando equações matemáticas rabiscadas em quadros brancos em torno da sala de jantar, enquanto um falava em tom casual dos governos como "sistemas operacionais obsoletos". A tecnologia blockchain é atraente tanto à mentalidade prática, de solução de problemas, de um engenheiro, quanto ao anseio de um propósito político. Criptoengenheiros como os responsáveis pelo Ethereum começavam a enxergar o mundo como uma imensa máquina social emperrada por peças políticas defeituosas e incentivos econômicos mal-instalados. Com o conjunto certo de contratos codificados, calibrados com as recompensas exatas, uma "Ciber-Kowloon" sofisticada poderia surgir. Eles não queriam um enclave imundo na *dark web*. Estavam em busca, em vez disso, de uma utopia bem-organizada, orientada pela "criptoeconomia", a qual utiliza a teoria dos jogos — o estudo econômico dos incentivos individuais — na tentativa de projetar sistemas que não valesse a pena violar ou distorcer.

A esperança central do Ethereum repousa em *máquinas de venda digital*. Ninguém imagina uma máquina de vendas que saia correndo gritando: "Perdeu, otário!" depois que você insere moedas. Elas são mecanicamente programadas para entrar em ação e cumprir um contrato econômico quando você preenche sua parte da transação. Em um mundo sem lei, lojas são assaltadas, mas uma máquina de vendas blindada pode continuar operando. A inovação-chave do sistema Ethereum era permitir que as pessoas programassem e liberassem em sua rede o equivalente de máquinas de venda digital blindadas, atribuindo endereços únicos a essas máquinas, para que elas pudessem atuar como agentes, fazendo negócio com os seres humanos dentro desse sistema.

No sistema Ethereum, isso leva o ambíguo nome de "contratos inteligentes", termo usado pela primeira vez em 1994 pelo criptógrafo

Nick Szabo, que também usou a metáfora da máquina de vendas para descrever esse conceito. Enquanto a máquina de vendas normal é feita de peças mecânicas, a máquina de vendas digital é escrita em código. O Ethereum tem um token batizado *ether*, que pode ser usado para ativar essas máquinas digitais. Para entender melhor, pense em um parque temático que só aceite moedas emitidas pelo próprio parque. A rede Ethereum é como um parque temático digital, com instalações calibradas para aceitar o *ether*, seu token nativo. Assim como você pode programar uma máquina de refrigerante com instruções como "Se colocarem 1 libra na fenda, libere uma Coca-Cola", você pode programar essas máquinas digitais para dizer: "Se 1 token *ether* for recebido em seu endereço cripto, libere 5 tokens compartilhados ao endereço que enviou os tokens *ether*".

O Ethereum, como o Bitcoin, tem uma rede de tecnocaixas que recebe solicitações dos possuidores de endereços (entre os quais as máquinas de vendas), dando-lhes vida real. É um processo mais sofisticado, porque, ao serem ativadas, muitas dessas máquinas digitais precisam realizar atos de computação. São como pequenos programas à espera de ativação pela rede.

A equipe do Ethereum — liderada, desde o início, por um programador russo-canadense que parece vindo de outro mundo, chamado Vitalik Buterin — originalmente levantou fundos substanciais para a "pré-venda" desses tokens *ether*, que seria algo como vender moedas do parque temático antes da inauguração do parque, e usou a receita para contratar o pessoal construtor da infraestrutura de base, lançada em 2015. O novo sistema era como uma folha em branco na qual as pessoas podiam projetar suas visões de uma cibereconomia alternativa futura. Os entusiastas imaginavam aglomerados de contratos inteligentes conectados, criando "organizações autônomas descentralizadas" (DAOs, na sigla em inglês) mais complexas. Essas DAOs, por sua vez, podiam se tornar alternativas às plataformas do Vale do Silício, ativadas por tokens *ether* enviados por cidadãos do ciberespaço. Na verdade, muitas dessas ideias assustadoras do Vale do Silício infiltraram-se nesses círculos. Houve quem imaginasse carros que não dariam a partida a menos que fosse comprada uma chave digital em uma máquina de vendas digital. Talvez o carro pudesse ser parado à distância por um sinal enviado do ciberespaço (assim como um antigo telefone público cortava a ligação quando você ficava sem crédito). Outros imaginavam frotas de veículos autônomos cruzando as estradas, transportando pessoas em troca de cibertokens via DAOs.

Também havia visões mais pé no chão. Das plataformas de blockchain diz-se que são "independentes de confiança", o que significa que não é preciso confiar nas pessoas para que o sistema funcione. Para os nerds, essa é uma questão prática, e não ideológica: mesmo que acreditem que 99% da humanidade é fundamentalmente boa, em uma rede de internet sem rosto com 10 milhões de pessoas basta *um* ator malicioso para derrubar tudo. Projetar sistemas que continuam de pé, mesmo com atores incompetentes ou trapaceiros, é do interesse deles. A mesma visão também agrada os profissionais da área de desenvolvimento, que trabalham em ambientes difíceis, onde infraestruturas descentralizadas poderiam ser mais resilientes que as centralizadas. E então pessoas no meio da ajuda humanitária começaram a estudar o blockchain. Eu prestei informações para estudos feitos pelo Unoch (o Escritório das Nações Unidas para a Coordenação de Assuntos Humanitários), o Unsrid (o Instituto de Pesquisa das Nações Unidas para o Desenvolvimento Social), a Anistia Internacional e o Programa das Nações Unidas para o Meio Ambiente.

Em pouco tempo, quase todas as grandes ONGs estavam se interessando, com grupos de ação contra as mudanças climáticas organizando *hackathons* de blockchain, e grupos de ajuda humanitária conjecturando se essa tecnologia poderia ser usada para a distribuição de vales-alimentação. As propostas de utilização iam desde o rastreamento do deslocamento de mercadorias nas cadeias de abastecimento até o combate aos "diamantes de sangue" e o registro de créditos de carbono. Grupos como esses não estavam interessados nas filosofias políticas marginais que circulavam no âmago dos círculos cripto. Eram centristas politicamente pragmáticos em busca de novas formas de desempenhar seu papel. A "ferradura" estava virando um círculo completo.

A máquina de vendas financeira

Em 2016, a comunidade Ethereum estava dividida entre aqueles que detinham e especulavam com seus tokens ociosos e aqueles que eram empreendedores tecnológicos ou pesquisadores e bolavam projetos hipotéticos de utilidades para esses tokens. A bifurcação entre detentores de tokens ociosos e empreendedores atuantes criou uma oportunidade perfeita para o *sistema financeiro*. Em maio de 2016, uma nova iniciativa, batizada "The DAO", foi lançada na rede Ethereum como uma máquina de vendas digital financeira. Ela foi projetada para acumular tokens *ether* dos investidores, juntá-los em um fundo e conceder aos contribuintes o direito de voto, para escolher quais empreendedores seriam financiados. Era quase como um fundo mútuo descentralizado. O nome era enganoso, porque DAO é um conceito amplo nos círculos cripto, e batizar uma iniciativa como "The DAO" é como um fundo de investimento chamar-se A Firma (em vez de, por exemplo, BlackRock). Mesmo assim, os fundadores arregimentaram Vitalik Buterin e outros luminares da comunidade Ethereum para o comitê diretor. O *hype* deu certo e a entidade reuniu tokens *ether* num valor superior a 100 milhões de dólares, de mais de 10 mil contribuintes, em apenas quinze dias.

Não faltava topete aos arquitetos do The DAO. Eles afirmavam que sua criação existia "ao mesmo tempo em lugar nenhum e em toda parte" e que operava "unicamente com base na força de vontade férrea de um código implacável". A primeira frase é uma referência ao campo do *dark market*, mas para compreender a segunda é importante observar que sistemas codificados de contrato inteligente, projetados por criptoengenheiros usando criptoeconomia, derivam sua autoridade da afirmação de que "o código é lei" (exatamente pela falta de um sistema jurídico no qual se apoiar).

É comum que se diferencie aquilo que é legal daquilo que é possível. As autoridades policiais tentam manter as possibilidades de ação dentro das fronteiras do que é legal. Porém, pense em um termo como "limite de velocidade". Ele pode ter um sentido tanto legal quanto físico. O limite de velocidade legal pode ser 110 quilômetros por hora, mas o limite de velocidade físico do carro mais rápido do mundo pode ser 500 quilômetros por hora. Romper o primeiro pode ser contra a lei dos homens, mas romper o segundo é contra a lei da natureza. Os sistemas cripto recorrem a esta última ideia, afirmando ser governados por forças "inquebráveis". Não haveria necessidade de policiamento humano porque o código imparável seria como as leis da física, atuando ao mesmo tempo como lei e polícia.

Um mês depois testemunhei a destruição dessa lei da física. Ao lado de um importante desenvolvedor do Ethereum em um restaurante de Bruxelas, assisti enquanto ele desenhava um diagrama em um pedaço de papel. Ele estava detalhando um plano de emergência para alterar o código do Ethereum a fim de corrigir um importante hackeamento que acabara de acontecer. Um hacker mal-intencionado tinha conseguido enganar a máquina de vendas financeira, fazendo-a dar a ele dezenas de milhões de dólares em tokens. Se o agressor conseguisse escapar, controlaria uma enorme quantidade de tokens roubados; porém, se os desenvolvedores do Ethereum tentassem intervir, mandariam pelos ares a ilusão de que seu sistema era governado puramente pelo "código implacável". Em todo caso, os milhares de investidores do The DAO tinham acabado de ver seus investimentos reduzidos a zero, e muitos não estavam a fim de ouvir que "o código é lei" e que o hacker — depois de habilidosamente manipular o código para se apoderar de todos os tokens — era, portanto, um *player* legítimo. A sensação dos investidores era de que "a letra da lei" (o código) não estava a serviço do "espírito da lei", e que o primeiro precisaria ser alinhado com o segundo. Isso, porém, estava em contradição com a ideologia política das plataformas cripto, criadas para driblar a interferência dos políticos corruptos — justamente aqueles que tradicionalmente comandam essas tentativas de mudança das leis.

No fim das contas, o código aparentemente implacável deu lugar ao mundo real da impassível política humana. A equipe do Ethereum lançou uma atualização do sistema, projetada para retirar um pedacinho de sua história e fazer de conta que o hack nunca aconteceu. Essa "viagem no tempo" exigiu convencer os tecnocaixas a aceitar a alteração. Foi um exercício em ciberdiplomacia descentralizada, que também acabou criando um grupo rebelde, o qual se bifurcou e criou uma nova versão, chamada Ethereum Classic, em que o hack continuava a existir e no qual as implacáveis forças do código continuavam a prevalecer. Hoje em dia, os proponentes de ambos se envolvem em lutas sectárias, bem parecidas com as vistas entre os diferentes *forks* do Bitcoin. Só estou contando tudo isso, porém, porque pôs fim a grande parte da ingenuidade do mundo blockchain, e ensejou pesquisas no campo da *governança descentralizada*, que analisa como grupos disparatados de pessoas podem tomar decisões sem uma autoridade central ostensiva. Esse campo tem sido bastante atuante e experimental.

Um caldeirão político-econômico

As histórias que contei provêm dos círculos internos do movimento blockchain, mas hoje em dia a maior parte do público já teve algum contato com as loucuras que repercutem dos mercados cripto para a mídia, e da mídia para os mercados cripto. Em 2017, por exemplo, houve a mania dos ICOs — ou "ofertas iniciais de moedas". Esse termo era um trocadilho com a expressão IPO, vindo de oferta pública inicial, em inglês, que é o termo usado em finanças para descrever o processo em que empresas arrecadam fundos emitindo ações na bolsa. No caso dos ICOs, cripto-empreendedores oportunistas arrecadaram elevadas somas criando uma série de máquinas de vendas digitais que cuspiam tokens a serem usados em sistemas futuros ainda por construir. Isso transformou o Ethereum em uma bolsa de valores sem lei, onde tokens sem lastro se faziam passar por ações. Conheço muita gente que arrecadou milhões para coisas que nunca se materializaram. O processo típico consistia em criar o alarde, levantar o dinheiro, trabalhar no projeto durante um ano e, então, desaparecer silenciosamente (processo acompanhado pela desaceleração gradual, seguida de silêncio, de um *feed* no Twitter antes ativo).

Em meio às fraudes e aos escândalos, porém, houve a inegável criação de um movimento. O Bitcoin e o Ethereum são hoje vistos como modelos a serem melhorados, e tem ocorrido um florescimento anárquico de criptotecnologias, acompanhado pela proliferação de visões políticas. Por exemplo, no livro *A política do Bitcoin: o software como extremismo de direita*, o professor David Golumbia afirma que essa tecnologia combina libertarismo econômico com populismo de extrema direita. De fato, Steve Bannon, ex-conselheiro de Donald Trump, considera o Bitcoin uma forma de impulsionar uma "revolta populista global". Nos subterrâneos dessa cena também há muito antissemitismo e antifeminismo. No encontro cripto de Viena, encontrei um autêntico neonazista, que pregava abertamente a eugenia para um grupo de homens que o ouviam, e lembro que bati boca com um desenvolvedor *core* do Bitcoin Cash, que insistia em ideias racistas. Na margem extrema, Curtis Yarvin, teórico "neorreacionário" da *alt-right* e cientista em informática, lançou um projeto chamado Urbit, um sistema de cripto-operação.

Na extrema direita, alguns distorcem a narrativa da singularidade (veja o Capítulo 9), via blockchain, transformando-a em uma visão gótica niilista de um sistema maquinal que engolirá a todos nós (como no filme *Matrix*). Do lado mais leve, existem visões mais suaves e biológicas, de um Blockchain-Gaia, promovidas por comunidades neoxamânicas e psicodélicas. Em Nova York, o Assemblage é um espaço de coworking de elite onde empreendedores sociais do New Age debatem consciência e espiritualidade todos os dias, em torno de um bufê vegano. Nesse local, vi um *trader* do mercado financeiro, sentado em pose de ioga e usando uma vestimenta étnica, sorrindo em êxtase e conversando sobre a possibilidade do blockchain como revolução financeira espiritual. Em linha com a política da "ferradura", quando a extrema-direita e os hippies se misturam em ideias parecidas, esses polos se encontram, e vice-versa. Peter

Thiel (do PayPal e do Palantir) tem um fundo que investe no Urbin, em empresas de psilocibina e em uma empresa de mineração de Bitcoins que afirma que o Bitcoin ajudará a resolver as mudanças climáticas, graças a seu enorme consumo de energia. Vá entender.

Existem muitas tribos que estão imaginando suas próprias versões de Ciber-Kowloon, entre elas uma que escapou até agora à nossa atenção. Se existe uma coisa que atrai o interesse do setor bancário, é quando as pessoas ficam ricas, e os banqueiros perceberam que os criptoempreendedores tinham conseguido ganhar *muito* dinheiro — dinheiro de verdade — tirando proveito da imaginação idealista de diferentes comunidades. Será que eles também poderiam entrar no negócio da venda de visões de uma Ciber-Kowloon?

13

Pirateando os piratas

Astana (Nur-Sultã) ergue-se na estepe cazaque, uma imensa faixa de cerrado no norte do Cazaquistão. Essa estepe sempre foi sinônima de citas, cossacos e mongóis nômades galopando pela antiga Rota da Seda, e a capital do país parece incongruente em meio a essa planície deserta. Criada do zero como uma cidade planejada no início da década de 1990, tem um ar de pré-fabricada, como se pudesse ser desmontada e levada embora no dorso de cavalos.

A nova cidade foi um projeto pessoal do ditador do Cazaquistão na época, Nursultan Nazarbayev. Ele despejou enorme quantidade das importantes receitas de petróleo do país para fundá-la. O projeto mais recente do governo é montar o novo Centro Financeiro Internacional de Astana (CFIA), para servir de central das corporações financeiras globais e das startups de fintech. Nazarbayev é, atualmente, secretário-geral do CFIA, e preside um comitê de governança que inclui financistas do J. P. Morgan, do Citigroup e do Sberbank russo. É um símbolo por excelência da interseção entre o poder estatal e as finanças globais.

Astana (Nur-Sultã)

Em 2017, fui convidado para a Expo Astana — uma vitrine internacional para a cidade — por alguns sócios que queriam aproveitar a ocasião para propor seus serviços de consultoria ao CFIA. Na viagem de avião, assisti a uma comédia cazaque. Retratava as aflições de um gerente de hotel falido tentando convencer seus parentes caipiras a abandonar o vilarejo para trabalhar como seus empregados em seu hotel urbano, onde se hospedavam homens de negócios estrangeiros. O Cazaquistão foi um dos últimos grandes reinos não estatais, e o filme contrapunha o antigo nomadismo autônomo do país ao novo mundo de estatais petrolíferas e Big Finance.

A tensão entre o sedentarismo estatal e o dinamismo nômade é antiga, constatada no mundo inteiro. Por exemplo, o livro *A arte de não ser governado: uma história anarquista das terras altas do sudeste asiático*, de James C. Scott, postula que o sudeste asiático presenciou, ao longo da história, uma batalha entre duas mentalidades. A primeira estava nos vales, onde a agricultura sedentária permitiu que a acumulação e o comércio estável se estabelecessem, formando estados hierárquicos com cidades fixas. A segunda veio de ambientes mais inóspitos, que os estados não conseguiam dominar, como as montanhas e os desertos, onde se formaram grupos seminômades, não hierárquicos. A justaposição de ambos propiciava uma *válvula de escape política* — quem não gostasse da vida em torno do Estado podia fugir para os domínios não estatais, de onde era possível, ocasionalmente, organizar assaltos às regiões estatais.

Quem vai aos arredores de Astana consegue imaginar aqueles tempos de fuga política. A cidade termina de forma abrupta, substituída por estepes aparentemente infinitas para desaparecer. É essa a sensação que os divulgadores do cripto tentam evocar quando falam de uma fuga em larga escala do estatismo para as "estepes" digitais que a tecnologia blockchain oferece. Um dos sites mais famigerados do *dark market* de chamava Silk Road (Rota da Seda) justamente para se valer dessa imagem, assim como seu sucessor OpenBazaar.

Todo ataque pode ter mão dupla, porém. Nos velhos tempos, os governos lançavam expedições às inóspitas regiões não estatais para capturar escravos. Outra opção era subornar as hordas, fazendo-as atacar umas às outras, ou contratá-las como mercenárias. Era possível pacificar piratas concedendo-lhes cargos menores, e, nos últimos anos, essa "pacificação dos piratas" tem se tornado aparente no ambiente cripto. Ao entrar no gigantesco centro de exposições de Astana para a Expo, surpreendi-me observando um consultor texano de blockchain apresentando a tecnologia a executivos de petróleo cazaques na plateia. Ele pertencia à ConsenSys, uma empresa com sede em Nova York que monta sistemas de "blockchain privado" para bancos e outras corporações. Ali estavam "piratas" vendendo uma versão privatizada de sua tecnologia para seus supostos inimigos. Permita que eu o guie pela gradual conquista do cripto pelas corporações, que levou a isso, e como a tecnologia blockchain pode fortalecer, em vez de enfraquecer, os oligopólios corporativos.

A automatização dos oligopólios

As primeiras comunidades blockchain continham, de fato, correntes contraculturais, mas, como detalhado no capítulo anterior, muitos entusiastas do cripto também eram politicamente conservadores, e muitas vezes pró-capitalismo. Desde o primeiro momento, os seminários de cripto pareciam ao mesmo tempo comícios políticos e eventos de networking empresarial, e em 2016 já tinham se tornado altamente comercializados, com patrocinadores e ingressos caríssimos. Àquela altura, a negociação de criptotokens já era uma atividade consolidada, e, longe de enxergá-la como ameaça, bancos de investimentos, como o Goldman Sachs, começaram a flertar com a ideia de criar departamentos de negociação de cripto para ajudar seus investidores a comprar e vender os colecionáveis. Fundos de investimento tradicionais começaram a enxergar os criptotokens como mais uma coisa a colocar em um portfólio, com ações da bolsa, títulos, imóveis, obras de arte e ouro.

Essa atenção dos *players* tradicionais criou uma instabilidade ideológica dentro dos círculos cripto. Nos anos iniciais, os criptoempreendedores se apresentavam como inimigos das grandes corporações, mas — considerando que no ideário do mercado livre a busca do lucro é um ideal político — esses mesmos empreendedores tiveram dificuldade, depois, em decidir se estavam "se vendendo" caso essas corporações lhes oferecessem oportunidades lucrativas de colaboração. A primeira vez que notei isso foi quando participei de uma sessão de brainstorming de blockchain em um grande banco do Reino Unido. Vários empreendedores de blockchain foram convidados, e não tardaram a tentar promover suas iniciativas aos banqueiros presentes.

Pode parecer paradoxal. Como poderia haver "oportunidades de colaboração" entre os bancos e os criptorrebeldes, e por que os criptoempreendedores iriam querer vender para eles tecnologia blockchain, se o objetivo era driblar o sistema bancário? A tecnologia blockchain não era para facilitar a "descentralização"?

Para compreender o que estava — e continua — acontecendo, precisamos lembrar que os bancos operam como oligopólios, e oligopólios são apenas semicentralizados, o que significa que também são semidescentralizados. O Reino Unido, por exemplo, tem cinco grandes bancos comerciais que dominam o mercado, com outros tantos que lutam pelo restante. Assim como, nas monarquias do passado, as realezas davam facadas nas costas uns dos outros, mas também se casavam entre si para manter-se unidas, os bancos meio que competem e meio que cooperam. Trabalham juntos para manter uma infraestrutura oligopolista em comum, dentro da qual competem pela hegemonia. Não é muito diferente da liga inglesa de futebol, a Premier League, que se sustenta tanto pela cooperação entre os vinte times quanto pela competição entre eles. São sistemas centralizados de um ponto de vista, mas descentralizados de outro, na medida em que são formados por uma constelação de organizações que não concordam em tudo.

De forma semelhante aos clubes da Premier League, que dialogam intensamente entre si para organizar o calendário e facilitar transações (como trocas de jogadores, e assim por diante), os bancos se reúnem em "mercados interbancários", onde realizam negócios de bastidores por atacado entre si. Por isso, os bancos têm equipes internas para verificar se seus registros batem com os dos pares com os quais fazem negócio, e para realizar a compensação entre si. Esses mercados interbancários dependem de uma série de sistemas de TI distintos, geridos por bancos distintos, e sincronizados por equipes de carne e osso.

O que isso tem a ver com a tecnologia blockchain? No Capítulo 11, mostrei que os sistemas blockchain são projetados para *sincronizar sistemas separados, unindo-os*. Portanto, uma versão privada da mesma tecnologia — com algumas alterações — poderia ser usada para sincronizar e unir esses sistemas bancários separados. Imagine a Premier League adotando uma tecnologia de coordenação de categorias de base usada por uma liga amadora. As grandes corporações podem pilhar e redefinir o propósito do andaime tecnológico da tecnologia blockchain para coordenar seus próprios cartéis, associações e oligopólios.

Foi isso que levou à explosão do interesse em "blockchains privados", "blockchains corporativos" e "consórcios de blockchains". A criação desses sistemas acarretou o abandono de várias características dos sistemas de blockchain abertos que eram desnecessárias ou indesejáveis no mundo corporativo, e levou a rebatizar esses sistemas diluídos com o nome mais genérico de "tecnologia de contabilidade distribuída" (DLT, na sigla em inglês, de *distributed ledger technology*). DLT virou o termo da moda no mundo fintech predominante. Já vimos como as equipes de atendimento ao cliente estão sendo substituídas por apps automatizados, e como os especialistas financeiros dos bastidores estão sendo trocados (ou "aumentados") pela IA. Na nova fronteira, a DLT é usada para automatizar as atividades das equipes internas de coordenação interbancária, que representam um custo elevado para as instituições financeiras, sem gerar lucro efetivo.

A DLT é o próximo passo do setor bancário no rumo da automação. Desta vez, porém, os bancos estão interessados em automatizar os processos de cooperação entre si mesmos. Todo tipo de insider financeiro contribuiu para elaborar soluções "blockchain" para todas as formas de coordenação interbancária, da securitização aos "empréstimos sindicalizados" (em que os bancos se unem para oferecer um empréstimo coletivo). Um grupo de bancos apoiou uma iniciativa chamada R3 para montar essa infraestrutura, mas muitos outros projetos coletivos vieram depois, como o Hyperledger. Este último é comandado por Blythe Masters, o ex-operador sênior do J. P. Morgan famigerado pelo pioneirismo no mercado de *credit default swaps* (que ampliaram a crise financeira global de 2008). Uma equipe do próprio J. P. Morgan criou um sistema DLT exclusivo, chamado Quorum, e o fez invadindo o código-fonte do Ethereum.

Muitos criptodesenvolvedores não apenas passaram a fazer jornada dupla como consultores para esses projetos, mas também se tornou lugar comum banqueiros patrocinarem eventos blockchain e serem convidados a eles. Por mais que os anarcocapitalistas radicais (como aqueles descritos no capítulo anterior) resmunguem quando Blythe Masters sobe ao palco, muitos respeitam o famoso *trader* que ganhou tanto dinheiro para o J. P. Morgan — assim como gatos de rua rosnam quando um tigre passa, mas no fundo o admiram.

A mídia retratou, em alguns casos, essa tomada de poder como se fosse uma vitória dos criptorrebeldes, como se os bancos estivessem se rendendo ao novo mundo descentralizado, e não o pilhando. Os bancos não se incomodam com essa publicidade gratuita, em um jogo que hoje se estende a quase todas as megacorporações. Todas as grandes corporações são parte das complexas teias que analisamos no Capítulo 1, operando como oligopólios com cadeias de suprimentos transnacionais que exigem coordenação e cooperação. A Azure, setor de computação em nuvem da Microsoft, passou a oferecer a empresas a possibilidade de rodar um "consórcio de blockchain" entre si inteiramente *dentro* dos *data centers* da própria Microsoft. Ela é integrante da Aliança Empresarial Ethereum, criada para elaborar o Entreprise Ethereum, uma versão amigável para empresas do anárquico protocolo Ethereum. O texano que foi parar no Cazaquistão, promovendo a tecnologia para as empresas petrolíferas, pertence a essa aliança.

A explosão de oportunidades de lucro tornou o panorama Blockchain mais complexo e fragmentado, e muitas vezes não fica claro quem está atacando quem: estaria o mundo corporativo "tomando conta" do cripto, ou o cripto estaria tomando conta do mundo corporativo? Para o público em geral, essas distinções vão ficando borradas. Por exemplo, a Coinbase, uma das maiores plataformas de negociação de criptotokens, tem ações na centralizada bolsa Nasdaq, embora promova transações com colecionáveis descentralizados. Ao mesmo tempo, a Nasdaq anunciou uma parceria com a R3 — o consórcio privado corporativo de blockchain — para ajudá-la a montar infraestrutura de DLT e atender seus parceiros corporativos.

Estão surgindo zonas ambíguas, de hibridização, mas talvez a mais ambígua seja o mundo emergente das *stablecoins*. Elas vêm adquirindo uma importância crucial nos debates sobre o futuro do nosso sistema monetário, e podem ser disruptivas de formas inesperadas.

Promessas descentralizadas de dólares bancários

No Capítulo 4, vimos como os bancos pegam nosso dinheiro estatal e emitem fichas digitais para nós. Grupos como o PayPal, porém, pegam suas fichas bancárias e emitem no lugar delas fichas do PayPal. Os "dólares" na sua conta PayPal são fichas de terceira mão, que lhe prometem fichas de segunda mão, que lhe prometem dólares de primeira mão do governo americano, emitidos pelo Fed. As fichas do PayPal são chamadas de "dólar" porque seu emissor promete resgatá-la em troca de dólares "todo-poderosos" cadeia abaixo, atrelando-se, assim, ao âmago profundo do sistema dolarizado.

Não existe, porém, razão intrínseca para que uma ficha de terceira mão — semelhante à emitida pelo PayPal — não possa ser promovida em uma rede blockchain. Foi exatamente isso que uma empresa cripto chamada Tether começou a fazer em 2014. A empresa — assim como o PayPal— pegava dólares bancários das pessoas (que os depositavam em contas bancárias de Taiwan, garantidas pelo banco Wells Fargo, americano) e emitia em troca fichas de terceira mão sob a forma de criptotokens do *dark market*. Um token da Tether era um "criptodólar" lastreado por dólares bancários, parcialmente lastreados por dólares estatais do Fed.

Essas promessas descentralizadas de dólares bancários vieram posteriormente a se tornar conhecidas como *stablecoins*. O termo *coin* ("moeda") deveria evocar a ideia do Bitcoin — enfatizando, assim, a descentralização —, mas com o *stable* ("estável") acrescentado como contraponto. No entanto, uma *stablecoin* é estável por um motivo simples: é apenas uma extensão do sistema monetário normal. A maior parte do que chamamos de "dinheiro" são promissórias emitidas pelos bancos ou pelas empresas, e o Tether era uma criptovariante desse mesmíssimo princípio.

O Tether foi fundado por — entre outras pessoas — Brock Pierce, um empreendedor carismático e compulsivo (e ex-estrela infantil de cinema nos anos 1990, na franquia de filmes *Nós somos os campeões*). Pierce ganhou seus primeiros milhões negociando moedas dentro de jogos como o World of Warcraft (e trabalhou com Steve Bannon nessas moedas de jogo), mas depois adotou um perfil de criptoguru libertário hippie. Em 2017 ele lançou o projeto Puertopia, uma "criptoutopia" em Porto Rico, pintando um retrato glamouroso da ilha como um futuro playground fiscal para criptoempreendedores do *jet set*.

No entanto, o Tether acabou se metendo em polêmicas, porque seus patrões comandavam outra empresa cripto que perdeu milhões em um grande hack, depois do qual supostamente recorreram ao saldo da conta bancária do Tether para cobrir seus prejuízos. Isso deixou os tokens do Tether parcialmente "sem lastro" — ou *desatrelados*, se você preferir— por algum tempo. Essa polêmica levou o Wells Fargo a pressionar os bancos taiwaneses a livrar-se do Tether em 2017. Por isso, Pierce abriu um banco em Porto Rico, a fim de servir de back-up para onde as reservas do Tether em dólares americanos podiam ser transferidas. Desde então, essa história passou por diversas versões, mas os criptodólares do Tether circulam livremente enquanto os dólares bancários que os lastreavam foram transferidos para diferentes bancos em diferentes lugares. No momento em que escrevo, existem cerca de 69 bilhões de dólares em tokens do Tether circulando no mundo, o que significa que existem (supostamente) 69 bilhões de dólares nas contas bancárias da empresa, onde quer que elas estejam atualmente.

Nas versões iniciais, as *stablecoins* podiam ser caracterizadas como um ataque de criptopiratas ao mundo da moeda fiduciária, mas, em 2018, várias outras empresas começaram a entrar nesse negócio, tornando-o mais oficial. A Circle, por exemplo, importante empresa cripto, também usa o modelo de negócio herdado do PayPal, pegando seu dinheiro bancário (e os juros que, do contrário, você teria ganhado com ele), para então emitir em troca um criptodólar chamado USD Coin, via um contrato inteligente do Ethereum. Outras *stablecoins*, como a DAI, dispõem de um mecanismo mais avançado para se associar ao dólar americano, usando o *atrelamento* para fazer seu token imitar um dólar sem estar diretamente conectado aos bancos. Essas *stablecoins* são interessantes no contexto da guerra ao *cash*: ao contrário do Bitcoin, são utilizáveis como uma forma estável de dinheiro, e — considerando que podem ser usadas (em parte) sob pseudônimo — têm um argumento melhor para a pretensão de ser "dinheiro digital".

Mas o conceito das *stablecoins*, em si, pode ser "repirateado". Mostrei anteriormente como a incursão corporativa na tecnologia blockchain resultou em sistemas privados da DLT, que podem hoje em dia ser usados para implementar uma *stablecoin* corporativa, semicentralizada, cuidadosamente controlada, não muito diferente de um PayPal centralizado. Foi exatamente o que ocorreu em 2019, em uma das maiores notícias monetárias do ano, notícia essa que ainda paira sobre nós.

A Big Tech ataca as *stablecoins*

Uma promissória em dólares pode ser repaginada. Uma ficha de cassino com os dizeres "Caesar's Palace Casino" é uma promissória em dólares repaginada, assim como incontáveis "moedas virtuais" com seus próprios nomes, das mais diversas corporações. A Amazon, por exemplo, permite que você transfira dólares para a conta bancária da empresa e, em troca, emite para você Amazon Coins, que podem ser usadas em sua plataforma como um vale digital em dólares. Um truque mais avançado é emitir esse tipo de voucher contra o recebimento de *várias* moedas originais. Imagine, por exemplo, que a Amazon receba transferências de dez pessoas diferentes, em dez moedas diferentes, depositadas em dez contas diferentes da Amazon em dez países diferentes. Ela emite para todos, porém, o mesmo voucher digital, na proporção do total. Esse voucher é lastreado por dez moedas diferentes, mas, em vez de tentar apresentá-lo assim, a Amazon pode fingir se tratar de algo autônomo, batizando-o com algum nome do tipo "Moeda da Dominação Global".

A Amazon não tentou fazer isso, mas o Facebook tentou. Em 2019, lançou um ataque a um projeto do qual eu estava participando, chamado DECODE, uma iniciativa financiada pela União Europeia para criar plataformas digitais de propriedade cidadã, como alternativa à Big Tech. Bem que tentamos. O Facebook aliciou uma de nossas principais equipes técnicas, contratando-a para projetar uma coisa que batizaram como Libra. A acreditar no discurso, era para ser uma "criptomoeda" global que salvaria o mundo.

A Libra era o ponto culminante de todas as tendências tratadas aqui neste livro. O Facebook aderiu explicitamente à guerra ao *cash*, demonizando o dinheiro físico estatal como uma relíquia ultrapassada que estava tolhendo as pessoas, e ainda colou nisso uma narrativa de inclusão financeira, anunciando que seu novo sistema ajudaria os desbancarizados do planeta. Assim como o setor fintech, estava dando um toque de romantismo à automação, mas ao mesmo tempo tentando tirar uma casquinha da estética rebelde dos piratas do movimento cripto, ao afirmar que a Libra seria uma "criptomoeda". Na verdade, seria um sistema DLT privado, controlado por uma associação de empresas, operando por meio de uma associação sem fins lucrativos com sede na Suíça, que possuía diversas contas bancárias e detinha diversas moedas. No mundo inteiro, seria possível a qualquer um transferir moeda para essas contas, em troca de uma unidade de Libra, registrada em um consórcio de blockchain privado controlado por corporações. Seria uma *stablecoin* corporativa lastreada por uma série de fichas bancárias globais.

Entre as corporações-membros estavam superpotências do Vale do Silício, como o Uber, e a função desses parceiros seria concordar em aceitar o novo token de Libra, o que turbinaria esse token ao dar ao usuário uma razão para possuí-lo. Pense nesses tokens como voucher resgatáveis junto a uma série de megacorporações. O Uber, propriamente dito, não *utilizaria* a Libra — ele precisa de dólares americanos de verdade para pagar seus acionistas —, mas levaria para a associação todas as Libras que recebesse de pessoas comuns, resgatando moeda bancária, e em seguida essa unidade de Libra seria retirada de circulação, ou "queimada".

Quem coordenou essa empreitada foi David Marcus, ex-presidente do PayPal, de onde saiu para cuidar da divisão Messenger do Facebook. Embora a gente pense no Facebook Messenger como um lugar onde amigos trocam mensagens informais, pagamentos digitais também exigem o envio de mensagens. Uma mensagem normal do Facebook poderia ser: "Vamos sair para jantar?", enviada a Sanjev, mas uma subseção do mesmo sistema de mensagens poderia ser calibrada para enviar mensagens financeiras especializadas, do tipo "Transfira 150 unidades de Libra para Sanjev". O Facebook se deu conta de que, mesmo sem ter o controle unilateral da Libra, controlava alguns dos maiores sistemas de mensagens do mundo, como o WhatsApp e o Messenger. Se as pessoas abrissem o WhatsApp e vissem uma aba dentro do aplicativo dizendo "Transfira Libras", centenas de milhões de pessoas poderiam ser conduzidas para dentro desse sistema.

Para distanciar-se ainda mais das suspeitas quanto a suas motivações comerciais, o Facebook convidou ONGs e grupos de microcrédito, como o Kiva, como membros-fundadores, apresentando assim a Libra como um bote salva-vidas humanitário para os "desbancarizados" do mundo. O porta-voz da Libra, Dante Desparte, falava com eloquência sobre seu sonho pessoal de empoderar milhões pela inclusão financeira: se o mundo inteiro pudesse subir a bordo de um único e gigantesco sistema, em vez de depender de sistemas menores interligados, a temida ameaça da *fricção* seria, de uma vez por todas, derrotada.

Uma onda de cobertura da imprensa levou isso muito além, com manchetes declarando que a Libra iria "destruir os bancos comerciais e os bancos centrais" e tornar-se um "banco central global". Este último conceito era o contrário da realidade. Bancos centrais são instituições que emitem moeda que é usada pelos bancos comerciais como reservas contra as quais emitem suas próprias fichas bancárias. A Libra, porém, era *lastreada* por fichas bancárias. Era para ser um sistema de fichas de terceira mão, sobreposto aos bancos, e não um banco central por trás dos bancos. Para ser um banco central, teria que ser o centro de gravidade monetário, com os bancos utilizando as unidades de Libra como reservas para lastrear a si próprios. Isso exigiria uma inversão total do sistema monetário global, o que não está nem perto de acontecer.

No entanto, se o Facebook fosse bem-sucedido em apresentar, em seus próprios termos, uma promissória para todas as moedas do mundo, teria chance de se tornar uma espécie de potência monetária, pelo menos no nível psicológico. Porém, embora seja verdade que a unidade de Libra seria lastreada por moedas nacionais, não havia certeza em relação a quais moedas seriam usadas e em que proporção. Por exemplo, se um grande número de usuários indianos transferisse rúpias para a conta bancária indiana da associação Libra, esta última poderia trocá-las por dólares americanos. O usuário indiano veria uma unidade de Libra, enquanto em segundo plano sua moeda nacional estaria sendo negociada por uma fundação suíça nos mercados de câmbio internacionais.

Para todas as sociedades pós-coloniais que já estivam sofrendo para manter algum grau de soberania monetária em um mundo dominado pelo dólar, pelo yuan e pelo euro, era uma perspectiva inquietante. A Libra seria, com certeza, lastreada pelo *cloudmoney* padrão, mas provavelmente seria o *cloudmoney* emitido pelos bancos das superpotências monetárias. A narrativa da Libra pintava isso como uma coisa boa. Não apenas a Libra deveria salvar os desbancarizados do mundo do dinheiro vivo, mas também deveria salvá-los de suas duvidosas moedas nacionais. Era apresentada como uma "meta-moeda" abrangente e estável para combater moedas hiperinflacionárias, como aquelas que sempre existiram no Zimbábue. É neste ponto que, para mim, essa história ficou ainda mais pessoal.

Zuckerberg versus Mugabe

Meus pais vieram do Zimbábue, onde passei grande parte da minha infância. Quando eles eram pequenos, o país era uma colônia britânica chamada Rodésia. Em 1965, porém, os rodesianos brancos se separaram do império e criaram um país governado por pioneiros brancos. Ao fazer isso, rebatizaram a libra, em um ato de rebeldia, como "dólar rodesiano". Nessa mesma época, o governo prendeu um professor chamado Robert Mugabe, por agitação subversiva. Solto depois de uma década na prisão, ele decidiu fundar um movimento rebelde negro, que terminou combatendo gente como meu pai, em uma brutal guerrilha. Quando os rebeldes chegaram ao poder, em 1980, Mugabe rebatizou o dólar rodesiano como "dólar do Zimbábue", moeda que implodiu nos anos 2000, quando Mugabe mergulhou em uma paranoia ditatorial.

Hoje em dia, a malograda moeda zimbabuana costuma ser apresentada como uma advertência sobre o destino das moedas fiduciárias, mas tais narrativas ignoram as desigualdades geopolíticas entre os estados. O Zimbábue pós-colonial era um país dependente das exportações de commodities, com uma imensa população de lavradores negros empobrecidos ao lado de uma diminuta população de fazendeiros brancos ricos. Não surpreende que isso tenha gerado tensões internas, e que essa situação tenha sido explorada por líderes oportunistas, levando a um colapso do setor agrícola do país em meio a um ambiente político volátil. Nesse contexto, um governo fraco tentou resolver a situação de forma mágica, emitindo mais dinheiro. Isso, porém — usando a metáfora do sistema nervoso que criamos no Capítulo 1 —, equivale a enviar impulsos nervosos para ativar um braço paralisado. Quando o sistema produtivo de base de um país entra em colapso, é preciso estabilizá-lo antes que qualquer tipo de intervenção monetária funcione.

Em tais condições, a moeda zimbabuana acabou despencando. Assim, em 2009, o plano de emergência consistiu em abandonar a própria rede monetária do país e abraçar o dólar americano. A teia de relações que mantém o dólar americano estável é extremamente robusta, com uma população interna de mais de 300 milhões de americanos que dispõem de alta tecnologia e imenso poder geopolítico, assegurado por uma influência cultural e militar maciça.

Nos dias de hoje, Mugabe pode até ser desprezado pelo Ocidente por ser um ditador autoritário, mas ninguém pode alegar que o sistema monetário que ele fez desabar não tinha origem em seu país de origem. Para uma nação pós-colonial, pode ser humilhante ver a própria moeda entrar em colapso e ser obrigada a usar uma moeda imperialista. Os zimbabuanos não desejam se submeter ao Federal Reserve americano, e não sentem nenhuma afinidade com os senhores idosos impressos nas cédulas de dólar. O mesmo pode ser dito do ressentimento em relação aos Estados Unidos em países dolarizados, como o Equador. A maior preocupação dos ativistas pró-democracia nesses países não é se o dinheiro pode ser transferido usando um app descolado. É se seus governos são capazes de arrancar algum grau de autodeterminação política, para não serem vassalos das grandes potências.

A maneira como o Facebook apresentou a Libra mostrou ou ignorância, ou falta de interesse nessas aspirações. Apresentava uma visão de um sistema monetário que propiciaria conveniência a pessoas como os pobres do Zimbábue, mas carecia de qualquer relação com o contexto político local. Foi uma apresentação que seduziu facilmente os pensadores de centro, porque os oligarcas do Facebook são tecnocratas de fala bonita, e não autocratas à moda antiga, como Mugabe. Por trás da Libra, no entanto, havia um consórcio de empresas sem credenciais democráticas próprias, disposto a lastrear sua unidade com moedas poderosas, tais como o dólar. A intenção nunca foi ajudar os ativistas pró-democracia do Zimbábue a recomporem suas instituições: a ideia era obrigá-los a depender de uma infraestrutura corporativa transnacional.

Ocorre que, apesar de sua sedutora simplicidade, a Libra despertou suspeitas. Que movimentos ocultos entre os bancos a associação Libra poderia provocar quando um token de Libra transitasse "desimpedido" entre fronteiras? Essa opacidade levou a uma reação negativa dos reguladores do mundo inteiro. Membros do Congresso americano enviaram uma carta ao Facebook pedindo que paralisasse oficialmente o desenvolvimento, e David Marcus foi convocado a depor. Ele adotou imediatamente um discurso geopolítico, alegando que a Libra seria um contraponto americano às plataformas de pagamentos digitais chinesas (mensagem que o CEO do Facebook, Mark Zuckerberg, também tentou transmitir). A Libra seria uma espécie de arma financeira, garantindo que a hegemonia do dólar se estenderia além dos domínios do comércio internacional, chegando às transações de varejo entre cidadãos de nações estrangeiras. Mesmo assim, a reação negativa em relação à sua plataforma levou o Facebook a recuar e voltar à prancheta de desenho. Em 2021, rebatizou a Libra como Diem — com a ideia de emitir *stablecoins* corporativas comuns, lastreadas por dólares americanos, como o Tether —, mas o governo americano barrou a continuidade do desenvolvimento do Diem, forçando o Facebook a vender a tecnologia para uma nova *stablecoin* rival, chamada Silvergate.

O Estado ataca todo mundo

Vimos os bancos comerciais pilharem o conceito do blockchain para dar coordenação a seus oligopólios, e vimos os criptoempreendedores pilharem o conceito de atrelamento para criar as chamadas *stablecoins*. Depois, vimos empresas como o Facebook pilharem os resultados de ambos para criar *stablecoins* geridas por um oligopólio. Agora é a hora da pilhagem dos bancos centrais.

Muitos sistemas monetários digitais tentaram recorrer ao apelo emocional do dinheiro físico, dando a si próprios o nome de "dinheiro digital", mas todos fracassaram na tentativa de replicar o dinheiro, em um ou mais aspectos. O Bitcoin nos legou um token transferível anônimo, mas nem de longe consegue operar como dinheiro; as *stablecoins*, por sua vez, chegam mais perto, mas continuam a não passar de fichas dependentes dos bancos.

Aquilo que chamamos de "dinheiro vivo" é moeda física legal anônima emitida por um Estado, o que leva a supor que as instituições estatais são as mais bem-posicionadas para emitir versões digitais do dinheiro. No Capítulo 3, comentei que já existe uma forma de moeda estatal digital disponível para os bancos comerciais, que se juntam para utilizá-la ao lado de instituições do Estado (como o Tesouro) e dos bancos centrais. A versão digital dessa moeda estatal (as "reservas") é como a moeda interna de um clube privado, enquanto o resto de nós utiliza a versão física pública.

Mas e se o banco central abrisse as portas desse clube? Imagine se você pudesse adentrar o Banco da Inglaterra, em Londres, o Fed, em Nova York, o Banco Central Europeu, em Frankfurt, ou o Banco Popular da China, em Pequim, e abrir uma conta neles. Imagine se, depois de abrir essa conta, você ganhasse uma imensa plataforma de *internet banking* — igualzinha à de um banco comercial — e um aplicativo para pagamentos. Talvez você não precise continuar só imaginando por muito tempo, porque todos esses bancos centrais estão cogitando essa ideia.

Enquanto a versão "clube privê" da moeda digital estatal recebe o nome de "reservas", a versão pública em estudos vem sendo chamada de "moeda digital de banco central", ou CBDC, na sigla em inglês vinda de *central bank digital currency*. Em parte, a guerra ao dinheiro físico é responsável pela inspiração: na Suécia, por exemplo, as autoridades temem pela resiliência de um sistema monetário hiperdigitalizado, e por isso começaram a estudar a emissão de uma CBDC chamada *e-Krona*. Perceberam que, se o dinheiro físico desaparecer, muita gente estaria correndo risco, porque o setor comercial bancário — cujos atos são guiados pela busca do lucro — não é destinado a servir os membros menos lucrativos da sociedade.

Além disso, deram-se conta de que o declínio do sistema de dinheiro físico acarreta a ascensão do sistema bancário digital, ao lado de iniciativas de grande projeção, como a Libra, e megaplataformas, como a Amazon, que recorrem somente a essa infraestrutura monetária digital. Os bancos centrais andam nervosos com o poder crescente desses atores e se sentem pressionados a parecer "atualizados", tomando iniciativas similares às do mundo fintech. Nos últimos anos, o conceito das CBDCs disseminou-se por toda a comunidade de bancos centrais, e em vários países foram criadas equipes para investigar se um sistema do gênero é factível ou desejável.

Qual seria a diferença entre uma CBDC e, digamos, o PayPal, o Venmo ou qualquer outra unidade transferida por meio de um app de pagamentos fintech? Com o Venmo, a unidade que você transfere é uma ficha corporativa de terceira mão, mas, com o app do Banco da Inglaterra, você estaria movimentando fichas estatais de primeira mão, bem parecido com o que se faz ao entregar dinheiro físico. O Venmo pode falir, o que inutilizaria suas promissórias, mas esse risco, em geral, os bancos centrais não correm.

Entretanto, poderiam surgir outros problemas. A possibilidade de possuir dinheiro do banco central, sem risco, poderia levar dezenas de milhões de pessoas a entrar na fila para abrir contas nele. Isso não apenas seria um pesadelo administrativo, mas também poderia induzir as pessoas a abandonar os bancos comerciais, reduzindo a lucratividade destes por conta de uma "corrida digital aos bancos". Uma corrida aos bancos normal acontece quando as pessoas entram em pânico e tentam converter rapidamente suas fichas bancárias em dinheiro vivo estatal, nas agências ou nos caixas eletrônicos. Uma corrida digital levaria as pessoas a mandar que seus atuais bancos digitais transfiram moeda estatal digital para suas recém-abertas contas em bancos centrais, enxugando as reservas desses bancos.

Um *think-tank* de um grande banco central entrevistou outros 23 bancos centrais. Destes, dezenove expressaram o temor de que as CBDCs provoquem corridas bancárias digitais. Na mesma pesquisa, alguns bancos centrais sugeriram a necessidade de uma CBDC que seja capaz de competir com desafiantes do setor privado, carregados de dólares, como a Libra, que já ameaçam atacar a soberania monetária e os sistemas bancários desses países. Quando se é presidente de um banco central de um país pequeno, onde os cidadãos usam aplicativos controlados por empresas americanas, depara-se com o risco de que esses apps sejam usados para empurrar *stablecoins* corporativas em dólares americanos. Talvez a única forma de competir com isso seja oferecer a seus cidadãos, como alternativa, acesso direto ao próprio banco central, mesmo que isso impacte negativamente seu setor bancário nacional.

O dinheiro tradicional é tátil e anônimo. A CBDC, em compensação, sofreria dos mesmos problemas relacionados ao dinheiro digital de maneira mais geral. Isso inclui a possibilidade de vigilância, a censura e uma penetração ainda maior do capitalismo corporativo (para a Amazon, fazer negócios com uma CBDC continua sendo melhor do que com *cash*). Algumas dessas questões podem ser atacadas, porém, se o banco central aproveitar partes do mundo cripto, implementando uma CBDC através de um sistema de blockchain privado, em que as pessoas detenham dinheiro estatal em endereços com pseudônimos. Isso se aproximaria mais de um verdadeiro "dinheiro digital". Uma moeda digital estatal desse tipo poderia até servir para romper o domínio do setor bancário corporativo em áreas nas quais ele hoje impera.

Essas possibilidades levam a um novo e contraditório conjunto de problemas. Tradicionalmente, existe um acordo de divisão de poder entre os bancos centrais e os comerciais: aqueles emitem dinheiro público resiliente, inclusivo e analógico, enquanto estes emitem dinheiro digital que espiona as pessoas. Pode ocorrer um equilíbrio, já que, enquanto uma diminuta porcentagem do dinheiro vivo pode acabar nos mercados do crime, usá-lo em mercados clandestinos transnacionais seria um processo lento e pouco prático. Caso os bancos centrais se vejam forçados a emitir CBDCs anônimas, os cibercriminosos internacionais ganhariam repentinamente acesso a um tipo de moeda estatal transnacional muito mais rápida que o *cash*. A CBDC não anônima, por sua vez, seria um pesadelo de vigilância: é o que está sendo proposto atualmente na China, que marcha a toda velocidade rumo a experiências com uma nova CBDC, que seria integrada a seu sistema de "créditos sociais". Imagine ruas cheias de câmeras de reconhecimento facial, capazes de identificar quem estiver violando um toque de recolher durante uma pandemia e de enviar uma mensagem, cobrando automaticamente uma multa da conta daquela pessoa. Tecnicamente factível? Sim. Politicamente possível? Cada vez mais. Desejável? Bem, depende de quem você for.

Isso tem ramificações que atravessam fronteiras. Imagine se os zimbabuanos pudessem baixar um aplicativo oficial de carteira CBDC em yuans na loja do Google Play e usassem yuans digitais no Zimbábue. O Facebook estava tentando apelar para esse temor quando apresentou seus argumentos em favor do Libra aos parlamentares americanos. Também é por esse motivo que a Usaid fecha parcerias com grupos como a Visa na tentativa de digitalizar o sistema monetário da Índia. Os Estados Unidos e a China são potências ao mesmo tempo geopolíticas e corporativas, mas os Estados Unidos preferem, às vezes, executar sua política externa via corporações privadas. Talvez o governo americano venha a se deixar convencer pela ideia de que seja melhor promover nos lares zimbabuanos as *stablecoins* em dólares americanos, emitidas por empresas, do que o yuan digital.

E como é que a gente fica?

É bem verdade que a tecnologia blockchain transformou a narrativa pública sobre os sistemas monetários, introduzindo no debate muitas questões novas — mas será que isso nos levou a algo fundamentalmente novo? Os tokens de Bitcoin continuam a ser vistos, antes de tudo, como um investimento em colecionáveis, comprados e vendidos como quaisquer outros, enquanto a tecnologia por trás deles foi cooptada para a coordenação de cartéis oligopolistas. Nem de longe isso é novidade no grande panorama da história do capitalismo. É bem verdade que as *stablecoins* e as CBDCs agitaram o sistema monetário, mas, apesar de suas diferenças, todas essas opções digitais têm uma característica em comum: podem ser integradas às operações da Big Tech, e podem ser emitidas e comandadas via plataformas da Big Tech.

O tipo de dinheiro mais subversivo do mundo, portanto, pode ser o mais simples e o menos descolado. *Cash.* O dinheiro vivo continua a ser um bug do sistema, atrapalhando a fusão entre o mundo financeiro e o mundo *tech*, e é exatamente por isso que é uma das nossas derradeiras esperanças.

Conclusão

Na África do Sul, conheci anos de "apagões contínuos", em que a infraestrutura de eletricidade não dava conta da demanda. É a eletricidade que move grande parte da vida moderna. Por isso, quando a energia caía, cidades inteiras mergulhavam nas trevas, aparelhos de TV subitamente paravam e todos os eletrodomésticos se tornavam inúteis. Isso causava enormes incômodos, mas também tinha outro efeito. Sem o alarido gerado pela eletricidade, dava para ouvir os insetos, e a escuridão que nos encobria permitia ver as estrelas. A internet também caía, e o ciberespaço dava lugar ao verdadeiro espaço.

Todos os dias, somos distraídos por uma enxurrada de informações vindas de canais de notícias e das redes sociais, mas quando a eletricidade cai somos forçados a refletir sobre as bases de nossa existência. Cem mil anos antes do surgimento do comércio, vivíamos sob as estrelas, em grupos próximos, que dependiam de princípios inteiramente diferentes para sobreviver. Foi apenas nos últimos milhares de anos que os sistemas monetários se enraizaram em nossas comunidades. E foi apenas nas últimas décadas que eles evoluíram e se tornaram uma massa digital interconectada, que vai de Londres a São Francisco, passando pela Floresta Amazônica e pelo Cazaquistão. Na próxima década, podemos vê-la ficar ainda mais espessa, tornando-se uma malha densa e inescapável.

Comecei este livro rejeitando a metáfora popular do dinheiro como o "sangue" que circula em uma economia. No lugar dela, apresentei os sistemas monetários como mais parecidos com um sistema nervoso embutido nas comunidades. E, embora isso permita a todos nós colocarmos uns aos outros em movimento, esse poder está concentrado em grandes *players*. Ele se aproxima, na escala global, da situação encontrada em nosso próprio sistema nervoso, dividido entre um central e um periférico. O sistema nervoso central é o domínio do cérebro, que tem um córtex motor que traduz em ação os nossos pensamentos, enviando impulsos que põem nossos membros em movimento. Se imaginarmos a economia global como um corpo interconectado de trabalhadores e recursos naturais, os centros financeiros (como Londres, Nova York, Singapura, Xangai, Tóquio, Frankfurt, Dubai etc.) formam um "córtex motor" transnacional. Coletivamente, ele tem a capacidade de induzir ação em massa.

Às vésperas da crise financeira de 2008, ficou evidente o quanto esse "córtex motor" pode estar equivocado. Centenas de milhares de trabalhadores foram induzidos a adquirir casas que teriam ficado vazias. Muitos eram pessoas pobres, forçadas a se endividar para comprá-las, e suas promissórias impossíveis de pagar foram empacotadas em produtos vendidos a megafundos mundo afora. O setor financeiro criou uma situação em que a economia global assumiu a aparência de um bêbado cambaleante, perdendo suas funções motoras. Porém, mesmo quando esse setor parece estar operando normalmente, o rumo geral da viagem da nossa economia global mais parece uma corrida atordoada em direção ao abismo. Estamos consumindo os recursos do nosso planeta em um ímpeto de grande escala, porém de curto prazo, em nome do lucro e do crescimento, enquanto o poder se centraliza e a desigualdade se aprofunda. Todas as grandes corporações estão tentando acentuar e acelerar essa situação, em vez de reduzi-la.

Porém, enquanto o sistema nervoso central do dinheiro se agrega em grandes instituições, na periferia — sob a forma de moeda física —, ele vai se distanciando delas. O dinheiro vivo representa um sistema nervoso periférico, parcialmente desconectado do central. Quando "impulsos" de dinheiro saem de um caixa eletrônico, quem os conduz são seres humanos em um espaço geográfico. Na escuridão da noite, quando a eletricidade cai, pessoas na Pucallpa amazônica ainda podem estimular as outras à ação, entregando-lhes moedinhas.

Essa "condutividade" *peer-to-peer* entre seres humanos, porém, dificulta o ímpeto rumo à aceleração que reside no âmago do nosso sistema econômico. O capitalismo corporativo embute uma tendência constante ao crescimento, e para fazer isso precisa arrastar o mundo para uma malha transnacional. Atualmente, essa tendência exige que se destrua o sistema periférico de dinheiro físico, em favor de dinheiro contido em um conglomerado centralizado de *data centers*. Estes nos alcançam através de infraestruturas financeiras digitais, e cada vez mais nos prendem através da colaboração de empresas de tecnologia. A Big Tech e a Big Finance cada vez mais se parecem com os dois hemisférios de um cérebro global, fundindo-se por meio de suas sinergias naturais.

No momento em que escrevo estas linhas, em meados de 2021, essa fusão é mais aparente do que nunca. Uma pandemia global já completa um ano, e o setor fintech a instrumentalizou para demonizar ainda mais o dinheiro físico, pintando-o como ineficiente e sujo. Isso levou grande parte do setor de varejo a orientar o consumidor a abandonar o *cash* em favor dos pagamentos digitais. No Reino Unido, isso deu certo, fazendo o uso de dinheiro vivo cair mais de 50% em 2020. O setor financeiro automatizado entrou em uma fase de bonança, e com seus aliados naturais: em 2020, as receitas da Amazon subiram mais de 40%, com um aumento de quase 14 mil dólares em dinheiro digital *por segundo*, façanha seguida de perto por todas as outras grandes empresas de tecnologia.

É fisicamente impossível para o ser humano realizar alguma forma de trabalho que possa valer 14 mil dólares por segundo, mas esses sistemas conseguem, porque não são humanos. São infraestruturas corporativas que se infiltraram em nossas interações, das quais conseguem extrair níveis sobrenaturais de receita, direcionados a pequenos grupos de acionistas. Assim, ao contrário das crianças de 1922, as crianças nascidas em 2022 em países de língua inglesa conhecerão "Amazon" antes como um colossal império de logística digital para bens de consumo de massa (operando em conjunção com o setor financeiro digital) que como uma floresta tropical que ajuda a sustentar a existência humana.

Meu objetivo primordial com este livro é mostrar que a Big Tech e a Big Finance colaboram atualmente para nos direcionar a um sistema geral de capitalismo corporativo mais tóxico do que nunca, ainda que mais rápido e conveniente para interagir. Meu objetivo secundário é chamar a atenção para os perigos dessa situação, entre eles o potencial para vigilância, censura e manipulação em massa. Meu terceiro objetivo, porém, é apontar as contradições dessa situação, e nossos sentimentos conflituosos em relação a ela. Essa é uma área de investigação mais ampla e sutil que as duas anteriores, e essas contradições, por definição, continuarão sem solução. Na parte final deste livro, eu gostaria de abordá-las mais de perto e, depois disso, discutir os caminhos por onde podemos avançar.

O nó da contradição

Ao descrever a ascensão do capitalismo de vigilância automatizado, é fácil apontar seus diversos riscos, mas o que provoca meu desconforto pessoal é algo mais sutil. É a sensação de inautenticidade que a permeia. É o calafrio de conflito emocional que se sente quando, apesar do pleno conhecimento de como a Amazon está se apossando do planeta, nos surpreendemos com o dedo no botão "Comprar" e sentimos o quanto é inútil resistir.

Grande parte do debate público deixa de tratar desse conflito interior. Em vez disso, temos duas narrativas, uma que fala de praticidade e outra que fala de opressão. Muitos futuristas e economistas de prestígio pendem para o lado da praticidade, retratando a ascensão dos gigantes digitais como fruto do desejo de consumidores empoderados, amantes da conveniência. Os críticos da tecnologia, ou teóricos da conspiração, ao contrário, pintam um quadro sombrio em que somos conduzidos à força, como gado, para as plataformas. Embora eu penda para este último, nenhuma das duas narrativas me satisfaz totalmente. Meu verdadeiro interesse é revelar a contraditória *simultaneidade* da praticidade e da opressão. Meu foco está na dinâmica de uma "sociedade *cashless*", por ser ela um exemplo rematado de como indivíduos podem vivenciar uma "escolha" de usar algo — os pagamentos digitais — que ao mesmo tempo parece uma inevitabilidade predestinada, escolhida para eles.

Acredito que a chave para compreender essa tensão é perceber que, dentro de mercados interdependentes de grande escala, praticidade e opressão são inseparáveis. Desde o século XVIII, os economistas intuíram isso ao falar na "sabedoria do mercado". Essa expressão evoca a imagem de uma metaentidade, gerada pela população e que ao mesmo tempo a transcende. É aí que surge o conceito da "mão invisível" de Adam Smith: as atitudes das pessoas dentro de uma rede de trocas puxam para um lado e para o outro os demais membros dessa rede, através do sistema monetário, que mantém o conjunto de pé. Essa não é uma visão de liberdade individual. É uma visão de um emaranhado coletivo, mesmo que as pessoas o percebam enquanto indivíduos.

Economistas como Smith escreveram em um tempo em que as nações-Estado estavam desmantelando as pequenas comunidades pré-capitalistas, transformando-as em enormes redes de pessoas estranhas, unidas por sistemas monetários em comum. Visto dessa perspectiva, o dinheiro separava as pessoas — gente em enormes mercados que não se conhece. Porém, visto de outra perspectiva, ele forjava uma conexão abstrata entre gente que, do contrário, não interagiria. Isso habilita uma mentalidade peculiar: ao mesmo tempo que as pessoas se tornam dependentes de outras, distantes, que elas não conseguem ver, ficam alienadas das origens das coisas que usam e dos destinos das coisas que produzem. Na sociedade pré-capitalista, todos sabiam a que grupo pertenciam e de que ecossistema dependiam, mas, quanto mais nos afastamos dessa sapiência, mais nos aproximamos de uma mentalidade de "mercantilização" descontextualizada, na qual o valor se mistura com o dinheiro usado para coordenar um mercado.

Na nossa metáfora do sistema nervoso, podemos imaginar os sistemas monetários se expandindo para conectar pessoas distantes entre si, enquanto as forças mais antigas, pré-capitalistas — como a cultura da reciprocidade e a consciência ecológica —, representam um freio ao lado tóxico dos mercados (quase como os receptores de dor no sistema nervoso). Mas os vastos sistemas de mercado que os sistemas monetários viabilizam também podem se afastar das comunidades e dos ecossistemas que os sustentam, tornando-se invasivos e insensíveis. Na verdade, a característica central do capitalismo moderno de grande escala é que a atividade incessante de intercâmbio monetário é exaltada como espírito em si e de si mesma, que deve acompanhar — e dominar — todas as outras partes de nossa existência. Esse impulso desprovido de alma para maximizar as transações deixa um vazio existencial cada vez maior.

Tropeçamos cegamente em sistemas que exploram nossos desejos de curto prazo, em detrimento dos de longo prazo, e que destroem e perturbam nossas vidas caso tentemos nos livrar deles. Portanto, em vez de caminhar lentamente rumo à Utopia, os mercados de grande escala caminham rumo à concentração da produção e do consumo em puros conglomerados de busca do lucro, representados de forma mais perfeita pelas corporações transnacionais. Por mais que as pessoas que trabalham nesses conglomerados possam ter *sensações*, o setor financeiro e corporativo, enquanto complexo institucional, é incapaz de ter qualquer "sensação" que não seja o lucro. Por isso, nossos sistemas nos arrastam consigo, como uma centrífuga que gira cada vez mais rápido.

É isso que leva a visões de uma gigantesca "singularidade" tecnológica. Ray Kurzweil, futurólogo-chefe do Google, tenta dar a isso uma aura mística, invocando a tradição do Iluminismo, que encara a história como uma longa marcha rumo à transcendência do homem sobre a natureza, com uma ascendência paralela da mente sobre o corpo. Começa com uma visão de nós mesmos, nus e agachados, na mata pré-histórica. Termina com nossa ascensão a um híbrido entre ser humano e tecnologia, que é imortal, coloniza o espaço e regula um ambiente artificial a seu bel-prazer, através da "superinteligência" da AI, uma mente pura, transcendente e racional. Exibida com destaque acima dos urinóis da Singularity University, uma tira de quadrinhos baseada em um "sermão" dito por Kurzweil afirma o seguinte:

> A evolução é um processo espiritual. A evolução tecnológica é o mesmo que a evolução biológica. No futuro, vamos nos tornar um misto de inteligência biológica e não biológica [...] conectando nossos cérebros à nuvem, expandindo, na prática, nosso neocórtex. Aproximando-nos de Deus, do Ideal. Humanos e IA como um só.

Vamos encarar os fatos. A nuvem de IA espiritual transcendente a que Kurzweil e seus sócios se referem é o conglomerado financeiro-corporativo que venho descrevendo. O "estado de espírito" desse conglomerado é aquilo que descrevi no Capítulo 1 — a lógica fria de entidades legais presas em arranha-céus vasculhando indivíduos em nome de oportunidades de lucro de grande escala. É uma perspectiva calibrada para supervalorizar a eficiência de grande escala, sem atritos, em detrimento das coisas mais profundas que amamos — espaços selvagens desconhecidos, conexão de pessoas com pessoas, texturas, espontaneidade e jornadas sem guia. Se fosse permitido ao capitalismo corporativo expressar-se plenamente, ele exigiria acesso até às nossas ondas cerebrais, fazendo o pagamento-por-telepatia acessar os pensamentos alheios. Essa infiltração dos mercados interconectados nas partes mais recônditas do nosso ser é a característica definidora de nossa época.

Perturbações no *business as usual*

Comecei este livro prometendo ignorar histórias de "ondas surfadas" e, em vez disso, explorar as placas tectônicas da economia global. A infiltração dos mercados interconectados, mitificada por indivíduos como

Kurzweil, e a fusão de Big Finance e Big Tech que a torna mais fácil, é a força subjacente que está definindo o futuro. No entanto, ela mal é mencionada de forma cotidiana, porque já é dada como inevitável, e o debate público se concentra, em vez disso, nas perturbações percebidas dentro dessa tendência geral. Certo, um turbilhão de lutas comerciais e geopolíticas continua a ocorrer, enquanto os diferentes mega*players* disputam o poder relativo sobre a infraestrutura internacional de pagamentos. Nesse processo, estão surgindo esferas de poder ocidental e oriental, com o conglomerado tecnofinanceiro americano opondo-se ao chinês (enquanto a União Europeia pena para formar uma terceira força a meio caminho entre ambos).

Essas tensões contínuas propiciam possibilidades interessantes de mudanças inesperadas no rumo esperado. Por exemplo, embora o setor financeiro digital tenha obtido uma importante vitória durante a covid, os bancos comerciais que proporcionam o dinheiro digital que o sustenta estão em uma posição delicada. O êxito durante a pandemia pode ter sido acelerado demais, deixando os bancos centrais inquietos. Os diretores dos bancos centrais sabem que, se deixarem o dinheiro físico morrer, isso levará a uma hegemonia dos bancos comerciais; mas, se estimularem a CBDC como substituto, podem desestabilizá-los. Os bancos centrais não estão empenhados em levar os bancos comerciais à extinção. Caso, porém, não propiciem alguma forma de "*cash* digital", correm o risco de deixar surgir uma demanda do público por alternativas do *dark market*, como as *stablecoins* que o Tether oferece.

Nos próximos anos, provavelmente veremos os mega*players* presos em um "impasse mexicano" (a expressão designa uma situação em que nenhuma das partes pode iniciar uma agressão contra a outra sem provocar uma situação ameaçadora para si própria). Os gigantes financeiros solaparam o *cash*, mas agora isso periga induzir os bancos centrais a concorrer digitalmente com eles, ou, por outro lado, levar ao surgimento de *players* das *stablecoins*. Uma forma de romper esse impasse seria os bancos centrais tomarem a dianteira e promoverem o dinheiro físico. Mas isso exigirá opor-se à força, muito mais poderosa, do capitalismo corporativo transnacional, que transcende Estados individuais. Lembre-se, por exemplo, de como a Amazon tentou fazer lobby contra leis pró-dinheiro físico.

Isso também se espraia para o domínio da geopolítica, onde estados-nações tentam obter vantagens para seus próprios atores corporativos transnacionais. O Estado chinês tem uma clara missão externa de expandir seus gigantes da tecnologia, e ao mesmo tempo tem atuado para promover uma CBDC. Ao contrário dos Estados Unidos, que preferem manter uma distinção tênue entre suas corporações e o Estado, para os chineses a CBDC não representa tanto conflito ideológico — o Estado já tem um forte controle sobre o setor bancário. Porém, considerando que a economia global é transnacional, a CBDC chinesa é uma ameaça aos interesses americanos. Os Estados Unidos continuam ideologicamente presos à ideia de que representam a liberdade de mercado, ficando propensos a promover-se através de *players* como a Visa e o Facebook, que, por meio do WhatsApp, podem fazer incursões em países como a Índia. Essas empresas transnacionais, porém, vêm canalizando um espírito que transcende os Estados-nações onde estão sediadas, e são oportunistas: se o Facebook sentir a necessidade de permitir, por exemplo, que os usuários do WhatsApp façam pagamentos com uma *stablecoin* lastreada pela CBDC chinesa, quem vai dizer a ele para não fazer isso?

Essa confusa geopolítica comercial continuará a ter desdobramentos ao longo da próxima década, só que dentro das fronteiras da abrangente fusão de tecnologia e finanças. A maioria dos cidadãos não se sente envolvida em relação a como essa fusão se dará, mas o desejo intuitivo de combater a infiltração do capitalismo de vigilância hiperconectado ainda impulsiona muitas reações contrárias. Nesse sentido, é de esperar que vejamos nossos "protestantes" das criptomoedas continuarem a imaginar no ciberespaço uma saída para um domínio não estatal. É uma visão muitas vezes equivocada e conflituosa, mas tem certo lado bom, para o qual vamos nos voltar agora.

Os pontos fortes e fracos do "culto à carga" cripto

Após a Segunda Guerra Mundial, os antropólogos observaram um estranho fenômeno na Melanésia. Os ilhéus começaram a construir réplicas de madeira de aviões, na esperança de que levassem à aparição de cargueiros despejando pacotes do céu. Os antropólogos deram a isso o nome de "culto à carga".

Alguns acadêmicos interpretaram esses grupos como resposta ao estresse da era colonial. Os aviões forasteiros eram associados à entrega de cargas. Por isso, ilhéus com pouca experiência de relações de causalidade devem ter achado lógico produzir imitações. O culto à carga inclui a produção de artefatos retirados de seu contexto (aviões de madeira) na tentativa de conjurar um mundo associado a eles (cargas abundantes): não é algo irracional *per se*. É apenas um sequenciamento de eventos equivocado, com confusões de causa e correlação.

O culto à carga — o ato de produzir a aparência superficial de alguma coisa, sem a sua substância — é constante em diversas comunidades idealistas, inclusive no movimento Bitcoin. Esse movimento continua a declarar que seus cibercolecionáveis de edição limitada serão um desafio ao sistema monetário global, mas é mais que evidente que os criptotokens estão sendo engolidos pelos mercados convencionais e transformados em produtos comercializados como tudo mais. Na verdade, a única razão pela qual os criptotokens lembram moedas é que seu preço em dólares — arbitrado nesses mercados especulativos — permite que sejam *cambiados* (em trocas compensatórias) por outras coisas que têm preços. Se você retira esse preço em dólares, essa capacidade deixa de existir. Em outras palavras, é seu preço em dólares que lhes permite ter certas qualidades de moeda.

Os Bitcoiners fanáticos veem essa avaliação do Bitcoin com uma crítica. No entanto, a "cambiabilidade" do Bitcoin pode conduzir a uma *nova era de trocas compensatórias*. O ato de trocar entre si mercadorias precificadas em dinheiro, em vez de usar o dinheiro propriamente dito, sempre foi limitado ao longo da história, mas o Bitcoin (e outros criptotokens do gênero) pode turbinar essa prática. Isso pode até se revelar útil para pessoas que vivem sob regimes opressores, ou para aqueles que operam nas fissuras dos sistemas monetários dominantes. O ponto fraco, porém, de depender de tais colecionáveis em trocas compensatórias é que um único tuíte de um bilionário da indústria, como Elon Musk, pode alterar sua cotação de forma aleatória e abrupta. Isso é extremamente prejudicial à existência de quaisquer pessoas vulneráveis que tentem usá-los.

Também continua a existir um conflito entre a realidade do Bitcoin e a retórica de marketing transmitida pela indústria cada vez maior que o cerca. Esta última apresenta os criptotokens como um sistema monetário concorrente, ao mesmo tempo que se preocupa com seu preço em dólares. Para solucionar essa dissonância cognitiva, os entusiastas do setor afirmam que a elevação do preço culminará em um ponto de inflexão futuro, no qual todo o sistema monetário se inverterá, tornando tudo precificado em Bitcoin. Esse é um erro de categorização. Ninguém acredita que a elevação do preço dos terrenos, das ações da Amazon, dos selos postais raros ou até do ouro fará com que essas categorias sejam usadas para precificar as coisas. Não, um preço em alta tem probabilidade muito maior de fazer as pessoas reterem aquela propriedade, visando futuros ganhos monetários, do que de fazê-las perceber aquela coisa como o dinheiro em si. No entanto, essa prática de apresentar os criptotokens como "dinheiro" tornou-se um lugar comum e está iludindo muita gente, dando-lhe falsas esperanças.

Mas talvez as pessoas *necessitem* de falsas esperanças. Uma corrente da antropologia que pode oferecer ideias para a compreensão desse fenômeno é o estudo dos carnavais. Os antropólogos estudaram como os carnavais — da Antiguidade e dos dias de hoje — propiciam subversões temporárias da ordem social, em que as pessoas podem espairecer participando de uma fantasia escapista temporária. E a especulação com tokens de Bitcoin tem um ar bastante carnavalesco. O vazio existencial que acompanha o capitalismo corporativo pode gerar tanto sentimentos de rebeldia quanto desejo de enriquecer rapidamente para escapar dele.

O Bitcoin permite fazer as duas coisas ao mesmo tempo: as pessoas podem se imaginar subvertendo a ordem econômica ao mesmo tempo que buscam lucros especulativos em dólares dentro do mesmíssimo sistema.

O movimento Bitcoin não é a única comunidade de sonhadores tecnológicos incomodados. A comunidade Ethereum, e o movimento blockchain como um todo, continua abrindo caminho com seus sistemas de contratos inteligentes e DAOs automatizadas. Vimos como ambos são facilmente cooptados por oligopólios corporativos que parasitam a tecnologia, a tal ponto que aquilo que chamam de "tecnologia blockchain" hoje em dia inclui uma mistura confusa de agendas díspares. Mesmo assim, híbridos interessantes continuam a aflorar desse encontro. Como promotores da fintech, diversos inovadores do blockchain são, muitas vezes, a favor da automação digital e abertamente anti*cash*, mas declaram o desejo de criar uma versão descentralizada da fusão entre finanças e tecnologia que está varrendo o mundo. Se o *cloudmoney* é moeda digital em enormes *data centers*, os inovadores do blockchain se imaginam aplainando a nuvem para criar uma infraestrutura de moeda digital administrada de uma forma mais distribuída.

Essa visão é, em parte, fantasiosa, porque a maior esperança da comunidade Ethereum (e de outras comunidades cripto) reside nas *stablecoins*, que continuam atreladas ao sistema monetário normal. Atualmente, as *stablecoins* vêm sendo usadas para criar as chamadas plataformas "DeFi", ou "finanças descentralizadas". De forma bem parecida com as empresas fintech comuns, que dependem de moeda bancária digital, as DeFi exigem a montagem de sistemas de contratos inteligentes para administrar, emprestar ou encaminhar *stablecoins* digitais, e assim replicar — de forma mais descentralizada — os mesmos processos de automação industrial que a fintech convencional promove. Uma plataforma DeFi, por exemplo, pode tentar expandir empréstimos em *stablecoin*, proporcionando uma plataforma fintech parcialmente descentralizada.

Nos círculos da tecnologia blockchain, o termo "descentralizado" muitas vezes significa "uma grande infraestrutura distribuída, controlada por ninguém em particular". Em termos amplos, então, o movimento blockchain avança sob a premissa de que a criação de infraestruturas digitais transnacionais utilizáveis por todos, mas controláveis por ninguém, é uma meta válida. Só que isso entra em conflito com uma tradição mais antiga, na qual se compreende a "descentralização" como o processo pelo qual grandes infraestruturas são subdivididas em favor de outras, menores, que podem ser geridas localmente. Essa é a tradição por trás de muitos projetos de economia alternativa que tentam *re-localizar* a vida econômica — por exemplo, montando projetos de permacultura de pequena escala, uniões de crédito comunitário, cooperativas locais e moedas comunitárias. Por trás dele está uma visão de um mundo no qual uma constelação de iniciativas comunitárias se reúne em harmonia. É um *ethos* diferente daquele que fundamenta os criptotokens, criados para facilitar um *dark market* transnacional, sem rosto, em que não é preciso confiar nas instituições nem no próximo.

Existiria alguma maneira de harmonizar essas visões díspares da descentralização, e de combinar os pontos fortes de cada uma em algo mais poderoso do que cada uma pode oferecer isoladamente? A resposta é sim, e isso exige o uso de promessas.

As promessas são o antecessor mais primal do dinheiro: pense em como seu amigo está preparado para lhe dar alguma coisa agora, sob a promessa implícita de que você a devolverá — ou devolverá algo parecido — posteriormente. Quando você recorre à hospitalidade de um amigo, ele obtém um "saldo" positivo implícito, no sentido de que você sentirá a necessidade ou o desejo de *retribuir*. Quando você recorre a favores, bens ou ajuda de amigos, eles — de forma muito informal e sem cálculo — se veem com um "crédito" positivo, enquanto você se vê em busca de reequilibrar o saldo, "zerando-o", por assim dizer. Esses sistemas de reciprocidade mantêm comunidades unidas, mas, nesse exemplo interpessoal simples, verificamos as chaves dos sistemas monetários "movidos por gente": as promessas que amigos próximos fazem uns aos outros são informais, sem registro e sem cálculo, mas não é difícil supor que um parceiro mais distante possa lhe entregar algo em troca de uma promessa mais formal, registrada. A mais consolidada tradição desse "pagamento por promessa" é chamada de *crédito mútuo*. Sistemas de crédito mútuo — como o sistema Sardex, na Sardenha — são redes de pessoas que emitem promessas entre si para obter bens e serviços, enquanto um administrador central estabelece padrões, dirime disputas e monitora as promessas que cada um fez. O saldo de promessas de cada pessoa expande-se e contrai-se, dependendo de quanto ela dá aos outros e do quanto ela retira em troca.

Os sistemas de crédito mútuo são um pouco como minissistemas nervosos, muitas vezes conectando apenas centenas de pessoas, em vez de centenas de milhões. Esses sistemas de "pagamento por promessa", porém, podem ganhar mais escala reorientando a tecnologia cripto: em vez de usar as redes cripto para transferir cibercolecionáveis abstratos, como o Bitcoin, elas podem ser usadas para transferir promessas interpessoais orgânicas. A teoria dos "seis graus de separação" sugere que você pode contactar qualquer pessoa do mundo pulando por seis conexões de "amigo de um amigo". Se eu conheço você, e você conhece alguém, eu posso emitir uma promessa para essa pessoa por seu intermédio, a fim de obter dela coisas reais em troca. Esse conceito é chamado de *crédito ondulatório*, porque as promessas podem ondular entre pessoas que confiam umas nas outras. De todos os conceitos que poderiam gerar um sistema monetário inteiramente paralelo, talvez seja esse o mais profundo. No momento em que este livro ia para o prelo, estas e outras ideias estão sendo promovidas por iniciativas como Trustlines, Circles, Sikoba e Grassroots Economics, que estão implementando esses conceitos usando arquiteturas blockchain. Para qualquer pessoa que queira se envolver com inovações monetárias idealistas, porém pragmáticas, essa zona de hibridização é o lugar para estar.

Como meditar sobre, e com, *cash*

Não quero, porém, deixar os leitores com a falsa impressão de que tudo o que precisamos fazer é apenas criar sistemas monetários comunitários. É mera ilusão esperar que por si só eles tenham o poder de enfrentar o vórtex tecnofinanceiro que está nos engolindo. É por isso que é ainda mais importante proteger o sistema de dinheiro físico.

Estamos presos a uma economia global que dá a sensação de avançar no piloto automático. Isso gera um sentimento de inevitabilidade, em que as pessoas passam a acreditar que a sociedade humana ficará cada vez mais automatizada e afastada do mundo natural, mesmo que não queira. Esse sentimento enseja muitas emoções, entre elas a ansiedade. Meu trabalho sobre o dinheiro físico me leva a entrar em contato com pessoas que entram em pânico com essa sensação de piloto automático, e ficam furiosas com a impotência diante dela. Um homem me enviou um e-mail com um link para uma reportagem da CNBC sobre como a Visa usou a covid para promover um "Super Bowl *cashless*". A reportagem comentava como a empresa estava enchendo o estádio de futebol americano com engenhocas como um "caixa eletrônico às avessas", para as pessoas converterem seu dinheiro físico em digital. O e-mail tinha uma única linha: "bret, isso dá medo. vc tem como parar essa coisa para salvar nosso dinheiro".

Não conheço o homem que me enviou aquilo. Ele simplesmente usou o pseudônimo AaronForTrump. Não é a primeira vez que um apoiador do polêmico ex-presidente dos Estados Unidos me manda um e-mail com uma mensagem de apoio à minha luta pró-*cash*. Também recebi de terraplanistas e de outros, profundamente envolvidos em teorias conspiratórias. Considerando que as corporações usaram a pandemia para estender ainda mais seu poder, a covid e o capitalismo corporativo se fundiram aos olhos dos teóricos da conspiração. Por exemplo, conteúdo produzido por mim foi reaproveitado em um documentário afirmando que Bill Gates engendrou a covid para promover o 5G e uma sociedade sem dinheiro e escravizar a todos sob uma Nova Ordem Mundial orwelliana. Os videastas encontraram uma gravação em que falo da guerra ao *cash*, na qual explico como ela é promovida pela expansão insensível do sistema capitalista. Mas essa mensagem era sutil demais para eles, que selecionaram cuidadosamente apenas os trechos da gravação que lhes permitiram afirmar que Bill Gates em pessoa estava orquestrando o impulso contra o *cash*.

Assim, vi-me exibido ao lado de cabeças-duras de extrema direita e de um pregador evangélico perorando contra uma trama satânica orquestrada pelas elites globais. Esse vídeo chegou a mim via uma mensagem de WhatsApp enviada por uma amiga distante de minha mãe, na África do Sul. Estava correndo as redes sociais dela e alcançou milhões de visualizações antes que o YouTube o derrubasse. Mas esse estilo de análise — em que os efeitos desorientadores de nossos megassistemas são atribuídos a pessoas isoladas, como Bill Gates (ou grupos, como "os judeus", "os marxistas" ou "as elites") — é muito popular. A economia global opera em uma escala que poucas pessoas têm tempo — ou preparo — para acompanhar, mas mesmo assim as pessoas precisam encontrar narrativas que expliquem os tremores de ansiedade e instabilidade que correm por ela (e por elas, por extensão) e a sensação de piloto automático. Os teóricos da conspiração aparecem para costurar essas narrativas, e nesse processo acabam muitas vezes se alinhando com a extrema direita.

O *cash*, hoje em dia, passou a figurar nessas narrativas, e nas instituições tradicionais pouca gente se dá conta disso. Nos meses iniciais da pandemia, fui convidado para um grupo privado de Facebook intitulado "Keep Cash UK" ("Mantenha o *cash* Reino Unido"), que, em um espaço de poucas semanas, já tinha atraído mais de 30 mil membros de todos os setores da sociedade e prometia combater vigorosamente o impulso corporativo contra o dinheiro vivo, ao mesmo tempo que promovia as teorias da conspiração mais recentes. As teorias nesse grupo costumavam ser toscas, mas claramente estavam surgindo numa tentativa de dar conta de receios intuitivos. Os teóricos da conspiração estão enganados ao achar que indivíduos como Bill Gates estão orquestrando, de forma pessoal, uma guerra ao dinheiro físico, mas estão corretos na crença de que o sistema *cash* é um incômodo para a crescente teia de corporações digitais, que não está preocupada com os nossos interesses. E a recusa das instituições tradicionais em levar isso a sério tem ajudado essas correntes virulentas de populismo de extrema direita a se enraizar. É mais provável que grandes instituições peçam ajuda à Visa e ao Google para promover a inclusão financeira digital do que essas mesmas instituições protegerem e promoverem a infraestrutura de dinheiro físico que já existe. A luta contra um vórtex global tecnofinanceiro periga, assim, virar uma bandeira da extrema direita, quando todos nós deveríamos estar preocupados com isso, qualquer que seja nossa orientação política.

O que fazer, então? Bem, uma resposta é que deveríamos afirmar com toda a força o nosso direito de usar o dinheiro vivo, e enxergar isso como uma atitude política. O desejo de usar dinheiro físico é apresentado pelo setor fintech como uma teimosa recusa a avançar com nosso tempo, mas eu prefiro apresentá-la como uma teimosa recusa em ceder ao capitalismo corporativo. Precisamos proteger o dinheiro físico, pelo menos para provar a nós mesmos que não somos meros avatares macaqueando a lógica expansionista de um sistema indiferente às pessoas que o constituem. O movimento pró-*cash* tem uma agenda simples, de manutenção do sistema periférico de *cash* atual, diante dos invasivos sistemas digitais centralizados, e, embora isso não vá levar a uma sociedade utópica, pode pelo menos conter uma distópica.

Meus argumentos pela proteção do dinheiro vivo foram práticos e políticos, mas, no fundo, estou lutando por algo pessoal: o direito de ser sujo e físico. Não somos superseres imortais, com cérebros conectados a um complexo de inteligência artificial na nuvem, nem queremos ser. Somos confusos e contraditórios, e esse jeito de ser é mais bem protegido por uma encarnação mais pé no chão do dinheiro. O *cash* é moeda fiduciária no corpo de uma commodity, parida por grandes instituições, mas circulando entre nós como um amigo sociável em meio a estranhos. É capitalista, e ao mesmo tempo impede a expansão do capitalismo. É, em uma palavra só, sincrético. Para usá-lo, é preciso aceitar a lentidão e a contradição, o que — em um mundo frenético e polarizado — equivale a uma prática de meditação.

Agradecimentos

Obrigado a meu incrível agente Patrick Walsh, da PEW Literary, com Margaret Halton e John Ash. Pessoal, ver vocês realizarem maravilhas foi um prazer.

Obrigado aos heróis editoriais do livro, Stuart Williams e Lauren Howard, da The Bodley Head, Hollis Heimbouch, da Harper Business, e Ana Fletcher. Vocês não só poliram um diamante bruto, mas também o extraíram do minério. Obrigado também a Daniel Halpern, por acreditar na visão deste livro. Muita gratidão a todos os demais que ajudaram nos bastidores da Penguin Random House e da Harper Business.

Um enorme agradecimento àqueles que leram o manuscrito a fim de fazer sugestões editoriais, contribuições técnicas e correções. Isso inclui Rohan Grey, Sarah Jaffe, Phoebe Braithwaite, Victor Fleurot, Frederike Kaltheuner, Irene Claeys, Jules Porter e Tarn Rodgers John. Obrigado por me estimular com suas palavras encorajadoras. Obrigado também a Guillaume Lepecq pelo fornecimento de informações.

Enorme agradecimento à rede de amigos que me ajudou a atravessar estes longos tempos sombrios. Isso inclui os Floddenites (todos vocês), Julio Linares, Kei Kreutler, Eli Gothill, Jaya Klara Brekke, Matthew Lloyd, Dan Nixon, Lynne Davis, Adrian Blount, J.P. Crowe, Sam Gill, Rita Issa, Alistair Alexander, James Jackson, Saara Rei, Jules Mueller, Shaun Chamberlin, Alice Thwaite, Max Haiven, Cassie Thornton, Phoebe Tickell, Jutta Steiner, Monika Bielskyte, Stacco e Ann Marie, Nathaniel Calhoun, Steve Grumbine, Simon Youel, Joel Benjamin, Simka e Manu e Glen Scott.

Um agradecimento especial à minha família, que me apoiou de longe.

Agradecimentos especiais a Scott Lye e Jeff Cavaliere, por manterem meu corpo intacto em meio à escrita, e a Jürgen Carlo Schmidt, por ajudar a manter minha alma intacta.

Um agradecimento especial a Sophia, que inspirou a proposta.

Minhas homenagens ao saudoso David Graeber, que faleceu antes que eu pudesse pedir-lhe que desse suas palavras de apoio a este livro. Obrigado por nos inspirar.

Por fim, um agradecimento especial à Terra, por continuar a girar sob os raios do Sol, e por fornecer um lar para todos nós.

Notas

1. O sistema nervoso

p. 24 *trabalhei com uma empresa de dados abertos sediada em Berlim, chamada OpenOil*: Ver WEST, Johnny."How complex is BP? 1,180 companies across 84 jurisdictions going 12 layers deep". *OpenCorporates*, 3 set. 2014. Disponível em: <https://blog.opencorporates.com/2014/09/03/how-complex-is-bp-1180-companies-across-84-jurisdictions-going-12-layers-deep/>.

p. 24 *metade do comércio mundial se dá, na verdade,* dentro *das corporações*: FOLFAS, Paweł. "Intra-firmtrade and non-trade intercompany transactions: changes in volumeand structure during 1990–2007", p. 3. Disponível em: <https://www.etsg.org/ETSG2009/papers/folfas.pdf>.

2. A guerra ao *cash*

p. 32 *5,2 milhões de tentativas de pagamentos foram bloqueadas*: Esses detalhes podem ser encontrados na carta explicativa da Visa UK ao Parlamento britânico em 15 de junho de 2018. Disponível em: <https://www.parliament.uk/globalassets/documents/commons-committees/treasury/Correspondence/2017-19/visa-response-150618.pdf>.

p. 32 *da conta do Banco Central de Bangladesh no Federal Reserve americano*: um resumo desse assalto pode ser encontrado em https://en.wikipedia.org/wiki/Bangladesh_Bank_robbery.

p. 34 *estudos dos bancos centrais mostraram que os teclados associados a pagamentos digitais representam um risco maior*: BANK OF ENGLAND. "Cash in the time of covid". *Quarterly Bulletin*, 4º trimestre de 2020, 24 nov. 2020. Disponível em: <https://www.bankofengland.co.uk/quarterly-bulletin/2020/2020-q4/cash-in-the-time-of-covid>.

p. 35 *"Relatos do fim do* cash *são bastante exagerados"*: Federal Reserve Bank of San Francisco, 20 nov. 2017. Disponível em: <https://www.frbsf.org/our-district/about/sf-fed-blog/reports-death-of-cash-greatly-exaggerated/>.

p. 36 *os bancos centrais registraram um forte aumento dos saques nos caixas eletrônicos*: Ver, por exemplo, PANETTA, Fabio. "Cash still king in times of covid-19".BCE. Disponível em: https://www.ecb.europa.eu/press/key/date/2021/html/ecb.sp210615~05b32c4e55.en.html. Ou BANK OF ENGLAND, *op. cit.* e Federal Reserve, "2021 findings from the Diary of Consumer Payment Choice". Disponível em: <https://www.frbsf.org/cash/publications/fed-notes/2021/may/2021-findings-from-the-diary-of-consumer-payment-choice/>.

p. 36 *o que inclui aqueles que não querem ter seu patrimônio preso em bancos durante uma crise bancária*: BECH, Morten; FARUQUI, Umar; OUGAARD, Frederik; PICILLO, Cristina. "Payments are a-changin' but cash still rules". *BIS Quarterly Review*, mar. 2018. Disponível em: <https://www.bis.org/publ/qtrpdf/r_qt1803g.pdf>.

p. 36 *O Federal Reserve constata fortes aumentos na demanda de* cash *antes de furacões*: isso foi divulgado durante uma apresentação privada de Alex Bau, do setor de produtos em *cash* do Federal Reserve, intitulada "Understanding Cash Usage: Rethinking Volume Forecasting", fev. 2019.

p. 36 *representava mais de 50% das transações inferiores a 10 dólares, e 30% do volume total de pagamentos*: Ver Federal Reserve Bank of San Francisco, "2018 Findingsfrom the Diary of Consumer Payment Choice", 15 nov. 2018. Disponível em: <https://www.frbsf.org/cash/files/federal-reserve-cpo-2018-diary-of-consumer-payment-choice-110118.pdf>.

p. 38 *"desejamos uma sociedade sem cash"*: DAVID, Javier E. "Bank of America CEO: 'We want a cashless society'". *Yahoo!Finance*, 19 jun. 2019. Disponível em: <https://finance.yahoo.com/news/bank-of-america-brian-moynihan-cashless-society-210717673.html>.

p. 39 *Os bancos usam todo tipo de tática para desencorajar o uso de dinheiro vivo*: Ver, por exemplo, JAYSEELAN, Risen. "The joys and sufferings of going cashless". *The Star*, 7 jan. 2019. Disponível em: <https://www.thestar.com.my/business/business--news/2019/01/07/the-joys-and-sufferings-of-going-cashless/>.

p. 40 *a campanha "o indiano sem* cash*", e outra sob o slogan "Kindness is Cashless"*: para detalhes dessas campanhas, ver <https://www.visa.com.bz/visa-everywhere/global--impact/cashless-man-of-india.html> e <https://www.campaignindia.in/video/visa--looks-to-spread-goodness-and-education-with-kindnessiscashless/434240>.

p. 40 *a campanha [...] "é o mais recente passo da estratégia de longo prazo da Visa Reino Unido para tornar o* cash *'exceção' em 2020"*. A Visa UK removeu a referência de seu website, mas uma versão anterior dele pode ser encontrado no *Internet Archive*. Disponível em: <https://web.archive.org/web/20171016092002/https://www.visa.co.uk/newsroom/visa-europe-launches-cashfree-and-proud-campaign-1386958?returnUrl=%2fnewsroom%2fcash-free-and-proud-video-female-22806.aspx>.

p. 40 *distribuía 10 mil dólares em prêmios para que pequenos negócios da moda parassem de aceitar pagamentos em dinheiro"*: ver "Meet the Cashless Challenge winners". Disponível em: <https://usa.visa.com/visa-everywhere/innovation/visa-cashless-challenge-winners.html>.

p. 41 *As empresas de pagamentos chegam a disseminar a ideia de que o dinheiro vivo é insustentável para o ambiente*: para um exemplo disso, ver "Why Going Cashless Is Better for the Environment", publicado pela empresa de pagamentos digitais Pomelo Py. Disponível em: <https://www.pomelopay.com/blog/cashless-better-for-environment>.

p. 41 *a Amazon fez lobby contra um projeto de lei que exigiria a aceitação do dinheiro vivo*: o jornal *Philadelphia Inquirer* acompanhou esse caso. Ver "Amazon warns it may rethink plans to open a Philly store if the city bans cashless retailers", 15 fev. 2019. Disponível em: <https://www.inquirer.com/business/retail/amazon-go-philadelphia-cashless-store--ban-20190215.html, e "Emails show how Philly officials tried to help Amazon escape proposed cashless store ban", 26 fev. 2019. Disponível em: https://www.inquirer.com/news/amazon-go-cashless-store-philadelphia-lobbying-20190226.html>.

p. 42 *"limites de uso de dinheiro" para impedir o uso de espécie acima de certa quantia*: para uma análise dos limites de dinheiro, ver SANDS, Peter; CAMPBELL, Haylea; KEATINGE, Tom; WAISMAN, Ben. "Limiting the Use of Cash for Big Purchases: Assessing the Case for Uniform Cash Thresholds", *M-RCBG Associate Working Papers Series*, n. 80, set. 2017. Disponível em: <https://www.hks.harvard.edu/sites/default/files/centers/mrcbg/files/80_limiting.cash.pdf>.

p. 42 *recentemente propôs cortá-lo ainda mais, para 300 euros*: LEPECQ, Guillaume. "ECB calls for Greece to drop Cash Payment Limitations. But what about the other Countries?" *Cash Essentials*, 3 dez. 2019. Disponível em: <https://cashessentials.org/ecb-calls-for--greece-to-drop-cash-payment-limitations-but-what-about-the-other-countries/>.

p. 43 *no Índice de Percepção da Corrupção de 2020*: o índice pode ser encontrado em: <https://www.transparency.org/en/cpi/2020>.

p. 43 *muitas vezes combinados à recusa em aceitar dinheiro vivo do próprio Estado para pagar serviços do Estado*: Existem vários exemplos disso, mas talvez o caso mais instrutivo a acompanhar seja a campanha de Norbert Häring para pagar em *cash* por sua licença de rádio na Alemanha, o que levou a Corte Europeia de Justiça a se envolver. Veja a linha do tempo aqui: <https://norberthaering.de/en/my-ecj-courtcase-on-cash/timeline/>.

p. 44 *"A Paytm cumprimenta o Honorável Primeiro-Ministro Sh. Narendra Modi por ter tomado a decisão mais audaciosa da história financeira da Índia Independente!"*: para imagens desse anúncio, ver "E- commercecompanies are bombarding us with front page ads after demonetisation", *The News Minute*, 10 nov. 2016. Disponível em: <https://www.thenewsminute.com/article/e-commerce-companies-are-bombarding-us-front-page--ads-after-demonetisation-52670>.

p. 45 *a Malásia, por exemplo, estaria cogitando a demonetização*: esse rumor começou a se espalhar depois que o primeiro-ministro malaio, Najib Razak, elogiou Narendra Modi como um "bom reformista" após seu esforço de desmonetização em 2016.

p. 47 *O Bundesbank alemão é notório por seu apoio ao* cash: empregados de bancos centrais são, em geral, desestimulados a promover o *cash* abertamente, mas o Bundesbank costuma divulgar relatórios que jogam uma luz favorável sobre ele. Isso inclui pesquisas que contestam a ideia de que o *cash* é usado sobretudo pela economia clandestina (ver "Cash demand in the shadow economy", *DeutscheBundesbank Monthly Report*, mar. 2019. Disponível em: <https://www.bundesbank.de/resource/blob/793190/466691bce4f27f76407b35f8429441ae/mL/2019-03-bargeld-data.pdf>) e pesquisas que contestam a ideia de que o *cash* é lento e incômodo (ver "Study finds that cash payments are quick and cheap",12 fev. 2019. Disponível em: <https://www.bundesbank.de/en/tasks/topics/study-finds-that-cash-payments-are-quick-and-cheap-776688>). O Bundesbank foi um dos primeiros a contestar alegações de que o dinheiro físico transmitiria covid-19 (ver "Cash poses no particular risk of infection for public", 18 mar. 2020. Disponível em: <https://www.bundesbank.de/en/tasks/topics/cash--poses-no-particular-risk-of-infection-for-public-828762>).

p. 47 *com pesquisadores do FMI*: ver, por exemplo, ASSENMACHER, Katrin; KROGSTRUP, Signe. "Monetary Policy with Negative Interest Rates: Decoupling Cash from Electronic Money", IMF Working Paper. n. 18/191, 27 ago. 2018. Disponível em: <https://www.imf.org/en/Publications/WP/Issues/2018/08/27/Monetary-Policy-with-Negative-Interest-Rates-Decoupling-Cash-from-Electronic-Money-46076>.

p. 48 *os bancos centrais sueco e holandês expressaram reservas em relação a seu desaparecimento*: ver, por exemplo, "Dutch central bank concerned about decreasing use of cash", *NL Times*, 29 out. 2018. Disponível em: <https://nltimes.nl/2018/10/29/dutch-central-bank-concerned decreasing-use-cash> e "Cash is still king: central bank calls for action tokeep notes and coins", *DutchNews*, 7 jul. 2021. Disponível em: <https://www.dutchnews.nl/news/2021/07/cash-is-still-king-central-bank-calls-for-action-to-keep-notes-and-coins/>.

p.48 *"Se ocorrer uma crise ou uma guerra"*: o documento sueco pode ser encontrado aqui: <https://www.dinsakerhet.se/siteassets/dinsakerhet.se/broschyren-om-krisen-eller-kriget-kommer/om-krisen-eller-kriget-kommer---engelska.pdf>.

3. O gigante da montanha

p. 60 *falsificações sempre foram usadas como armas políticas*: ver RHODES, Karl. "The Counterfeiting Weapon". *Econ Focus, Federal Reserve Bank of Richmond*, vol. 16 (1º trimestre), pp. 34–7. Disponível em: <https://www.richmondfed.org/-/media/richmondfedorg/publications/research/econ_focus/2012/q1/pdf/economic_history.pdf>.

p. 60 *Nos dias de hoje, políticos indianos acusam o serviço secreto do Paquistão:* ver, por exemplo, KHAIBRI, Shiban. "Fighting economic terrorism", *Daily Excelsior*, 19 out. 2013. Disponível em: <https://www.dailyexcelsior.com/fighting-economic-terrorism/>.

4. Fichas digitais

p. 66 *Na Romênia, por exemplo, 86% das pessoas têm conta bancária*: "Statistics show gap between Romanians' card ownership and usage", *Romania Insider*, 24 jun. 2019. Disponível em: <https://www. romania-insider.com/lidl-card-usage-2019>.

p. 77 *"ao longo da costa leste"*: KONTZER, Tony. "Inside Visa's Data Center", *Network Computing*, 29 mai. 2013. Disponível em: <https://www.networkcomputing.com/networking/inside-visas-data-center>.

p. 79 *em 2013, por exemplo, o Banco Central Europeu estabeleceu uma "linha de swap" com o Banco Popular da China*: BANCO CENTRAL EUROPEU. "ECB and the People's Bank of China establish a bilateral currency swap agreement", 10 out. 2013. Disponível em: <https://www.ecb.europa.eu/press/pr/date/2013/html/pr131010.en.html>.

5. A sociedade de fichas bancárias

p. 83 *o número de agências bancárias no Reino Unido caiu 28%, enquanto o número de caixas eletrônicos caiu 24%*: PARLAMENTO DO REINO UNIDO. "Statistics on access to cash, bank branches and ATMs", 12 out. 2021. Disponível em: <https://commonslibrary.parliament.uk/research-briefings/cbp-8570/>.

p. 84 *Dados do Google Trends mundial mostram um aumento significativo das buscas do termo* "cashless": veja o gráfico interativo: <https://trends.google.com/trends/explore?date=all&q=cashless>.

p. 86 *A "Cyber Segunda", por exemplo, nada mais é que uma invenção da Federação Nacional do Varejo britânica*: TOOTHMAN, Jessika; WHITBOURNE, Kathryn. "How Cyber Monday Works". *HowStuffWorks*, 2 dez. 2019. Disponível em: <https://money.howstuffworks.com/personal-finance/budgeting/cyber-monday1.htm>.

p. 92 *Dados de vários estudos mostram que o uso de dinheiro vivo é menor entre aqueles com maior grau de instrução e renda*: ver, por exemplo, BAGNALL, John; BOUNIE, David; HUYNH, Kim P.; KOSSE, Anneke; SCHMIDT, Tobias; SCHUH, Scott; STIX, Helmut. "Consumer Cash Usage: A Cross-Country Comparison with Payment Diary Survey Data". *European Central Bank Working Paper Series*, n. 1.685, jun. 2014, pp. 18–9. Disponível em: <https://www.ecb.europa.eu/pub/pdf/scpwps/ecbwp1685.pdf>.

p. 93 *elogiaram publicamente o governo de Modi, na Índia, por seu combate ao dinheiro físico*: Em 8 de novembro de 2018, Thaler comentou a decisão de Modi, tuitando: "Essa é uma política que eu apoio há muito tempo. Primeiro passo rumo ao *cashless* e bom começo na redução da corrupção". Disponível em: <https://twitter.com/r_thaler/status/796007237458206720>.

6. Grande Irmão. Grande Segurança. Grande Mordomo

p. 109 *o PayPal é autorizado a compartilhar seus dados com 600 organizações:* CHRISTL, Wolfie. "Corporate surveillance in everyday life: How companies collect, combine, analyze, trade, and use personal data on billions". Relatório do *Cracked Labs*, jun. 2017, p. 21.

p. 109 *O Google, por exemplo, utiliza fontes como essas*: RAMASWAMY, Sridhar. "Powering ads and analytics innovations with machine learning". *Google Inside AdWords*, 23 mai. 2017. Disponível em: <https://adwords.googleblog.com/2017/05/powering-ads-and-analytics-innovations.html>.

p. 109 *a Bloomberg noticiar que o Google fez um acordo sigiloso para comprar dados de cartões de crédito*: BERGEN, Mark; SURANE, Jennifer. "Google and Mastercard Cuta Secret Ad Deal to Track Retail Sales", Bloomberg, 30 ago. 2018. Disponível em: <https://www.bloomberg.com/news/articles/2018-08-30/google-and-mastercard-cut-a-secret-ad-deal-to-track-retail-sales>.

p. 109 *bancos como o Wells Fargo e o Citi montam perfis dos hábitos de consumo de seus clientes*: ver, por exemplo, ELLIS, Blake. "The banks' billion-dollar idea". *CNN Money*, 8 jul. 2011. Disponível em: <https://money.cnn.com/2011/07/06/pf/banks_sell_shopping_data/>.

p. 110 *Dois meses depois o Relatório Taylor, do governo britânico, defendeu uma operação contra o uso de dinheiro vivo*: o Taylor Review of Modern Working Practices, de julho de 2017, pode ser encontrado aqui: <https://assets.publishing.service.gov.uk/government/uploads/system/uploads/attachment_data/file/627671/good-work-taylor-review-modern-working-practices-rg.pdf>. Ver também HOLDER, Vanessa. "Crackdown proposed on cash-in-hand payments". *Financial Times*, 12 jul. 2017. Disponível em: <https://www.ft.com/content/c215174a-6640-11e7-9a66-93fb352ba1fe>.

p. 110 *"Uma responsabilidade central do FMI é supervisionar o sistema monetário internacional"*: ver IMF Surveillance factsheet. Disponível em: <https://www.imf.org/en/About/Factsheets/IMF-Surveillance>.

p. 111 *A seção 314(a) da lei permitia monitorar as contas dos indivíduos investigados*: ver *FinCEN's 314(a) Fact Sheet*. Disponível em: <https://www.fincen.gov/sites/default/files/shared/314afactsheet.pdf>.

p. 111 *Em 2010, vazou um documento do FBI que descrevia seu sistema chamado de* hotwatch: SINGEL, Ryan. "Feds Warrantlessly Tracking Americans' Credit Cards in Real Time", *Wired*, 2 dez. 2010.

p. 112 *Der Spiegel* publicou uma reportagem exclusiva sobre o programa "Follow the Money": "NSA Spies on International Payments", *Der Spiegel*, 15 set. 2013. Disponível em: <https://www.spiegel.de/international/world/spiegel-exclusive-nsa-spies-on-international-bank-transactions-a-922276.html>.

p. 112 *A rede SWIFT também está sujeita a esse tipo de espionagem*: para detalhes sobre a vigilância da SWIFT e sua legalidade, ver KÖPPEL, Johannes. *The SWIFT Affair: Swiss Banking Secrecy and the Fight against Terrorist Financing*. Nova edição [online]. Genebra: Graduate Institute Publications, 2011 (gerada em 3 nov. 2021).

p. 113 *A acadêmica Nathalie Maréchal faz esse relato no artigo*: MARÉCHAL, Nathalie. "First They Came for the Poor: Surveillance of Welfare Recipients as an Uncontested Practice". *Media and Communication*, v. 3, n. 3, 20 out. 2015.

p. 113 *suas despesas, via apps de mesada*: para um exemplo disso, ver o app GoHenry: <https://www.gohenry.com/uk/benefits-for-parents/>.

p. 115 *Tem havido muitos relatos de chineses sendo impedidos de viajar e de receber outros "privilégios"*: ver COCKBURN, Harry. "China blacklists millions of people from booking flights as 'social credit' system introduced". *Independent*, 22 nov. 2018. Ver também JEFFERSON, Ed. "No, China isn't Black Mirror — social credit scores are more complex and sinister than that". *New Statesman*, 27 abr. 2018.

p. 116 *Ela conseguiu uma liminar contra o Barclays*: ver o comunicado de Dahabshiil à imprensa a respeito da liminar em: <https://www.dahabshiil.com/blog/dahabshiilwins-injunction-against-barclays-1/>.

7. O progresso artificial de um "mundo em rápida transformação"

p. 121 *porque mais da metade não trabalha mais com dinheiro vivo*: ROBBINS, Josh. "Bank and ATM closures: what the UK can learn from Sweden". *Which?*, 20 dez. 2019. Disponível em: <https://www.which.co.uk/news/2019/12/bank-and-atm-closures-what-the-uk-can-learn-from-sweden/>.

p. 127 *uma das principais razões da preferência das pessoas pelo dinheiro vivo é sua fisicalidade tangível*: ver, por exemplo, DEUTSCHE BUNDESBANK. "Payment behaviour in Germany in 2017". Disponível em: <https://www.bundesbank.de/resource/blob/737278/458ccd8a8367fe8b36bbfb501b5404c9/mL/zahlungsverhalten-in-deutschland-2017-data.pdf>; e JENNINGS, Chris. "Survey: It's a Card-Obsessed World, but Cash Is Still King — Here's Why". *GoBanking Rates*, 1 nov. 2019. Disponível em: <https://www.gobankingrates.com/credit-cards/advice/survey-americans-prefer-cash-to-credit/>.

p. 127 *Vários estudos mostraram que o pagamento digital estimula gastos descuidados e impulsivos*: ver, por exemplo, ESCHELBACH, Martina. "Pay cash, buy less trash? Evidence from German payment diary data". *International Cash Conference 2017*. Disponível em: <https://www.econstor.eu/handle/10419/162908>; e PELEC, Drazen; SIMESTER, Duncan. "Always Leave Home Without It: A Further Investigation of the Credit-Card Effect on Willingness to Pay". *Marketing Letters*, v. 12, 2001, pp. 5–12. Disponível em: <https://link.springer.com/article/10.1023/A:1008196717017>. Para um resumo, ver HERSHFIELD, Hal E. "The Way We Spend Impacts How We Spend". *Psychology Today*, 10 jul. 2012. Disponível em: <https://www.psychologytoday.com/us/blog/the-edge-choice/201207/the-way-we-spend-impacts-how-we-spend>.

p. 127 *em seu site sobre os "benefícios de virar cashless", a Visa informa*: ver "Are cashless payments good for business?". Disponível em: <https://usa.visa.com/visa-everywhere/innovation/benefits-of-going-cashless.html>.

p. 127 *Para este último fim, fecha parcerias com — entre outros — a Visa e o Google*: a Usaid retirou esse documento do local original, mas uma versão arquivada pode ser encontrada em: <https://web.archive.org/web/20201016190208/https://www.usaid.gov/sites/default/files/documents/15396/Lab-Fact-Sheet.pdf>.

p. 128 *Ela criou um manual sobre como digitalizar o sistema monetário americano*: esse documento, originalmente intitulado "Além do *Cash*", foi posteriormente retirado da internet, mas uma versão arquivada pode ser encontrada aqui: <https://web.archive.org/web/20210731050518/https://www.digitaldevelopment.org/beyond-cash>. Para um olhar mais amplo sobre a estratégia da USAID para promover os pagamentos digitais mundo afora, ver seu briefing "Mission Critical: Enabling Digital Payments for Development". Disponível em: <https://www.usaid.gov/sites/default/files/documents/15396/USAID-DFS-OpportunityBrief.pdf>.

p. 133 *De forma significativa, porém, surgiram histórias de lobby da Amazon nos bastidores*: ver "Amazon warns it may rethink plans to open a Philly store if the citybans cashless retailers", 15 fev. 2019. Disponível em: <https://www.inquirer.com/business/retail/amazon-go-philadelphia-cashless-store-ban-20190215.html>, e "E-mails show how Philly officials tried to help Amazon escape proposed cashless storeban", 26 fev. 2019. Disponível em: <https://www.inquirer.com/news/amazon-go-cashless-store-philadelphia-lobbying-20190226.html>.

p.133 O Wall Street Journal *questionou se a lei impunha "limites à inovação"*: CALVERT, Scott. "Philadelphia Is First U.S. City to Ban Cashless Stores", *Wall Street Journal*, 7 mar. 2019. Disponível em: <https://www.wsj.com/articles/philadelphia-is-first-u-s-city-to-ban-cashless-stores-11551967201>.

8. Como trocar de pele

p. 143 *o Commerzbank alemão montou sua própria incubadora fintech*: veja a descrição do Commerzbank aqui: <https://www.commerzbank.de/en/nachhaltigkeit/markt___kunden/mittelstand/main_incubator/main_incubator.html>.

p. 144 *Esse fenômeno, o patrocínio impessoal das artes por empresas comerciais, foi batizado de* artwash *por Mel Evans*: EVANS, Mel. *Artwash: Big Oil and the Arts* (Pluto Press, 2015).

p. 144 *uma animação de Kentridge em vídeo, intitulada "Second Hand Reading"*: o vídeo pode ser visto aqui: <https://www.youtube.com/watch?v=IEfUjg5viGk>.

p. 147 *conta com uma interface digital com nome de gente — Erica*: Veja a apresentação de Erica pelo Bank of America aqui: <https://promotions.bankofamerica.com/digitalbanking/mobilebanking/erica>.

p. 147 *o HSBC, por exemplo, está chamando seus chatbots de "o som do HSBC"*: veja o comentário a respeito de Josh Bottomley, do HSBC, na CogX 2019, aqui: <https://youtu.be/lqnZVXCRhZM?t=1620>.

p. 150 *Na China, o Alipay e o WeChat lançaram o pagamento por reconhecimento facial*: "Smile-to-pay: Chinese shoppers turn to facial payment technology", *Guardian*, 4 set. 2019. Disponível em: <https://www.theguardian.com/world/2019/sep/04/smile-to-pay-chinese-shoppers-turn-to-facial-payment-technology>.

9. Sherlock Holmes e o estranho caso dos dados-fantasmas

p. 154 *Meghan O'Gieblyn, uma ex-evangelista cristã, afirma que a narrativa da singularidade*: O'GIEBLYN, Meghan. "God in the machine: my strange journey into transhumanism". *Guardian*, 18 abr. 2017. Disponível em: <https://www.theguardian.com/technology/2017/apr/18/god-in-the-machine-my-strange-journey-into-transhumanism>.

p. 155 *Thiel, então, financiou Lonsdale e alguns outros para aplicar o mesmo modelo à segurança nacional*: ver WALDMAN, Peter; CHAPMAN, Lizette; ROBERTSON, Jordan. "Palantir Knows Everything About You", *Bloomberg Businessweek*, 19 abr. 2018. Disponível em: <https://www.bloomberg.com/features/2018-palantir-peter-thiel/>.

p. 156 *a Palantir trabalha sob demanda para grandes corporações financeiras, como o J. P. Morgan*: WALDMAN et al., *op. cit.*

p. 156 *as interações do HSBC com seus 39 milhões de clientes geraram cerca de 150 petabytes de dados*: veja Josh Bottomley, do HSBC, discutir esses números na CogX 2019: <https://youtu.be/boxy3llT-00?t=423>.

p. 157 *O Royal Bank of Canada, por exemplo, tem uma equipe de 100 PhDs pesquisando IA*: ver AGRAFIOTI, Foteini, chefe da IA Borealis, do RBC, falar sobre essa equipe: <https://www.rbccm.com/en/insights/story.page?dcr=templatedata/article/insights/data/2019/04/pushing_the_boundaries_of_science_with_ai>.

p. 157 *Agora temos três, e essa evolução nos parece bastante natural*: Joanne Hannaford, do Goldman Sachs, falando na CogX 2019: <https://youtu.be/lqnZVXCRhZM?t=749>.

p. 167 *As taxas de recusa de empréstimos nos Estados Unidos, historicamente, são muito mais altas para negros*: veja, por exemplo, AGRAWAL, Sray. "Fair AI: How to Detect and Remove Bias from Financial Services AI Models". *Finextra*, 11 set. 2019. Disponível em: <https://www.finextra.com/blogposting/17864/fair-ai-how-to-detect-and-remove-bias-from-financial-services-ai-models>.

p. 168 *Privacy International relatou em 2015 que o governo de Uganda vinha adotando todo tipo de nova técnica de espionagem*: PRIVACY INTERNATIONAL. *For God and My President: State Surveillance in Uganda*. Out. 2015. Disponível em: <https://privacyinternational.org/sites/default/files/2017-12/Uganda_Report_1.pdf>.

p. 168 *em geral ele tem levado a superendividamento*: ver GUÉRIN, Isabelle; MORVANT-ROUX, Solene; VILLARREAL, Magdalena orgs. *Microfinance, Debt and Over-Indebtedness Juggling with Money* (Routledge, 2014).

p. 169 *a Lenddo, que analisa a "pegada digital" deixada pelo uso do celular*: ver, por exemplo, PRIVACY INTERNATIONAL. "Fintech's dirty little secret? Lenddo, Facebook and the challenge of identity". 23 out. 2018. Disponível em: <https://privacyinternational.org/long-read/2323/fintechs-dirty-little-secret-lenddo-facebook-and-challenge-identity>. Ver também ÓSKARSDOTTIR, María; BRAVO, Cristián; SARRAUTE, Carlos; BAESENS, Bart; VANTHIENEN, Jan. "Credit Scoring for Good: Enhancing Financial Inclusion with Smartphone-Based Microlending". *Thirty Ninth International Conference on Information Systems, San Francisco*, 2018. Disponível em: <https://eprints.soton.ac.uk/425943/1/Credit_Scoring_for_Good_Enhancing_Financial_Inclusion_with_Smart.pdf>.

p. 169 *A empresa se gaba de utilizar o aprendizado de máquina para analisar até 12 mil variáveis, calculando uma nota de crédito em menos de três minutos:* : veja "How does Lenddo work?" no canal de YouTube da OmidyarNetwork: <https://www.youtube.com/watch?v=0bEJO4Twgu4>.

p. 169 *Empresas como a Tala, no Quênia, analisam 10 mil pontos de dados*: ver DOUGLAS, Kate. "How calling your mother can help you get a micro-loan in Kenya". *How we made it in Africa*, 1 nov. 2016. Disponível em: <https://www.howwemadeitinafrica.com/calling-mother-can-help-get-micro-loan-kenya/56525/>.

p. 169 *Startups mais recentes, como a Neener Analytics, aplicam técnicas de testes psicométricos para avaliar pessoas "indecisionáveis"*: veja a equipe da Neener descrever o que ela faz: <http://www.neeneranalytics.com/what-we-do.html, e a apresentação deles na Finovate aqui: https://finovate.com/videos/finovatespring-2019-neener-analytics/>.

p. 172 *a voz do agente cobrador de dívidas automatizado que ouvimos*: a Voca.ai (posteriormente adquirida pela Snap) fornece esse serviço. Veja uma demonstração aqui: <https://www.youtube.com/watch?v=FBcaCp8CObA275notes>.

10. O confronto dos leviatãs

p. 179 *sofrendo pressão de leis como o Patriot Act americano*: ver, por exemplo, GOUVIN, Eric J. "Bringing Out the Big Guns: The USA PATRIOT Act, Money Laundering, and the War on Terrorism". *Baylor Law Review*, v. 55, n. 955, 2003, e BALDWIN, Fletcher N. "Money laundering countermeasures with primary focus upon terrorism and the USA Patriot Act 2001". *Journal of Money Laundering Control*, v. 6, n. 2, 2002, pp. 105–36.

12. As tribos políticas da Ciber-Kowloon

p. 215 *o termo "teoria da ferradura"*: para um resumo básico da teoria, ver <https:/em.wikipedia.org/wiki/Horseshoe_theory>. Algumas versões dessa teoria veem uma tendência rumo ao autoritarismo como uma característica em comum tanto à extrema direita quanto à extrema esquerda, mas o antiestatismo também pode ser um traço em comum, acompanhado de uma rejeição ao centro do espectro político.

p. 216 *Por exemplo, Chad Elwartowski, operador americano de Bitcoin, construiu uma plataforma flutuante*: FORREST, Adam. "US Bitcoin trader faces death penalty after Thai navyseizes floating home of fugitive 'seasteaders'". *Independent*, 20 abr. 2019. Disponível em: <https://www.independent.co.uDonaws/world/asia/bitcoin-chad-elwartowski-thai--navy-floating-home-seasteading-phuket-a8878981.html>.

p. 216 *"o Bitcoin é o que eles temem que seja, uma forma de sair... de fazer uma escolha"*: a frase vem do vídeo promocional original da Dark Wallet, que pode ser encontrado aqui: <https://www.youtube.com/watch?v=Ouo7Q6Cf_yc>.

p. 220 *termo usado pela primeira vez em 1994 pelo criptógrafo Nick Szabo*: SZABO, Nick. "The Idea of Smart Contracts", 1997. Disponível em: <http://www.fon.hum.uva.nl/rob/Courses/InformationInSpeech/CDROM/Literature/LOTwinterschool200Donalbo.best.vwh.net/idea.html>.

p. 225 *Steve Bannon, ex-conselheiro de Donald Trump, considera o Bitcoin uma forma de impulsionar uma "revolta populista global"*: BAMBROUGH, Billy. "Donald Trump And Steve Bannon In Surprise Bitcoin Split", *Forbes*, 5 ago. 2019. Disponível em: <https://www.forbes.com/sites/billybambrough/2019/08/0Donaldld-trump-and-steve-bannon-in--surprise-bitcoin-split/>.

13. Pirateando os piratas

p. 230 *bancos de investimentos, como o Goldman Sachs, começaram a flertar com a ideia de criar departamentos de negociação de cripto*. Disponível em: <https://www.wsj.com/articles/goldman-sachs-explores-a-new-world-trading-bitcoin-1506959128> e <https://www.bloomberg.com/news/articles/2017-10-02/goldman-sachs-said-to-explore-starting--bitcoin-trading-venture>.

p. 232 *soluções "blockchain" para todas as formas de coordenação interbancária, da securitização*: ver, por exemplo, SUBERG, William. "Blockchain Meets Securitization Market In New Chamber Of Digital Commerce Partnership", *Cointelegraph*, 1 mar. 2017. Disponível em: <https://cointelegraph.com/news/blockchain-meets-securitization-market-in--new-chamber-of-digital-commerce-partnership>.

p. 232 *Uma equipe do próprio J. P. Morgan criou um sistema DLT exclusivo, chamado Quorum*: de lá para cá, o Quorum foi adquirido pela ConsenSys: <https://consensys.net/quorum/>.

p. 233 *a NASDAQ anunciou uma parceria com a R3*: ver o comunicado da R3 à imprensa: "Nasdaq to collaborate with R3 on institutional grade offerings for digital assets exchanges", 29 abr. 2020. Disponível em: <https://www.r3.com/press-media/nasdaq--to-collaborate-with-r3-on-institutional-grade-offerings-for-digital-assets-exchanges/>.

p. 235 *deixou os tokens do Tether parcialmente "sem lastro"*: o que não falta são reportagens sobre a polêmica do Tether, mas, para um texto ilustrativo, ver DE, Nikhilesh. "Tether Says Its Stablecoin Is 'Fully Backed' Again". *Coindesk*, 8 nov. 2019. Disponível em: <https://www.coindesk.com/tether-says-its-stablecoin-is-fully-backed-again>.

p. 235 *para onde as reservas do Tether em dólares americanos podiam ser transferidas*: ver CASTOR, Amy. "The curious case of Tether: a complete timeline of events", 17 jan. 2019. Disponível em: <https://amycastor.com/2019/01/17/the-curious-case-of-tether-a--complete-timeline-of-events/>.

p. 235 *emitir em troca um criptodólar chamado USD Coin, via um contrato inteligente do Ethereum*: ver as FAQs sobre o USD Coin aqui: <https://help.coinbase.com/en/coinbase/getting-started/crypto-education/usd-coin-usdc-faq>.

p. 238 *manchetes declarando que a Libra iria "destruir os bancos comerciais e os bancos centrais"*: JOHNSON, Robert. "BitMEX CEO: 'Libra Will Destroy Commercial & CentralBanks'",

2 jul. 2019. Disponível em: <https://cryptodaily.co.uk/2019/07/bitmex-ceo-libra-will-destroy-commercial-central-banks>.

p. 241 *alegando que a Libra seria um contraponto americano às plataformas de pagamentos digitais chinesas*: leia o depoimento. Disponível em: <https://financialservices.house.gov/uploadedfiles/hhrg-116-ba00-wstate-marcusd-20190717.pdf>.

p. 241 *mensagem que o CEO do Facebook, Mark Zuckerberg, também tentou transmitir*: CONSTINE, Josh. "Facebook's regulation dodge: Let us, or China will". *TechCrunch*, 17 jul. 2019. Disponível em: <https://techcrunch.com/2019/07/17/facebook-or-china/>.

p. 244 *um grande banco central pesquisou outros 23 bancos centrais*: OMFIF. *Retail CBDCs: The next payments frontier*. Disponível em: <https://www.omfif.org/ibm19/>.

Conclusão

p. 249 *No Reino Unido isso deu certo, fazendo o uso de dinheiro vivo cair mais de 50% em 2020*: esse número se baseia em pesquisa da Enryo. Ver: <https://enryo.org/news-%26-media/f/cash-usage-falls-by-over-50%25-but-will-remain-stable-until-2030>.

p. 249 *Em 2020, as receitas da Amazon subiram mais de 40%*: HUDDLESTON, Tom. "How much revenue tech giants like Amazon and Apple make per minute", *CNBC*, 1 maio 2021. Disponível em: <https://www.cnbc.com/2021/05/01/how-much-revenue-tech-giants-like-amazon-and-apple-make-per-minute.html>.

Este livro foi impresso pela Cruzado, em 2022,
para a HarperCollins Brasil. O papel do miolo
é pólen natural 70g/m² e o da capa é cartão 250g/m².